朝鮮後期 刀劍文學 研究

趙赫相 著

학자원

玳瑁甲金銀裝玉具寶刀 (御刀)

玳瑁甲金銀裝玉具粧刀 (御家刀子)

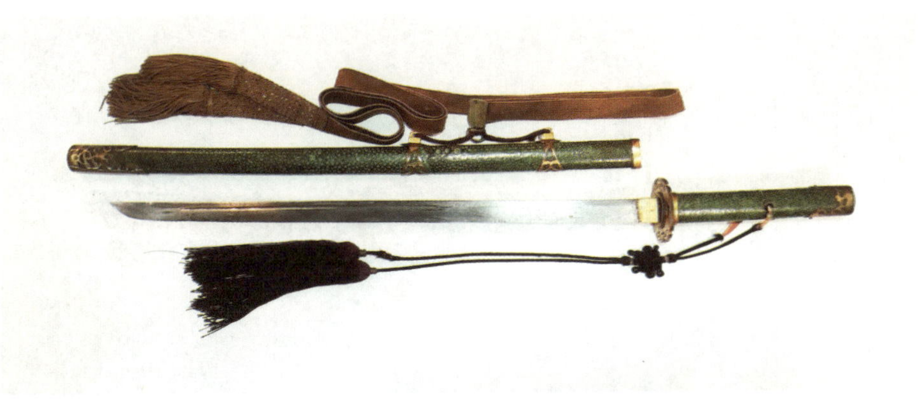

綠漆魚皮甲金銅裝環刀 (別雲刀 · 綠漆裝雲劒)

黑皮甲黃銅裝曲柄環刀

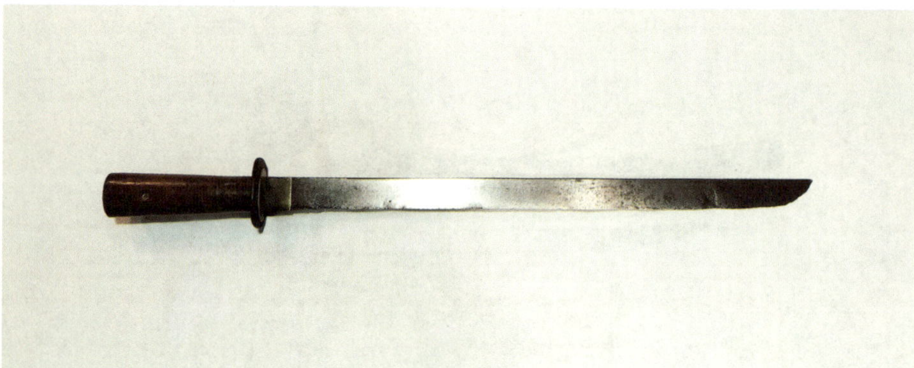

銘文環刀

軍用環刀

戎垣必備環刀

黑漆裝環刀

漁皮甲鐵裝蔓草紋銀入絲環刀

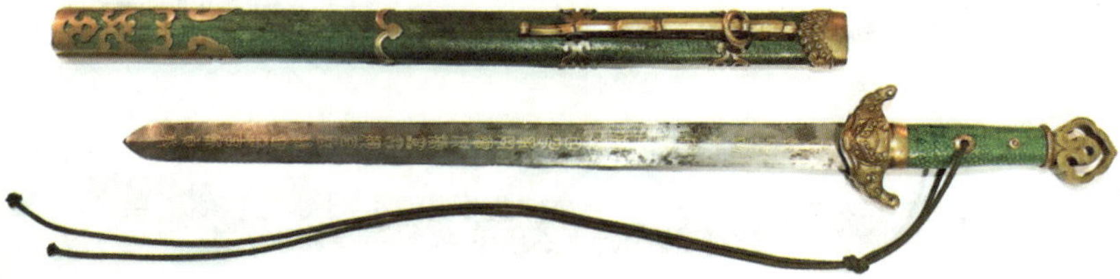

四寅斬邪劍

四辰寶劍

黑漆黃銅裝智仁勇文護身長刀

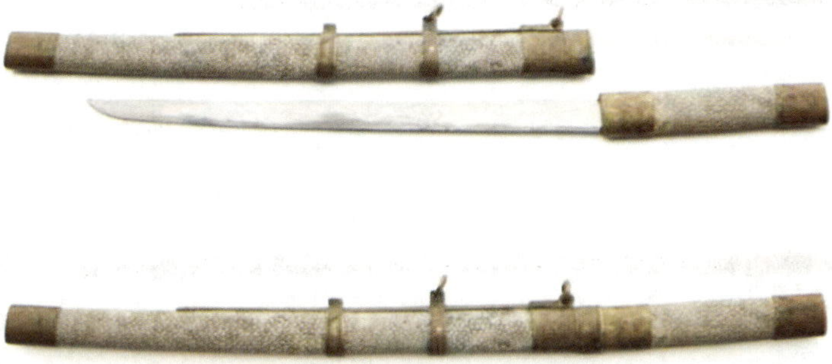

魚皮甲黃銅裝短刀 (魚皮小環刀)

薔薇木甲黃銅裝小環刀

民製一面平造刀

竹杖刀

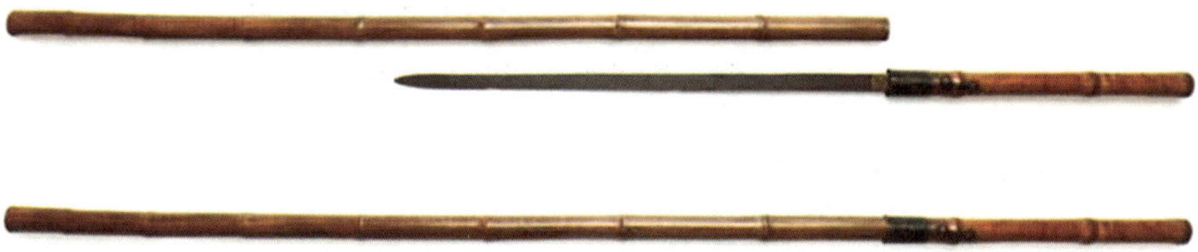

횟대

僧將劒

序文

『朝鮮後期 刀劍文學 硏究』는, 2011년에 쓴 박사학위 논문 『朝鮮後期 刀劍의 文學的 形象化 硏究』의 개정 증보판이다. 본 책에서는 17~18세기 동안 조선에서 창작된 도검을 소재로 한 문학작품들을, 문체를 막론하고 '刀劍文學'이라는 하나의 용어로 규정하여 그 문학적 형상화의 실체를 규명하였다.

조선의 17세기는 호란의 패배로 인한 좌절감과 울분을 문학 속의 劍으로 극복하고자 하는 의지가 강하게 드러난 시기이다. 호란을 거치면서 겪게 된 전란체험의 영향으로 인해, 사대부 계층의 외적에 대한 적개심이 劍이라는 기물을 통해 문학적으로 응축되어 한문학 작품 속에서 표출되었다.

조선의 18세기는 도검을 소재·제재로 한 문학작품들이 대거 등장한 17세기의 상무적 풍조를 이어받은 시기이다. 당시 이러한 경향이 생겨나게 된 배경에는, 조선의 경제적 홍성과 함께 부각된 古董文化가 있었다. 고동문화를 향유하던 양반계층에 의해 도검의 수집과 감상이 주목을 받게 되었고, 도검에 대한 사대부의 애호 경향도 이 시기 동안 급격히 증가하였다. 이는 문학 속에서 古劍의 의미에 대한 재발견을 촉진시켰으며, 寶劍으로서의 고검 형상과 관련된 여러 문학작품들을 탄생시키는 동인이 되었다.

조선의 도검은 17~18세기 조선 士大夫의 관념 속에 깃들어있던 文武兼全의 정신을 상징하는 귀중한 한국의 문화유산이다. 사대부에게 있어서 도검은 다양한 意象을 포함하는 상징적인 器物로 인식되었으며, 이는 사대부가 남긴 한문학 작품 안에서 문학적으로 형상화되어 나타난다.

한문학 속에서 도검은 국방용 기물인 護國劒과 亂臣賊子를 베어 죽이는 儀物인 義劒, 벽사의 기물인 神劒, 심성을 가다듬는 修身物인 修養劒 등의 의상으로 드러나면서 특징적인 상징성을 지니게 된다. 조선의 사대부들은 기본적으로 군자가 되기 위한 정신적 수양을 상징하는 수양검으로서 도검을 인식하였고, 이러한 도검은 사대부의 義를 구현하게 하는 의검과 요물을 쫓아내는 신검, 더 나아가서는 국가를 지키는 호국검으로 그 가치를 인정받았던 것이다. 이와 같은 도검을 소재로 한 작품의 문학적 성격에 대한 규명은, 곧 선조들이 향유했던 조선 도검문화의 특징을 통찰하는 데 있어서 근원적인 단초가 된다.

ഗ · ഗ · ഗ · ഗ · ഗ · ഗ · ഗ · ഗ · ഗ · ഗ · ഗ · ഗ · ഗ · ഗ · ഗ

武班 家門인 平壤 趙氏 承旨公派의 18대손으로서 조선의 무예와 도검에 대한 문헌을 공부하고 싶다는 열망으로, 성균관대학교 한문학과에 입학한 지 벌써 25년이 흘렀다. 「朝鮮朝 劍舞詩의 一研究」로 석사학위를 받고, 「朝鮮後期 刀劒의 文學的 形象化 研究」로 박사학위를 받으면서 조선의 검무시와 도검문학에 대해 본격적인 연구를 시작하게 되었지만, 아직도 개인적인 역량 부족으로 인하여 선현들이 남긴 수많은 자료들의 극히 일부분만을 열람하고, 이에 대한 1차적인 분석 정도만 근근이 행하고 있는 점이 연구자로서 부끄러울 따름이다. 어린 시절 문무겸전을 꿈꾸었으나, 不惑을 넘긴 지금 書劍 중 어느 하나도 제대로

이루지 못하였다.

그럼에도 불구하고, 자질이 부족한 제자를 학자의 길로 이끌어주신 성균관대학교 한문학과 이민홍 선생님과 안대회 선생님의 河海와 같은 恩惠로 인해 이 책이 나올 수 있었다. 아무도 주목하지 않았던 도검문학 연구의 가치를 인정하고, 검무시에 관한 석사학위 논문을 집필할 수 있게 허여해주신 이민홍 선생님의 인자하심과, 낙척불우한 고립무원의 상황을 극복하고 조선후기 도검문학에 대한 박사학위 논문을 완성할 수 있도록 끝까지 이끌어주신 안대회 선생님의 자애로움을 마음속으로 되새길 때마다 항상 감읍할 뿐이다.

성균관대학교 한문학과 송재소, 이희목 선생님과 한문교육과 임형택, 이명학, 김경천, 진재교 선생님, 서울대학교 국어국문학과 김명호 선생님, 박사후 연구과정을 지도해주신 서울대학교 국어국문학과 이종묵 선생님, 한양대학교 국어국문학과 정민 선생님, 그 외 연구자 모임 '문헌과 해석'에 계신 고문서연구가 박철상, 불교포교사 권중서, 서울대학교 국어국문학과 정병설, 서울대학교 박물관 이경화, 선문대학교 중한번역문헌연구소 양승민, 성균관대학교 한문학과 김영진, 김종서 선생님, 동대학교 동아시아학술원 한기형 선생님, 안동대학교 한문학과 신두환, 이화여자대학교 국어국문학과 김동준, 한양대학교 국어국문학과 박동욱, 홍익대학교(세종) 교양과 김은정 선생님의 지도 편달에도 감사의 말씀을 올리는 바이다. 그리고, 한학의 대가이신 일평 조남권 선생님께 온지서당에서 고전을 배운 것은 크나큰 영광이었다. 깊이 감사드린다. 수년간 한문원전들을 가르쳐주신 기태완, 송명호, 오규근 세 분 선생님과, 서예를 가르쳐주신 조성주 선생님께도 아울러 감사드린다. 또, 한국한시협회 회장이신 긍재 윤열상 선생님의 배려에도 감사드리는 바이다.

박사논문 준비 시 원문 번역 및 교정을 도와준 성균관대학교 한문학과 대학원의 성대작가반 동학들과, 본심 후 결론 마무리에 있어서 자문을 해주신 손혜리, 이현일 선배님의 도움과, 원고 교정을 맡아준 안소라 후배의 은공도 결코 잊을 수 없다. 대동문화연구원 김채식 선배님의 초서 지도와 『槿墨』의 도검문학자료를 소개해주신 은혜에도 감사의 말씀을 올린다. 한국국학진흥원 권진호 선생님과 김주부 선배님, 단국대학교 동양학연구원 조동영 선생님, 동국대학교 국어국문학과 정환국, 성균관대학교 한문학과 김용태, 동대학 동아시아학술원 원주용, 동대학 인문학연구원 조창록, 동대학 대동문화연구원 최식, 이성민, 부산대학교 점필재연구소 신상필 선배님, 원광대학교 한문교육과 이의강 선생님과 이군선, 동대학 교양교육대 정경훈, 여해고전연구소 노승석 선배님과 전주대 역사문화콘텐츠학과 유영봉 선생님, 한국고전번역원 이정원, 남양주 시립박물관 김형섭, 한국예술종합학교 신태영 선배님의 격려에도 이 글을 빌려서 감사를 드린다. 노둔한 후학을 항상 배려해주시는 경북대학교 한문학과 강민구, 박영호 선생님, 이규필 선배님, 경성대학교 한문학전공 박준원, 성균관대학교 한문교육과 김영주, 청주대학교 국어교육과 김미선 선생님, 동방한문학회의 총무를 도맡아서 항상 논문정리에 수고를 해주시는 우지영 선생님께도 감사의 마음을 표한다. 도검문학 관련 각종 야담과 전 원문을 흔쾌히 제공해주신 조선대학교 한문학과 정길수 선생님의 은혜에도 역시 감사드린다.

또, 도검 유물 분석의 국내 최고 전문가이신 耕仁美術館 이석재 관장님께 특별한 감사의 말씀을 올린다. 경인미술관 부설 도검 유물 연구기관인 御劍堂의 수석연구원으로 재직하게 해주신 은혜로 인하여, 연구에 필요한 조선시대 도검 실물들과 온갖 비공개 도검관련 자료들을 수시로 접할 수 있었을 뿐만 아니라, 이에 대한 실질적인 자문도 관장님께 직접 받을 수 있었다. 그리고, 경인미술관 및 개인 수장 조선도검의 사진도 아울러 서문 앞에 게재할 수 있도록 허락해주셨다. 이러한 관장님의 배려가 없었다면, 본 책의 완성은 불가능했을 것이다. 군사사학계의 강신엽, 노영구, 박재광 선생님의 가르침에도 힘입은 바가 크다. 역시 감사드린다.

그리고 무엇보다도 홍익대학교 교양교육원 겸임교수로 임명해주신 이면영 이사장님의 은혜와 배려로 인해, 2013년부터 안정된 학술적 환경에서 조선후기 도검문학에 대한 추가적인 연구에 전념하여 이 책을 완성할 수 있었다. 거듭 감사드리는 마음을 금할 길이 없다.

한편, 성균관대학교의 검도 수업에서 대한검도회 검도의 기본을 지도해주신 국선 이종림 선생님과, 宗武館에서 검도를 처음 가르쳐주신 고 최병철, 서낙원 선생님, 그리고 종로 구민생활관 검도중심의 김인범, 김두범 선생님과 동 기관 새벽 검도반의 함종빈, 김창훈 선생님, 성균관대학교 成武會의 서형석 선배님께도 감사드린다. 검도를 통해 검술에 대한 개념을 조금이나마 익혔기에, 이러한 점이 도검문학 자료의 분석과 이해에 있어서 많은 도움이 되었다. 그리고, 불민한 후배를 항상 이끌어주시는 경기고등학교 검도부 이상규 회장님과 선배님 제위, 검도부 감독인 임무산 선배님께도 감사드린다.

종묘제례악의 검무인 定大業之舞를 직접 지도해주신 전 국립국악원 부원장 김용 선생님, 19세기 義兵劍術의 형상을 몸소 보여주신 香 선생님과, 현재까지 전승되고 있는 경상남도 지역 家傳劍術의 世外弟子 수련과정을 누차 참관하게 해주신 破獄 선생님 세 분께도 깊은 감사의 말씀을 올린다. 세 분 선생님의 가르침이 없었다면, 조선 검술의 실체와 그 명맥에 대한 무지몽매함을 결코 벗어날 수 없었을 것이다.

또, 도검문학 연구의 행보를 언제나 응원해주시는 나이프갤러리 한정욱 선생님과 결련택견협회 도기현 선생님, 밀양검무보존회 김은희 선생님, 질경이 우리옷 이기연 선생님, 세계청웅문검술연맹 김욱래 선생님, 한국해동검도협회 오정교 선생님, 전 대화검도관 관장 이용찬 선생님, 전 서강검도관 관장 강윤학 선생님과 니텐이치류 무사시카이[二天一流 武藏會]의 정태선 선생님, 기예무단 박희량 선생님, 대한십팔기협회 박금수 선생님, 안동 용상해동검도 박종민 선생님, 예지해동검도 윤자경 선생님, 한남대학교 사학과 허인욱 선생님, 네이버 웹툰 '칼부림'의 고일권 작가님, 격검연구회 사범진 여러분께도 이 글을 빌려 감사의 말씀을 드린다.

문무겸전의 귀감이 되는 『孫子髓』의 저자 學海堂 趙羲純 할아버님께는 불초한 후손이라는 점이 항상 죄송스러울 뿐이다. 부모님께도 마찬가지이다. 하지만, 미력하나마 도검문학 연구자로서 끊임없이 一路邁進하는 모습을 보여드릴 예정이다.

ಌ · ಌ · ಌ · ಌ · ಌ · ಌ · ಌ · ಌ · ಌ · ಌ · ಌ · ಌ · ಌ · ಌ · ಌ

끝으로, 17~18세기 조선의 도검과 검술에 관한 도검문학 자료들을 망라한 이 책이, 비단 학계의 전문 연구자뿐만 아니라 한자와 무예에 소양이 있는 강호 제현의 교양서로 자리매김하기를 희망한다. 그리고 본 연구자의 도검문학 연구가 아직은 단지 시작 단계이고 미흡한 점이 많기 때문에, 도검문학에 관련된 先賢의 遺墨이나 도검유물, 혹은 무반 문중의 가전검술에 대한 깊은 통찰과 혜안이 있는 隱逸 智士의 추가적인 가르침을 간절하게 希求하는 바이다.

2019년 仲夏에 義劍齋에서,

平壤 趙 赫 相 삼가 쓰다.

目次

제 I 장

序論

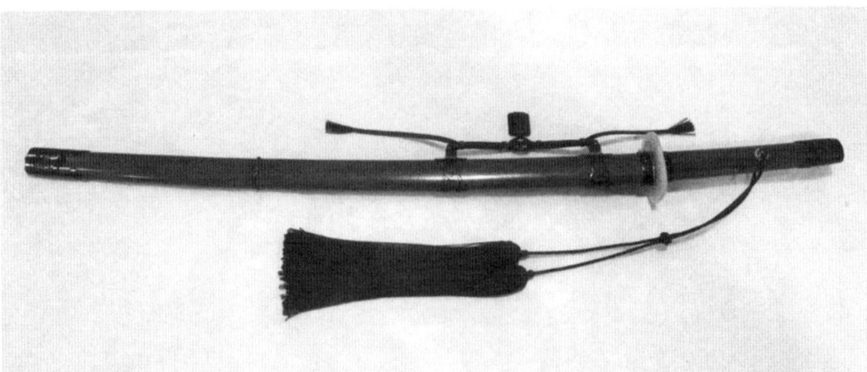

조선후기 한문학에서 刀劍[1]의 형상은 다양한 樣態로 존재한다. 피를 부르는 살상무기로서 등장하기도 하고, 외세의 침입으로부터 국가를 보전하는 호국의 기물로서 작용하기도 하며, 惡獸와 妖怪를 물리치는 辟邪의 神物로, 혹은 사대부의 義氣를 나타내는 義物로, 또는 군자의 修身物로 그 모습을 드러내기도 한다.

이러한 도검의 文學的 形象化는 17~18세기의 조선 한문학에서 특질적인 경향으로 실존하였다. 이 시기에 창작된 도검을 소재·제재로 한 문학작품은, 이전 시기의 작품에 비해 양적으로 증가함과 동시에 질적으로도 문학적 수준이 향상되어, 그 안에서 도검의 문학적 형상화가 다변적인 양태를 보이게 되었다.

17세기는 胡亂의 패배로 인한 좌절감과 울분을 검으로 극복하고자 하는 의지가 문학 속에 강하게 드러난 시기이다. 호란을 거치면서 겪게 된 전란체험의 영향으로 인해, 사대부 계층의 외적에 대한 적개심이 검이라는 기물을 통해 문학적으로 응축되어 한문학 작품 속에서 표출되었다. 전장 상황 하에서 사용된 가장 기본적인 백병전용 무기

---

1 조선의 도검을 형태상으로 분류해보면, 短兵器는 날이 도신 한쪽에 있는 刀의 경우 일본도 형태의 雙手刀(전장 약 100~135cm)와, 쌍수와 片手를 쉽게 겸용할 수 있는 銳刀(약 90cm), 서양의 샤브르처럼 날폭이 얇은 薄刀(약 70~80cm), 호신용 나이프인 短刀(약 30~50cm), 雜用 나이프인 銀粧刀(약 15~20cm) 등으로 분류되며, 날이 도신 양쪽에 있는 劒의 경우 중국도검 양식의 편수용 華式劒(약 80~90cm), 이억기 장군검처럼 環刀形 코등이와 쌍수용 손잡이를 지닌 양날검인 朝鮮劒(약 90cm), 지팡이나 횃대 형태인 호신 및 암살용 暗藏劒(약 80~120cm) 등으로 그 종류를 나눌 수 있다. 또 長兵器의 경우 군용 제식 무기인 月刀와 挾刀, 민간에서 제작된 鬼頭刀 등이 있다. (졸고「朝鮮時代 劒士의 文學的 形象化에 대한 考察」 p.290. 참조) 그리고, 2018년 11월 국립진주박물관에 대여중인 경인미술관 소장 僧將劒(141cm)이나, 검의 단면이 이등변삼각형인 菖蒲劒(107.3cm)처럼 다소 특이한 형태를 지닌 劒도 별도로 존재했었다. (舞踊 및 巫俗用 도검은 설명 제외)

였던 검. 이러한 검을 지닌 무장과 장부들이 나라를 위해 목숨을 걸고 몸을 내던져 검으로 외적을 擊殺하여 공을 세웠기에, 그들의 劍器와 劍術에 관한 무용담이 후세에 회자되었고 이를 토대로 한 다양한 한문학 작품들이 조선후기에 쏟아져 나왔다. 또 이에 자극을 받은 사대부들이, 검을 제재로 한 작품들을 다수 창작하였다.

18세기는 도검을 소재·제재로 한 문학작품들이 대거 등장한 17세기의 상무적 풍조를 이어받아, 문체를 불문하고 도검을 형상화한 작품들이 잇달아 창작된 시기이다. 이러한 경향이 생겨나게 된 배경을 살펴보면, 사회 전반의 발전에 따른 경제적 흥성과 함께 부각된 골동품 수집 문화인 古董文化가 큰 영향을 끼쳤음을 알 수 있다. 고동문화를 향유하던 양반계층에 의해 도검의 수집과 감상이 주목을 받게 되었고, 아울러 도검에 대한 사대부의 애호 경향도 이 시기에 급격히 증가하였다. 조선 사회의 문화적 융성과 보조를 맞추어 古董에 대한 수집 및 감별 취미가 사대부들 사이에서 대두되면서 고검에 대한 기호가 생겨났고, 이는 문학 속에서 고검의 의미에 대한 재발견을 촉진시켰으며 보검으로서의 고검 형상과 관련된 여러 문학작품들을 탄생시키는 동인이 되었다.

17~18세기에 창작된 도검문학작품들은 당시대 사대부의 도검에 대한 문학적 형상화가 어떠한 방식으로 이루어졌는지를 파악할 수 있게 해준다. 그런데 도검에 대한 문학적 형상화가 이루어진 작품들이 두 세기에 걸쳐 지속적으로 창작되었음에도 불구하고, 이러한 경향에 대한 문학적 고찰은 본 저자의 연구를 제외하고는 학계에서 아직까지 이루어진 적이 없었다. 뿐만 아니라 기존의 연구논문 중 한문학 속의 검에 주목하여 연구한 경우도 본 저자의 논문들 외에는 거의 없었다.

조선후기 한문학 작품을 통해 도검 제작법을 분석하거나, 문학 속 도검의 형태와 용도·기능 등을 설명한 논문도 전무하다. 이 책은 이러한 실태에 대한 문제의식을 바탕으로 하여, 조선후기에 도검이 문학적으로 형상화된 현상을 분석하고자 한다.

그렇다면 이 책에서는 왜 도검이 문학적으로 형상화된 도검문학에 대해 주목했는가? 그 이유를 살펴보도록 하자. 도검은 동서고금을 막론하고 가장 기본적인 1인용 병기로서 널리 사용되었고, 文을 중시했던 국가인 조선에서도 역시 도검이 군인과 민간인의 휴대용 무기로서 자주 이용되었기에 그만큼 이를 소재·제재로 한 수많은 도검문학작품들이 탄생할 수 있었다. 조선의 도검문학작품이 지닌 다양한 의상은 특정한 소수의 문인 집단이나 당파에 의해 창작된 문학적 산물이라기보다는, 근본적으로 조선 사대부들이 공유했던 도검에 대한 관념적 형상의 문학적 구체화라는 특성을 지닌다. 이 때문에 조선의 도검문학을 연구하게 되면 사대부의 의식구조 속에 잠재되어 있던 도검에 대한 원형상징적 사유를 인지할 수 있으며, 조선의 도검유물이 당시 대인에게 있어서 어떠한 의미를 가진 기물이었는가 하는 점도 파악할 수 있다. 이러한 요소들을 고려해 볼 때 도검문학작품은 분명 문학적으로 연구될 만한 가치가 있으며, 이와 같은 연구를 통하여 조선의 도검유물이 지니는 중요성도 도검문학과 함께 부각될 수 있다.

먼저, 도검이 문학적으로 구현된 대체적인 면모를 검토해보면, 刀劍詩에서는 도검이 문학 속에서 발현되었을 때의 양태가 다각적으로 표출되고 있다. 국가와 국토의 방위, 그리고 외세에 대한 강렬한 저항의식을 상징하는 도검을 소재로 한 邊塞詩에서는 국방무기로서의 도검인 護國劍의 역할에 중점이 두어진다. 文武兼全의 필요성에 대한 사대부의 자각에서 비롯된 遊俠詩에서는 義劍의 호쾌한 義氣가 드러나기도 하고, 문화의 발전으로 인해 피어난 조선조 劍舞의 유행을 반영하는 劍舞詩에는 검무에서 드러나는 검의 이미지가 다채로운 시어로 표현되기도 한다.

도검에 새기는 器物銘인 劍銘에는 사대부의 검에 대한 관념, 즉 귀신을 처단하는 辟邪劍인 神劍적인 성격과 義氣의 표상인 義劍적인 성격, 그리고 護國劍적인 성격이 응축되어 있다. 또 왜란과 호란 이후 형성된 검술에 대한 관심이 敍事에 수렴된 결과 산생된 劍俠傳 계열의 야담이나 한문소설 등에 형상화된 도검의 경우, 일차적으로 무기로서의 측면이 부각됨은 물론이고, 더 나아가 국가를 지키는 호국검, 악인을 징벌하고 정의를 실현하는 의검적인 측면이 융합되어 나타나기도 한다.

이 책은 도검이 지니고 있는 이처럼 다양한 면모가 조선후기에 어떠한 방식을 통해서 문학적으로 형상화되었는지에 대해 논의하고자 한다. 이 시기에는 검을 대상으로 하여 수많은 작품이 창작되었으며, 그 안에서 검에 대한 흥미롭고 특질적인 묘사가 전개되었다. 이에 대한 내용을 본격적으로 연구 및 분석하기에 앞서, 우선 한문학 속의 刀劍 형상에 대한 선행 연구논문들을 검토해보도록 하겠다.

宋載卲는 鶴峯 金誠一의 義理精神과 紀行詩에 나타난 검의 이미지에 대해서 논하였는데, 김성일의 기행시에 나타나는 忠君·愛國·愛民이라는 주제를 형상화하기 위한 예술적 장치로서의 劍의 이미지에 주목하였다. 송재소는 학봉에게 있어서 검은 公義와 私利를 갈라주는 표준이 된다고 보았으며, 자신을 다스리는 엄격한 도구, 악의 무리를 응징하는 수단, 의로운 행동에 대한 결의의 상징으로 학봉의 검이 지니는 이미지를 파악하였다.[2] 송재소의 글은 한문학 속의 도검의상에 중점적으로 주목한 최초의 논문이라는 점에서 그 의의를 지닌다.

安大會는 18세기의 韓國 漢詩史에 대한 연구를 진행하면서 閭巷詩人의 대두와 그 방향에 주목하였는데, 여항시인의 검을 소재로 한 한시에 대해 언급하면서 洪世泰의 한시에 나타난 도검의상을 소개하였다.[3] 안대회의 글은 여항시인의 시 속에 나타나는 불우함의 정서와 도검의상의 상관관계를 조명하였다는 점에서 의미를 찾을 수 있다.

尹在敏은 조선후기의 中人層 漢文學을 연구하면서 李得元과 홍세태를 예로 들어 中人 詩人의 刀劍 意象에 대해 논하였다. 그는 이득원의 작품에서 보이는 검의 이미지가 낭만적 이상과 결합하여 시세계의 핵심적인 주제를 구성하였다고 보았고, 홍세태의 검 이미지는 낭만적 이상에 대한 회한이 주가 되고 있음을 밝혔다.[4] 윤재민의 글은 17세기 중인문학의 사조 중에서 낭만적 정신을 발견하여 이를 도검의상과 연계시켜 설명하였다는 점에서 도검의상에 대한 새로운 해석 시각을 제시하였다고 평할 수 있다.

또, 최근 申翼澈은 正義를 표상하는 한문학의 세 가지 양식 중 검명, 풍자우언, 유협서사에 주목하면서, 曺植의 〈佩劒銘〉, 任允摯堂의 〈匕劒銘〉, 丁若鏞의 〈鬼刀銘〉, 成海應의 林慶業 將軍에 대한

2 宋載卲, 「鶴峯 金誠一의 義理精神과 紀行詩에 나타난 劍의 이미지」, 『鶴峯의 學文과 救國生活』, 鶴峯金先生記念事業會, 1993.

3 安大會, 「閭巷詩人의 대두와 그 방향」, 『18世紀韓國漢詩史研究』, 소명출판, 1999.

4 尹在敏, 『朝鮮後期 中人層 漢文學의 研究』, 高麗大學校 民族文化研究院, 1999.

검명 등을 분석하였다.[5]

林濬哲은 車天輅의 시세계를 설명하면서 자의식적인 상징물로서의 검에 대해 논하였으며, 鄭斗卿의 유협적 상상력이 시 속에 가장 잘 구현된 예로서 劍과 馬의 意象을 지적하면서, 시에 나타난 검의 문학적 형상화 양상에 대해서 분석하는 동시에 정두경의 작품에서 드러나는 검의 의상이 지니는 역동성을 강조하였다.[6] 임준철의 글은 16세기 후반에서 17세기 초반 한시의 도검 의상이 지닌 특징에 연구의 초점을 맞추었다는 점에서 참고할 만하다.

한편, 강석중은 여항문인인 崔承太의 시세계를 조망하면서, 〈塞下曲〉 중 劍花, 『昭代風謠』「海東遺珠」 중 寶劍蓮과 孤劍動, 〈寄庾述夫〉 중 撫寶刀 등의 시어가 사용되었음을 밝혔다. 그러나, 단지 논문을 통해 이를 소개하였을 뿐, 도검 의상 자체에 대한 설명과 분석은 거의 수행하지 않았다.[7]

그리고 權五雄은 정두경의 시에 나타난 의식의 양상에 대해 연구하면서, 〈李節度寶劍歌〉 속의 名劍과 眞劍의 의미를 규명하였다. 그는 이 시가 보검을 소재로 삼아 당대 무인을 향한 정두경 자신의 목소리를 내기 위해 지어진 시이며, 시 속에서 음운과 여러 가지 수사법을 적절히 사용하여 奇壯한 느낌을 주고 있다고 평하였다.[8]

---

5 申翼澈, 「正義를 表象하는 漢文學의 세 가지 樣式—劍銘, 諷刺寓言, 游俠敍事」, 全國古典文學者大會 '古典에서 正義를 묻다', 韓國古典文學會, 2018.

6 林濬哲, 「車天輅 詩의 意象 研究」, 『國語國文學』 第124號, 國語國文學會, 1999.

______ ; 『朝鮮中期 漢詩 意象 研究』, 일지사, 2010.

7 강석중, 「雪蕉 崔承太의 詩世界」, 『韓國漢詩作家研究』 第11卷, 2007.

8 權五雄, 「東溟詩에 나타난 意識의 樣相」, 『漢文學研究』 第14輯, 啓明漢文學會, 1999.

南恩暻은 東溟 鄭斗卿의 문학작품에 나타난 검의 意象을 중점적으로 연구했으며, 정두경 俠客詩의 내용과 의미를 탐구하기도 했었다.[9] 남은경의 논문은 17세기의 작가 중 도검의상을 작품 속에서 즐겨 사용했던 정두경 문학의 실체를 탐구하여 그 안에서 도검의 문학적 형상화를 집중적으로 밝혔다는 점에서 주목할 만하다.

趙赫相은 조선조 寅劍의 상징성에 주목하여 인검의 성격을 辟邪劍과 義劍, 修養劍으로 분류하였으며, 한문학 작품을 바탕으로 인검의 문학적 형상화를 분석하여 실존 인검 유물의 의미를 규명하는 연구를 수행하였다.[10] 조혁상의 글은 軍事史 중 兵器史의 영역에 들어가는 刀劍史와 한문학의 접목을 시도한 최초의 논문이라는 점에서 그 의미를 갖는다. 그 외에도 「조선조 劍舞詩에 나타난 검의 이미지」, 「조선후기 士人의 日本刀 인식에 대한 고찰」·「조선후기 刀劍文學의 悲壯美에 대한 고찰」·「조선후기 士人의 도검애호경향에 대한 고찰」·「〈閑山島夜吟〉 次韻詩의 刀劍意象에 관한 고찰」·「조선후기 古劍의 문학적 형상화에 대한 고찰―硏經齋 劍銘을 중심으로」·「조선후기의 刀劍贈與에 대한 고찰」·「壬辰倭亂 義兵將의 한시에 나타난 刀劍意象에 대한 고찰」·「조선시대 劍士의 문학적 형상화에 대한 고찰」·「조선중기 刀劍의 문학적 형상화에 대한 一硏究」·「조선중기

______ ; 「東溟詩의 意識과 風格」, 成均館大學校 漢文學科 博士學位論文, 1998.

9 南恩暻, 「東溟 鄭斗卿 文學의 硏究」, 梨花女子大學校大學院, 博士學位論文, 1998.

______ ; 「鄭斗卿 俠客詩의 內容과 意味」, 『韓國漢文學硏究』 第15號, 韓國漢文學會, 1992.

10 趙赫相, 「朝鮮朝 寅劍의 象徵性 硏究」, 『軍史』 第62號, 國防部 軍史編纂硏究所, 2007.

僧侶漢詩의 도검의상에 대한 고찰」 등의 논문을 통해서 조선시대의 도검문학에 대한 연구에 계속적으로 매진하고 있다.

그리고 한문학 분야의 이외 여타 논문들에서는 도검 자체에 비중을 두어 작품을 연구하기보다는, 대부분 작품을 분석하는 데 있어 하나의 소재로 도검을 언급했을 뿐이다.

또, 한문학 분야를 제외한 타분야에서 연구된 조선시대의 도검에 관한 논문들은 다음과 같다.

軍事史 분야에서는, 姜性文의 「조선시대 刀劍의 軍事的 運用」, 『韓民族의 軍事的 傳統』과, 강순애의 「『朝鮮王朝實錄』을 통해 본 環刀의 의미와 기능」, 강신엽의 「조선시대 雲劍, 別雲劍, 寶劍 연구」, 김미경의 「七星劍 연구」, 김성혜·김영섭의 「刀劍의 機能性 연구」, 김성혜·박선식의 「조선시대 刀劍의 실측과 분석」, 안재한의 「조선시대 繪畵에 나타난 刀劍의 모습」, 李碩宰[11]의 「조선시대 刀劍·矛戟의 결합구조연구」·「조선시대 도검의 유형분석」·「睚眥紋 연구」, 이승해의 「조선시대 刀劍에 나타난 문양과 매듭장식에 관한 연구」 등 『學藝誌』 제11집 '조선의 刀劍 특집'호와 『학예지』 제12집 '武具類制作法 특집'호 및 기타 『학예지』에 수록된 논문들이 조선시대 도검 연구에 있어서 두각을 보였다. 그리고, 마카오 예술박물관 도검전시회 도록 『鋼鐵文明－東亞古兵器大展』, 고려대학교 박물관 〈칼, 실용과

11 국내 최고의 도검유물전문가인 耕仁美術館 이석재 관장은 상기 논문 외에도 「寅劍考」, 「寅劍과 純陽劍에 관한 研究」 등을 통해 조선의 인검에 관한 심도 있는 연구를 수행하였으며, 「朝鮮의 環刀－先祖들의 과학적 아이디어 녹아든 朝鮮刀劍」에서는 조선의 환도 유물에 대한 과학적 분석을 실시하였고, 「李忠武公 長劍分析－聖雄의 칼, 그 俗說과 實體」에서는 충무공 이순신의 대형 장검 2자루에 대한 유물분석을 완료했다.

상징〉 특별전 도록, 육군박물관의 『조선시대의 刀劍』 도록과 육군사관학교 육군박물관 도검전시회 특별전의 『조선의 刀劍, 忠을 벼루다』 도록, 忠武公 長劍 제작 7周甲 기념 특별展 『겨레를 살린 두 자루 칼, 忠武公 長劍』도록에 수록된 논문을 통해서 조선시대 도검의 실체에 대한 연구가 일부 수행되었다. 이러한 저작들은 주로 도검 유물 자체에 대한 분석과 군사적 무기로서 도검의 기능성을 규명하는 것에 그 초점을 맞추고 있다. 또, 조혁상은 「忠武公 李舜臣의 劍에 대한 小考」에서 충무공 이순신의 8자루 도검에 대해서 설명하였고, 이순신의 도검유물에 관한 한문학 자료들을 발굴 및 분석하였다.[12]

舞踊史에서는 조혁상의 「朝鮮朝 劍舞詩의 一硏究」와 「조선조 검무의 武術的 性格에 대한 고찰」, 노한나의 「現行 密陽劍舞와 18세기 劍舞의 關係性 硏究」, 최성애의 「18·19세기 使行錄에 표현된 劍舞 '俠'의 특징 연구」 등의 논문을 통해 쌍검을 이용한 조선후기 검무의 형상이 어느 정도 규명되었다.

文化史 분야에서는, 金文京이 17세기 후반 韓日간의 무기 밀수 사건을 소개하면서 왜국 상인의 조선으로의 무기 밀수가 조선의 암묵적 동의에 의한 것이었음을 밝혔는데, 왜인의 밀수품목 중 일본도가 일부 포함되어 있었음을 확인할 수 있다.[13]

美術史에서는, 장미진이 「韓國 刀劍物의 造形成 硏究」를 통해 한국 도물의 변천과정을 조명하면서 고려 장도와 이조 장도를 비교

---

12 추후의 拙稿 「〈閑山島夜吟〉 次韻詩의 刀劍意象에 관한 考察」에서는, 이순신의 〈한산도야음〉에 대한 名士들의 차운시들을 조명하였다.

13 金文京, 「17世紀 後半 韓日間의 武器 密輸 事件에 대해서」, 『古典과 解釋』 第8輯, 古典文學漢文學硏究學會, 2010.

분석하였으며, 박종군은 「韓國刀劍에 關한 硏究 : 粧刀를 中心으로」에서 장도의 제작법을 설명하면서 광양, 울산, 영주, 곡성, 진주 지역의 현대 한국 장도장의 작품세계에 대해 조사하였고, 장도의 재료와 조형에 대한 고찰을 실시하였다. 또 백지선의 경우에는, 「朝鮮時代 刀劍 佩用 廣多繪의 制作技法 分析 및 復原」을 통해 도검의 패용에 사용한 끈인 광다회에 관해 연구하면서, 경인미술관 소장 현존 도검유물인 綠漆魚皮甲金銅裝別雲刀와 魚皮甲金銅裝曲柄環刀에 대한 X-ray, CT촬영 및 유물 제작기법 분석 및 재료적 특성 분석도 함께 실시하였다. 그리고 「조선시대 도검 장식구의 과학적 분석」에서는 패용 다회가 현존하는 육군박물관 소장 10자루 도검유물을 중심으로 X-ray, CT촬영 및 SEM-EDS, XRF 분석, FT-IR 분석, 수종분석, 섬유분석, DNA 분석 등 다양한 비파괴 분석을 수행하였다.

한편, 이경화는 「초상화에 담지 못한 사대부의 삶: 이명기와 김홍도의 〈徐直修肖像〉」에서 서직수 초상화의 하나인 〈十友圖〉에 그려진 일본도인 마사무네[正宗: まさむね]가 실제 서직수가 소장했던 기물이 아니라, 단지 서직수가 평소 원했던 명검이라는 점을 밝히기도 하였다.

言語學 분야에서는, 장충덕이 「刀劍 관련 어휘에 대하여」를 통해 도검의 종류를 실전용, 의장용, 호신용으로 간략하게 분류하고, 도검의 부분적 명칭에 대해 고찰하였다.

체육사 분야의 연구자 중 김권택과 이종영은 「조선시대 書畵에 묘사된 刀劍 고찰」을 통해 조선시대 서화 속의 도검 형태에 대해 개략적으로 연구하였고, 곽낙현은 「奮武功臣 吳命恒 倭劍 도해 분석」에서 오명항(1673~1728)이 무신난을 평정한 功으로 인해 英祖로부터 하사받은 왜검을 그린 그림인 倭劍圖를 분석하였다. 그리고 곽성훈의 「왜란기 이후 한국 刀劍의 발달사 중 刀劍 형태의 변화에 관한 연구」에서는 왜란기 이후 조선 도검의 발달사를 연구하면서 조선과 일본의 도검문화를 비교 분석하였으며, 허인욱의 「조선후기의 쌍검」에서는 조선시대 쌍검의 무술적 효용에 대해 논하였다.

이상에서 살펴본 것처럼, 조선의 도검 및 도검과 관련된 문학작품에 대한 국내의 연구 성과물은 주로 한문학과 군사사 분야 논문과 도록에 편중되어 있다. 그런데 한문학 분야에 있어서 도검을 소재 및 제재로 한 문학작품에 대한 본격적인 연구는 시작 단계나 마찬가지이며, 군사사 분야에서도 도검의 실체에 대한 총체적인 유물분석도 단지 국내 일부 박물관에 소장된 유물에 대한 개괄적인 조사만 이루어졌을 뿐, 이에 대한 구체적인 연구는 미진한 실정이다.

이 책은 조선후기에 창작된 刀劍을 소재 및 제재로 한 한문학을 '刀劍文學'이라는 용어로 규정하여, 그 안에서 이루어진 문학적 형상화에 대해 연구하였다. 이 책에서는 조선후기에 창작된 다양한 장르의 문학작품 중에서 도검 유물 자체에 관해 언급하거나 도검의 意象을 문학적으로 형상화한 작품들을 우선적인 연구대상으로 선별하여 분석하였다.

도검문학의 연구 자료는 漢文 原典을 대상으로 하였다. 한국고전번역원에서 영인 간행된 『韓國文集叢刊』과 기타 개인 문집에 수록된 도검문학작품 및 歷史書와 각종 野談, 그리고 기타 문헌에 수록된 도검 관련 내용을 중심으로 하여 논문을 작성하였다. 이어 학계의 선행논문, 한국고전번역원과 타 전문연구기관 및 연구자 개인이 역주한 번역서를 참고하였다.[14]

야담의 경우에는 17세기 柳夢寅(1559~1623)의 『於于野談』과 18세기 任埅(1640~1724)의 『天倪錄』·辛敦復(1692~1779)의 『鶴山閑言』·盧命欽(1713~1775)의 『東稗洛誦』·沈錥(1722~1784)의 『松泉筆譚』을 참고하였다. 그리고 19세기 李羲準(1775~1842)의 『溪西野談』·金敬鎭(1815~1873)의 『青邱野談』 및 연대미상의 『記聞叢話』도 조사대상에 포함시켰다.

이상의 작품들에 수록된 17~18세기의 刀劒과 劒術 관련 일화를 바탕으로 연구를 진행하면서, 기존에 출간된 상기 작품들에 대한 번역서도 함께 참조하였다. 조선후기 도검문학에 대한 총체적인 연구를 위해서는 기본적으로 사대부들이 주목했던 劒이라는 기물에 대한 이해가 선행되어야 하기 때문에, 이 책은 이러한 관점에서 단순히 도검에 관련된 조선후기의 문학작품만을 소개하고 분석하는 데에서 그치지 않고, 그와 관련된 刀劒 遺物이 현존해있는 경우에는 이를 倂記하였다.

이 책의 구성은 대략 다음과 같다. 먼저 제2장의 '도검문학의 성행배경과 창작양상' 중 1절인 '刀劒의 사용과 유통'에서는 兩亂 이후 조선후기의 刀劒 需要와 刀劒의 생산 유통·과정을 밝혔으며, 국외에서 수입된 도검의 유통 상황에 대해서도 소개하였다. 2절 '刀劒의 애호와 소장'에서는 양란 이후 상무정신의 발흥과 이로 인한 사대부의 刀劒 애호 및 수집·소장 경향을 설명하면서, 조선후기 사대부 사이에서 도검 애호 현상이 유행하게 된 원인에 대해 규명하였다. 3절 '刀

14 이 책에서 번역서를 참고하지 않고 본인이 직접 TEXT를 번역한 경우나 한국고전번역원의 홈페이지 번역을 참조한 경우에는 번역서에 대한 각주 부연 설명을 따로 붙이지 않았다.

劍제재작품의 문체별 개관'에서는 조선후기의 도검문학에 속하는 刀劍제재작품을 일별하여, 문체에 따라 漢詩와 銘·野談·傳·賦·策問 등으로 분류한 뒤, 한시와 명, 야담과 전, 부와 책문에 담긴 도검제재작품을 소개하였다. 이를 통하여 사대부들의 상무적 기풍과 도검애호 열풍이 실제 도검문학에 어떠한 영향을 끼쳤는가에 대해 조명하였다.

조선후기 한문학에서 도검의 문학적 형상화는 크게 尙武精神의 發露인 도검, 古董 趣味의 對象인 도검, 節槪와 修養의 表象인 도검, 辟邪意識의 象徵인 도검으로 분류된다. 제3장 '도검의 문학적 형상화'에서는 이러한 도검 형상화의 여러 유형들을 살펴보고, 조선후기 한문학에 나타난 검의 생명력과 그 의미를 확인하고자 하였다.

1절 '尙武意識과 刀劍의 刑象'에서는 전쟁영웅의 전투용 도검인 護國劍과, 遊俠詩와 邊塞詩의 도검, 劍舞詩, 복수와 징벌의 상징인 도검을 논의의 중점에 두었다. '戰爭英雄의 護國劍'에서는 조선의 대표적인 무장인 李舜臣과 崔希亮, 林慶業, 南延年이 지은 검에 관한 작품을 예시로 들어 분석하였다. '遊俠詩와 邊塞詩의 도검'에서는 조선의 遊俠詩와 邊塞詩를, '劍舞詩의 詩的 刑象'에서는 조선시대에 연희된 劍舞와 이를 바탕으로 한 문학작품인 劍舞詩를 설명하면서 黃昌郞 劍舞詩와 妓女 劍舞詩에 나타난 도검의 意象을 소개하였고, '復讐와 懲罰의 象徵'에서는 한문학에 나타난 복수와 징벌의 수단으로서의 도검 意象에 대해서 설명하였다. 여기에서 소개한 도검문학 작품은 17~18세기를 아우르는 朝鮮 尙武精神의 문학적 표출이 검이라는 기물을 통해서 이루어진 양상을 보여주며, 도검문학이 지니고 있는 조선적 색채를 드러내준다는 점에서 그 의의를 찾을 수 있다.

2절 '古董 취미와 古劍·日本刀'에서는 조선후기 사회에서 유행한 書畵古董 취미의 일환으로서 古劍과 日本刀를 향유한 문화를 분석한다. 이러한 양상이 구체적으로 표출된 문학 작품이 상당수에 달하며, 특히 각 가문에 전해 내려오는 고검과 지하에서 발굴된 고검이 다수 등장한다. 사대부의 글에서는 소장하고 있는 古劍에 대한 작자의 애정과 자부심이 드러나며, 때로는 우연히 古劍을 얻은 기쁨을 생동감 있게 묘사하기도 하였다. 이외에도 사대부 자신의 심경을 고검에 假託하여 지은 작품도 있다. 또, 당시의 명품 도검이었던 日本刀의 器物的 特徵을 분석한 글과, 일본도 자체를 다룬 詩文도 상당수이다. 이러한 고검과 일본도의 향유양상이 당시 골동 취미생활에서 적지 않은 비중을 차지했던 만큼, 이 장에서는 이를 중심으로 분석하고자 한다.

3절 '선비정신과 義劍의 형상'에서는 義劍이 사대부의 義를 대변하는 劍으로 임금 곁의 奸臣輩를 베고 바른 정치를 회복하려는 儒臣으로서의 의지를 표방한 기물이었고, 또 그러한 의지가 관철되지 못하였을 때의 울분을 함께 표상하였다는 점을 밝혔다. 그리고 劍은 君子의 修身物인 修養劍으로 형상화되었으며, 刀劍의 劍銘은 또한 士大夫의 修身意識을 표현해준다. 이러한 검은 不遇한 士의 義氣를 투영하며, 信義의 상징으로 인식되기도 한다. '사대부의 義劍'에서는 사대부가 지녔던 조선조 도검의 義劍的인 성격에 대한 개념을 규정하면서 사대부의 義를 상징하는 기물인 義劍에 대해 논하였다. '군자의 修養劍과 劍銘'에서는 사대부가 지향하던 완성된 인간형인 君子가 되기 위한 修身 기물로서의 도검을 설명하면서, 도검에 修養劍적인 성격을 각인시킨 '劍銘'에 대해서도 살펴보았다. '不遇함과

信義의 상징'에서는 시대의 조명을 받지 못한 사대부와 서얼출신 문사의 불우함이 검에 투영된 문학적 사례를 알아보고, 그럼에도 불구하고 검을 통해 지조와 절개를 지키려는 사대부의 정신을 실제 작품을 통해 확인하였으며, 아울러 掛劒의 심층적 의미와 雌雄劍의 意象에 대해서 논의하였다.

4절 '辟邪意識과 神劒의 實狀' 중 '辟邪劒의 典型'에서는 조선의 대표적인 辟邪用 神劒인 寅劒의 형상에 대해 집중적으로 논하였으며, '餘他 辟邪劒의 實體'에 대해서도 살펴보았다.

제4장 결론에서는 이 책을 통해 이루어진 17~18세기의 도검문학 연구가 문학사적으로 어떠한 의의를 가지는지 규명하고, 이 책의 논의가 지니는 한계성과 차후 연구 방향에 대해 기술하였다.

조선후기 한문학에서 도검이 문학적으로 형상화되었을 때의 유형과 그 본질을 밝히고자 한 이 책은, 당시 사대부들이 도검에 대해 지녔던 관념을 바탕으로 창작한 도검문학작품의 실상을 조명하는 데 중점을 두었다. 이는 한문학에 있어서 연구 영역의 확대라는 의미와 함께 아직까지 거의 연구되지 못한 채로 묻혀 있던 조선 도검의 실체 조명이라는 의의를 지닌다.

제Ⅱ장

刀劒文學의 盛行背景과 創作樣相

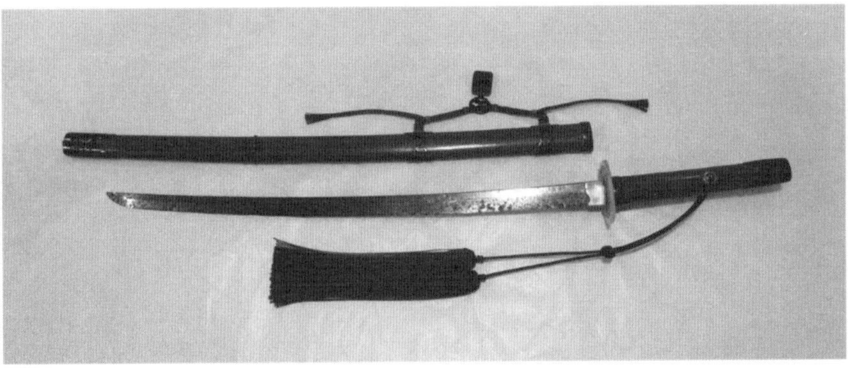

1. 刀劍의 使用과 流通

朝鮮 政府에 의해 1751년(영조 35)에 편찬된『武藝新譜』와 1790년(정조 14)에 편찬된『武藝圖譜通志』에는 여러 軍用 劍術이 수록되어 있다. 이러한 검술들이 조선후기에 軍에서 주목을 받은 이유는, 倭亂을 거치면서 검을 지닌 군인의 白兵戰 능력에 의해 戰勢의 판도가 뒤바뀔 수 있다는 점이 劍術에 능통한 倭軍들과의 接戰을 통해 여실히 증명되었고, 또 胡亂의 패배 이후 조선군의 무기술과 방어체계에 대한 반성을 바탕으로 개선이 이루어지면서, 군에서 교습시키는 군용검술의 종류가 그만큼 다양해졌기 때문이다.

軍에서 검술을 殺手인 병사들에게 교육시키면서, 당연히 군용 도검의 수요가 발생하였다. 그리고 호란 이후 나타난 尙武的 氣風의 영향으로, 사대부들이 검에 주목하게 되면서 검을 개인적으로 소장하는 것이 일종의 유행으로 자리잡기도 했었다. 하지만 조선의 경우 검의 문화가 역사 전체를 지배하다시피 했던 일본처럼 武風이 항상 士의 생활 속에서 중시되었던 것도 아니었고, 儒教的 禮의 일종인 射禮로 인해 弓矢가 劍보다도 사대부들에게 더욱 친숙한 기물이었다. 또 盜賊集團이나 暴力組織인 劍契, 혹은 殺手組織인 殺主契를 제외하고는 민간 집단이 단체적으로 도검을 소지하는 경우는 없었기 때문에, 검에 대한 대량 수요와 유통이 軍門 밖의 民間에서 계속적으로 진행되었던 것은 아니었다.

조선후기 朝鮮軍의 殺手가 사용하던 刀劍은 조정 산하의 訓練都監과 軍器寺 소속 전문 冶匠에 의해 주로 생산되었다. 1751년(영조 35)에 조선 정부에 의해 간행된 군사무술교범인『武藝新譜』에 도검을 사용하는 무술 종목인 雙手刀·倭劒·籐牌(腰刀)가 속해 있었고, 1790년(정조 14)에 정조의 명으로 이덕무와 박제가가 편찬한 교범인 『武藝圖譜通志』에 雙手刀·銳刀·倭劒·提督劒·本國劒·雙劒·馬上雙劒·籐牌(腰刀) 등이 포함된 점을 생각해보면, 당시 官 차원에서 도검이 계속적으로 제작 및 사용되고 있었음을 알 수 있다.

그리고 조선 조정이 청나라 조정에 바치는 주요 공물 중에 日本刀가 포함되자, 왜국의 일부 상인들이 對馬島에서 조선으로 鳥銃과 硝黃을 밀수하면서 少數의 일본도도 함께 조선에 유입되었다. 17세기에 쓰시마와 큐슈 상인들이 공모해서 조선으로 대량의 武器를 密輸했고, 이러한 배경에 조선 정부기관인 備邊司의 默認 및 誘導가 있었던 점은 흥미로운 사실이다.[15]

조선후기에는 사회의 발전에 맞물려 문화가 전반적으로 홍성하면서, '武'의 문화도 아울러 번성하게 되었다. 국가의 주도하에 『武藝新譜』와 『武藝圖譜通志』 등 여러 兵仗器와 劒의 사용법을 수록한 武書들이 편찬되는 것과 동시에, 서울에 근거지를 둔 권문세가인 京華世族을 위시한 士大夫들의 고급 취향인 書畵·古董 수집 경향이 부각되면서 그 일환으로 刀劒 수집 및 감식이 하나의 民間 文化로 등장하게 된다. 그리고 청나라로 유입되는 日本刀의 중간 유통경로로 조선이 대두되면서, 조선으로 수입된 일본도의 刀裝具를 조선 도검식의 형태로 바꾸는 유행도 생겨났다.

이와 같은 당시의 전반적인 추세에 발맞추어 당시대의 刀劒을 소재나 제재로 한 문학작품인 刀劒文學에서도 劒이라는 특징적인 器

15 金文京, 「17세기 후반 한일간의 무기 밀수 사건에 대해서」, 『고전과 해석』 제8집, 고전문학한문학연구학회, 2010 참조.

物이 '武'의 象徵으로서 사대부들에게 각광을 받게 되었다.

1) 國內 刀劍制作 文化의 發達

元重擧(1719~1790)의 『和國志』 卷3의 〈兵器〉를 보면, 한 왜인이 원중거가 차고 있는 검을 보여달라고 하고는 '훌륭한 철[名鐵]'이라고 평가하는 부분이 나온다. 원중거가 "날카롭지도 않은데 어찌 훌륭한 철이라고 하겠소?[不利, 奚稱名鐵?]"라 물으니, 왜인이 말하기를 철에 허물이 있는 것이 아니라 기술자가 방법을 잃은 것이라 하였다. 원중거가 다시 그 방법을 물으니, 왜인이 나라의 금령이 있어서 상세히 논할 수 없다 하였다. 원중거가 재차 백 번의 단련을 거치면 당연히 보검이 되지 않겠냐고 물으니, 왜인은 "백 번의 단련도 그 법도가 있습니다. 만약 하루에 한 번의 단련을 거쳐 백 일에 이르면 마땅히 단련하면 할수록 더욱 예리해집니다. 반드시 땅에 몇 년 동안 묻었다가 꺼내어서 다시 이와 같이 단련하여 백 번의 단련에 이르면, 이름난 철과 같아져 마땅히 천하의 예리한 칼날이 됩니다. 우리나라의 철은 부드러운 것을 강하게 만들고자 하므로 어렵습니다. 그대 나라의 철은 강한 것을 부드럽게 만들려고 하므로 쉽습니다."[16]라고 말하였다.[17] 이 일화는 원중거가 패용한 조선검의 경우 비록 제작기술이 일본도에 비해서 뒤떨어지지만, 원료인 철 자체는 일본도의 원료인 砂

16 『和國志』 卷3 「人」 〈兵器〉: "百鍊亦有其法. 若日經一鍊以至百日, 則當愈鍊而愈銛矣. 必埋地數年, 出而更鍊如是, 積至百鍊, 則此等名鐵, 當爲天下利刃矣. 弊邦之鐵, 柔欲使剛, 故難, 貴國之鐵, 剛欲使柔, 故易."

17 박재금, 『화국지(와신상담의 마음으로 일본을 기록하다)』(소명출판, 2006) 번역 참조.

鐵보다 우수한 품질을 지니고 있었다는 점을 의미한다.

17세기 孝宗이 北伐政策을 표방하고 군비증강에 진력하자, 서울의 각 軍門과 지방의 監·兵·水營에서는 군사훈련과 무기생산에 박차를 가하지 않을 수 없었고, 그로 인해 監官制下의 軍需鑛業이 번창하게 된다. 이후 景宗 때에는 각 읍으로부터 공물로 수취되었던 鐵物이 軍器寺 대신 都監 쪽으로 흡수되고, 경기·경상·평안·함경도로부터 수취하던 貢物價마저 모두 삭감되면서, 軍器寺의 무기제조 기능이 축소되기도 하였다. 또 肅宗 대에 이르게 되면 民間의 冶鐵手工業이 성장하여 각 道의 監·兵·水營에서는 鐵店을 자체 경영하지 않고, 民營鐵店의 鐵物匠人들로부터 현물이나 쌀과 布를 수취하게 된다. 그리고 監官制下의 군수광업이 17세기 말에 쇠퇴하면서, 18세기에는 새로운 광산 경영형태인 別將制下의 군수광업이 발달하게 된다.[18]

이러한 일련의 군수산업 발달과정을 살펴보면, 17~18세기를 걸쳐서 군수산업이 官의 자체생산에서 民이 官의 下請을 받는 방식으로 점차 전환되어 감을 알 수 있다. 이런 경향으로 인해 민간에서도 鐵物匠人 중에서 도검을 전문적으로 제작하는 冶匠들이 등장하게 되었다.

(1) 刀劍 生産地의 擡頭와 專門 刀劍匠의 出現

17세기 慶尙北道 淸道는 명검 생산지로서 그 이름을 조선에 떨치게 된다. 李鈺(1760~1815)의 작품 〈申啞傳〉에 나오는 주인공인 淸道의 申氏 劍工은 '숯으로 칼을 벼리는 사람'이라는 의미인 炭齋라는

18 유승주, 『朝鮮時代鑛業史硏究』, 고려대학교 출판부, 1993. 203쪽, 225쪽 참조.

호를 지닌 벙어리이다. 그는 천하의 명검으로 유명한 일본도보다도 날카롭고 가벼운 무게를 지닌 뛰어난 품질의 조선 도검을 생산하였고, 그 재료로 값이 나가는 쇠를 사용하였다. 이옥은 신씨가 만든 검을 얻었는데, 머리칼을 불면 잘려나갈 정도로 매우 예리하였고, 금세 칼날이 부서질 듯 얇았다고 하며,[19] 『松泉筆譚』 第396話에 의하면 벙어리 신씨의 검을 왜인들이 보고 神品이라고 극찬을 하기까지 했다고 한다.[20]

黃胤錫(1729~1791)의 『頤齋亂藁』 권26에 수록된 〈淸道郡產寶釼〉은, 신씨 검공을 시초로 하여 청도군에서 수많은 劒工이 활동했음을 보여준다.

> 얼마 전에 宋日休가 이런 말을 하였다. 우리나라는 청도군에서 나는 보검을 온 나라에서 제일로 친다. 그 시초는 어떤 벙어리 대장장이였는데, 어디서 왔는지는 알지 못하나 철을 다루는 데 신묘하여, 손을 대기만 하면 좋은 물건을 만들었고, 또 한 번 정해진 값을 바꾸지 않았다. 이로부터 그 무리들이 기술을 서로 전하여 점차 넓어졌다. 근년에 金履遠이 청도군 원님이 되어서 그 아들 故 참판 應淳이 관아에 따라와 지내면서, 어떤 대장장이를 아껴 음식을 보내어 매우 많이 도와주었다. 대장장이도

---

19 이 이야기에서는 검을 잘 알아보는 이가 이옥에게 '잘된 것입니다만, 약간 메마르니 솥에 삶은 고기를 베어보면 참으로 좋을 것입니다.[獲矣, 微燥以試鼎肉良]'라고 조언을 해주는 장면이 나오는데, 이는 조선에도 명검을 감정할 수 있는 능력을 가진 사람이 존재했으며, 동시에 살아있는 죄인이나 시체를 베어서 칼날의 성능을 시험한 일본의 타메시기리와 비견되는 도검 시험방법이 있었음을 의미한다. (안대회, 『고전산문산책』, 휴머니스트, 2008 ; 실시학사 고전문학연구회 역, 완역 『이옥전집』, 휴머니스트, 2009 번역 참조)

20 『松泉筆譚』 第396話: "倭人見其刀, 皆曰神." (신익철 외 역, 『송천필담』 1, 보고사, 2009 번역 참조)

그 성의에 감동하여 어느 날 찾아와 작은 칼 한 자루를 바치면서 “이 검이 겉 장식은 비록 순박하고 누추하지만, 그 쇠는 수십 년간 수백 번 단련하여 완성한 것입니다. 감히 이것으로 보답하고자 하오니 행여 다른 사람에게 전하지 마십시오. 남에게 주면 반드시 다시는 보검이 되지 않습니다.”라 하였다. 응순이 우선 받아두었으나, 별로 보배로 여기지는 않았다가, 후에 安山의 庄人인 元同知라는 사람에게 주었다. 원동지는 그 칼을 날마다 써서 간혹 보리이삭을 따거나 간혹 담배를 썰기도 하였고, 간혹 함부로 숫돌에 갈기도 하였다. 어느 날 밤 갑자기 잠이 깨었는데, 한 줄기 비린내 섞인 찬바람이 불어와 오싹하여 두려웠다. 불을 밝혀 바라보니, 한 마리 큰 뱀이 잠자리 가까운 곳에 들어와, 피가 질펀히 흐르고 맑은 물도 섞여있었는데, 칼날이 뱀의 머리 한중간을 꿰뚫고 있었다. 대개 뱀이 사람이 깨물려고 하자, 검이 저절로 움직여 뱀을 찌른 것이다. 원동지가 크게 괴이하게 여기고 이 일을 응순에게 말하니, 응순이 대장장이의 말을 생각해내어, 비로소 칼을 도로 찾았다. 이 일을 대장장이에게 말하니, 대장장이가 탄식하며: “보검에는 신령이 있어, 한 번 남에게 보이면 다시는 신령스럽지 못합니다. 신령이 아마 이로부터 흩어졌을 것입니다. 애석합니다. 영공께서 인연이 없으시군요.”라고 하였다. 원동지가 허튼 말을 하는 사람이 아니어서, 송군이 또 나에게 말해준다고 하였다.[21]

21『頤齋亂藁』卷26〈清道郡産寶釼〉: 頃日, 宋日休言, 我國則清道郡産寶釼, 爲一國冠. 其始則有一啞病冶匠, 不知何來, 妙於点鐵, 觸手成良, 又能不二價. 自是, 其徒之相傳者漸廣. 近年, 金履遠守是郡也, 其子故參判應淳, 隨在衙中, 愛一冶匠, 餽恤甚多. 冶亦感其意, 一日來獻一小釼曰: “此釼外飾雖朴陋, 而其鐵則累十年累百鍊所成者, 敢以此爲報, 幸無以傳與他人. 釼必不復寶矣.” 應淳第受之, 不甚宝也. 後以授其安山庄人元同知者, 元以之日用, 或打麥, 或切南草, 或妄磨礪. 一夜忽覺, 有一條腥臭冷風, 悚然有惧. 明灯視之, 有一大蛇, 入寢席咫尺所, 流血淋漓, 雜以淸水, 而釼鋩正刺其首. 盖蛇將犯噬, 而釼自動自刺也. 元大異之, 以語應淳, 應淳追思冶語, 乃始還索. 以語冶, 冶歎曰: “寶釼有神, 一示人, 不復神, 神其自此散矣. 惜乎, 令公之無緣也.” 元非妄語人, 故宋君又以語余云.

황윤석의 친구 宋日休(1734~?)는 청도군의 보검이 국내 제일이라고 하면서, 金應淳(1728~1774)과 친분이 있던 대장장이가 만든 보검에 대한 이야기를 전한다. 김응순이 대장장이로부터 선물받은 칼의 가치를 제대로 인식하지 못하여 그 칼을 安山의 庄人인 元同知에게 주게 되었는데, 원동지는 그 칼을 雜用으로 쓰고 만다. 그런데 어느 날 밤 갑자기 침소로 들어온 큰 뱀을 그 칼이 저절로 움직여 척살한다. 이로 인해 놀란 원동지가 김응순에게 이 사실을 말하니, 김응순이 이 칼을 돌려받고 나서 대장장이에게 곡절을 이야기하자, 대장장이가 탄식하며 "보검에는 신령이 있어, 한 번 남에게 보이면 다시는 신령스럽지 못합니다. 신령이 아마 이로부터 흩어졌을 것입니다. 애석합니다. 영공께서 인연이 없으시군요."라 말한다. 검의 신비로움을 신비롭게 전한 이야기이다. 청도에서 제작한 검의 수준이 그만큼 높았다는 점을 이야기의 배경에 깔고 있다. 황윤석은 그와 같은 신비한 검 제작의 비밀을 전하는 이야기를 또 기록하고 있다.

송일휴가 또 말하였다. 청도 원님이 다스리는 곳에 어떤 칼 잘 만드는 장인이 있었는데, 衙客에게 사랑을 받았다. 아객이 후한 값을 먼저 주고 칼 만들기를 재촉하였는데, 대장장이는 3~4년이 되도록 미루었다. 하루는 관아 안에 화로를 옮기고 아객을 청하여 날마다 단련하는 것을 보게 하였다. 어느 날 저녁에 은밀하게 말하기를 "오늘밤 모시에 장차 담금질하려고 하는데, 보물에는 신령이 있어서 절로 꺼리는 게 많습니다. 행여 엿보지 마시기 바랍니다."라 하였다. 아객은 그가 다른 쇠로 바꿀까 의심하여, 몰래 벽틈으로 그를 염탐하였다. 대장장이가 바야흐로 칼날을 화로에 넣었다 뺐다 하는데, 불이 이미 벌겋게 달아오르자 대장장이가 문득 주문을 외면서 홀로 기뻐하며: "천지간에 제일가는 보물이 완성되었도

> 다.”라고 하였다. 갑자기 아객이 염탐하는 것을 깨닫고는 칼날을 던지며 탄식하기를, “어찌 이리도 사람을 믿지 못합니까? 이 물건은 다시는 신령스럽지 못합니다.”라 하였다. 이로부터 재촉하기를 매우 혹독하게 하여도, 끝내 만들려하지 않았다고 한다.[22]

송일휴는 또 청도군의 刀劍匠과 衙客의 일화를 이야기한다. 아객에게 도검 제작을 의뢰받은 대장장이가, 수년간의 독촉에도 계속 일을 미루다가 날짜를 정하여 담금질을 하면서 아객에게 이를 엿보지 말라고 한다. 주문을 외우면서 도검을 제작한 대장장이는 천지간에 제일가는 보물이 완성되었다고 기뻐하다가, 아객이 몰래 염탐한 것을 알고는 신령함이 없어졌다고 칼을 내던져버리고 다시는 부탁을 받아도 칼을 만들어주지 않는다.

두 이야기 속 청도군산보검의 공통점은, 바로 신령함이다. 청도군산보검은 그 제작과정에서 택일을 하여, 타인의 염탐 없이 대장장이가 홀로 주문을 외우면서 단련하는 공정을 거쳐야만 신령스러움을 지니게 된다. 그렇게 완성된 검은 저절로 움직여 주인을 위협하는 뱀을 척살하기도 하는 신령스러운 작용을 한다.

〈淸道郡産寶釰〉이 비록 검의 신령함을 이야기하여 허황된 감이 있기는 하지만, 이는 경상북도 청도군이 보검의 생산지로 그만큼 명망이 높았음을 의미한다. 18세기 조선이 평화기였음에도 불구하고 전문적인 도검생산 공단이 특정지역에 존재했고, 그곳에서 생산된 검이

---

22 上揭書: 宋又言. 淸道官治, 有一善製良釰者, 爲衙客所愛. 衙客先給重價, 促其成, 冶遲回三四年, 一日移爐衙中, 邀衙客日視点鍊, 一夕密語曰, “今夜某時, 將淬之, 而寶物有神, 自多秘忌, 幸勿窺視也.” 衙客疑其換以他鐵, 密隙偵之, 冶方以刃入爐出爐, 火旣通紅, 冶輒躬呪獨喜曰: “天地間第一寶物成矣.” 忽覺其偵也, 投刃歎曰: “何其不相信至此? 此物不復靈矣.” 自是雖促督甚酷, 而終不肯云.

보검으로 일컬어질 정도로 품질이 뛰어났다는 사실은, 바로 그만큼 당시대에 검에 대한 수요가 지속적으로 발생했음을 의미한다. 앞서 언급한 조선 선비들의 書畫古董 수집취향과 맞물려 민간의 도검 수요도 분명 존재했었기 때문에, 軍器寺 소속 冶匠들에 의해 제작된 투박한 군용무기의 수준을 뛰어넘은 高級 朝鮮寶劍이 청도군의 검공들에 의해 생산되었던 것이다.

(2) 朝鮮後期 刀劍製作法 〈鑄劍辨證說〉

조선후기 도검제작법에 관해서는 현재까지 전해오는 자료가 거의 없다. 그 가운데 개략적이나마 그 실체를 짐작하게 할 수 있는 자료가 바로 이규경의 〈鑄劍辨證說〉과 작자 미상의 〈造劍式〉이다. 이 두 편의 글을 집중적으로 살펴본다.

〈鑄劍辨證說〉[23]은 五洲 李圭景(1788~1856)의 『五洲衍文長箋散稿』「人事篇/器用類」《兵器》에 실린 글로, 도검을 만드는 법을 다루고 있다. 이 〈주검변증설〉은 도검을 제작하는 데 있어서 실제적으로 필요한 제법의 과정을 과학적·체계적으로 설명한 글은 아니기 때문에, 현대에 전통도검을 복원·제작하는 데 직접적인 도움이 되지는 않는다. 다만 이 글은 당시까지의 각 문헌에서 膾炙되고 있던 도검의 제법에 관한 잡다한 기록들을 개괄적으로 종합해놓았기 때문에, 조선

23 이 글이 비록 19세기의 작품이기는 하지만, 17~18세기를 거쳐 계속적으로 조선에서 전해 내려오던 도검 제작에 관한 비법을 종합해놓았다는 점에서 그 의의를 찾을 수 있기에, 마찬가지로 19세기 자료인 〈조검식〉·〈동국보검변증설〉과 함께 특별히 이 책에 수록하였다. 원래 〈주검변증설〉에는 그 내용에 대해 전고를 바탕으로 한 수많은 細註가 달려 있으나, 이 책에서는 세주와 그에 대한 설명은 생략한다.

지식인의 도검 제작에 대한 문헌적 식견의 범주를 짐작해볼 수 있게 한다.

검을 만드는 제법은 만약 그 시초를 논해본다면 〈物原〉에 '신농이 干戈殳戟을 만들었고, 치우가 도검을 보태었다.'라고 나와 있다. 『주례』〈고공기〉에는 '쇠를 다루는 기법은 金石에 따라 여섯 가지 제법으로 나뉜다. 그리하여 3분을 금으로 하고 석이 1분을 차지하면 큰 칼날을 만드는 제법이다. 5분을 금으로 하고 석이 2분을 차지하면 화살촉을 만드는 제법이다.'라 하여 모두 금과 석으로써 말하였는데, 3대의 古器 및 秦·漢 이래 도검같은 여러 기물은 모두 동으로 주조했지 철이 아니었다. 비록 그러하나 도검은 이미 전욱의 시대로부터 있었으니, 그 이름은 畫影과 騰空이다. 陶弘景은 『刀劍錄』을 지었고, 李承勛은 『名劍記』를 지었으니, 모두 검에 뜻이 있는 자들일 것이다. 太公 『兵法』에 이르기를, '칼의 神을 脫光이라 한다.'고 했다. 『蜀志』를 살펴보면, '楚나라에 두 검이 있었으니, 干將과 莫邪이다.'라 했다. 무릇 검을 제련함에, 銅이 牝牡(雌雄)가 있다. 干將과 莫邪의 雌雄이, 바로 銅의 牝牡에 따라 만든 것이 아니겠는가. 眉公 陳繼儒가 말하기를, "옛 사람들이 검을 주조한 것은 또한 燧를 만드는 방법을 모방한 것이다."라 하였다. 예로부터 보검은, 그 제작하는 데 맞는 각기 다른 법이 있으니, 陰陽과 精英의 기운에 부합하기 때문이다. 三寅과 三元의 명칭이 있다. 칼을 제작할 때에는 으레 치마입고 비녀 꽂은 여인을 꺼리므로, 陰人을 만나는 것을 기피한다. 다시금 禳禱하는 法도 있다. 道家에 또 法劍을 만드는 法이 있다. 神劍을 주조하는 法은 대략 道書에 보인다. 繞指鬱刀는 바로 折鐵로 제조한 것이다. 검 중에 작으면서도 특이한 것으로 辟鼠刀가 있다. 刀劍은 西國과 왜국의 사츠마섬[薩摩島(薩摩島)]에서 제작한 것과 중국에서 만든 것이 가장 빼어나다. 날카로운 검을 제작하는 것은 또 담금질에 달려있는데, 담금질은 약물로써 한다. 張華의 『博物志』에, 赤土로 寶劍을 닦으면 곱절로 더욱 精明해진다고 한다. 대저 검에는 검술이 있다. 예로부

터 劍俠의 傳과 劍仙의 호칭이 있었다.[24]

이 글에서는 검을 만드는 제법과 중국 고대의 도검 소개, 雌雄劍, 三寅劍과 三元劍, 도검제작시 陰人에 대한 기피, 禳禱法, 道家의 法劍法과 神劍法, 繞指鬱刀[25]와 辟鼠刀, 西國[26]과 왜국의 薩摩島(薩摩島)[27]와 중국의 寶劍, 약물을 이용한 담금질 기술, 赤土를 이용한

---

24 『五洲衍文長箋散稿』「人事篇/器用類」《兵器》〈鑄劍辨證說〉: 鑄劍之制, 若論其始, 則『物原』: '神農造干戈殳戟, 蚩尤益以刀劍'. 『周禮』「考工記」: '攻金之工, 以金錫分六齊, 而三分其金, 而錫居一, 爲大刃之齊. 五分其金, 而錫居二, 爲削殺矢之齊'. 竝以金錫言, 則三代古器及秦漢以來刀劍諸器, 皆用銅鑄, 非鐵也. 雖然刀劍已自顓頊之世有之, 其名畫影·騰空. 陶弘景有『刀劍錄』, 李承勛有『名劍記』, 蓋有志於劍者歟. 太公『兵法』曰: '刀子之神曰脫光'. 按『蜀志』: '楚有二劍, 曰干將·莫邪.' 凡製劍, 銅有牝牡. 干將·莫邪之雌雄, 無乃取銅牝牡而禱之也歟. 陳眉公繼儒曰: '古人鑄劍, 亦倣鑄燧也.' 古有寶劍, 其鑄成各有其法, 以符陰陽·精英之氣故也. 有三寅·三元之號. 鑄劍, 自有裙釵之厭, 故忌見陰人. 復有禳禱之法. 道家又有法劍之法. 神劍之法, 略見道書. 繞指鬱刀, 卽折鐵所製者. 劍之小而異者, 有辟鼠刀. 刀劍, 以西國·倭薩摩島所製者·中華造成者爲最. 製利劍, 又在淬健, 而健以藥物. 張華『博物志』: '以赤土拭寶劍, 倍益精明.' 夫劍有術焉. 自古有劍俠之傳·劍仙之稱.

25 요지울도는 刀身의 탄성이 매우 강한 칼로, 본문 각주에 필리핀의 루손섬[呂宋國]에서 전래되기도 했고, 네덜란드[阿蘭陀國]에서 청나라에 공물로 바쳤다고 기록되어 있으나, 실제로 정확하게 어떤 형태의 도검인지는 未詳이다. 루손섬을 식민지로 지배했던 에스파냐[España]의 똘레도[Toledo]産 레이피어[Rapier] 계통 서양검일 가능성이 크며, 네덜란드의 공물이었던 검도 이와 비슷한 유형의 제품으로 추정된다.

26 西國은 아라비아 지역인 西域이나 유럽 중 한 곳을 지칭한 용어로 보이나, 〈주검변증설〉 본문 중의 설명이 미흡하기 때문에 자세한 사항은 알 수 없다. 서역은 샴쉬르[Samshir] 계통의 반달칼로 유명했으며, 유럽의 경우에도 제철기술의 발달로 인해 레이피어[Rapier] 계통의 원핸드소드[One-Hand Sword]가 비약적으로 발전했고, 또 유럽 각국의 식민지 쟁탈전으로 인하여 유럽 도검들이 동남아 지역에 널리 전파되었었다.

27 薩摩島는 薩摩島의 誤記이다. 申維翰(1681~1752)의 『해유록』에 수록된 〈賽神

寶劍 光澤法 등이 설명되어 있다. 그런데 이 글은 이규경이 실제 도검 제작법에 대한 사전지식이 없는 상태에서 다만 문헌적인 자료들만을 종합하여 작성하였고, 인용한 1차 원전 자료의 내용 자체에 과학적 오류가 있는 경우가 많았기 때문에, 조선의 보검을 종합해놓은 〈동국보검변증설〉에 비해서 그 가치가 다소 퇴색되는 면이 있다. 하지만 앞서 언급했던 조선의 劍工들이 공유했던 당시대의 도검 제작에 대한 인식 체계를 보여준다는 점에서, 쉽게 간과해버릴 수는 없는 자료이다.

(3) 〈造劍式〉

〈造劍式〉은 조선시대 도검 제작법과 呪文이 적혀있는 자료로, 조선후기의 대표적인 京華世族이었던 豊山 洪氏 집안과 茶山 丁若鏞의 子弟들 간의 書簡文 중에서 발견되었다.[28] 제작년도는 19세기 초반으로 추정되며, 현재 개인 소장가에 의해 관리되고 있다.

曲〉을 보면, 사츠마[薩摩: さつま]의 일본도가 18세기 당시에 이미 유명했음을 알 수 있다. 사츠마에서는 武風을 중시하면서 목숨을 초개처럼 여기는 분위기가 일본 내의 타지역보다 심하였고, 사츠마 코시라에[薩摩 拵]라고 하는 독특한 외장의 일본도는 사츠마의 위력적인 검술인 지겐류[示現流: じげんりゅう]와 함께 사츠마 武風의 상징으로서 지금까지도 그 명성이 높다.

〈주검변증설〉 본문 주석의 내용 중 사츠마에서 일본도를 제작할 때 100일 동안 칼날을 단련하였다가 수십 년간 묻었다가 꺼내서 단련을 반복하여 100년이나 걸려 명검을 만들어낸다는 부분은 실제 도검제작 기술과 전혀 무관하며, 심하게 과장된 감이 있다. 『松南雜識』 「財寶類」에도 아이가 한 돌이 되면 쇠 30~40근을 진흙에 파묻었다가, 아기가 성인이 되면 그것을 파내서 담금질을 하여 검을 만든다는 과장 섞인 이야기가 들어있다.

28 〈조검식〉 원문은 고서전문가 박철상 선생의 도움으로 입수하였으며, 조검식에 대한 설명은 졸고 〈朝鮮時代 刀劍制作法, 造劍式〉(『문헌과 해석』 43호, 2008)에서 轉載·補完하였다.

〈조검식〉에 나타난 조선시대 단검의 명확한 형태 규명 작업은 도검유물 전문가인 耕仁美術館 李碩宰 館長이 직접 수행하였으며, 2008년도에 1차 복원도를 완성하였다. 그 내용이 조선후기 도검제작의 구체적 과정을 이해하는 데 있어서 매우 중요하므로, 이 책에서는 본문 전체를 인용한다.

> 六丁日에 깊은 산 속에 들어가 두들겨 만든다. 길이를 9촌 9푼으로 하는 것은 九天九氣에 응함이요, 너비를 12푼으로 하는 것은 12時에 응함이라. 코등이[鐔鐶]의 너비[지름]를 2촌으로 하는데, 좌우에 구멍을 둔 것은 해와 달을 상징한다. 下鐔을 8면으로 하는데, 24개의 구멍을 가장자리 쪽에 뚫는다. 그 아래에 칼자루를 끼우되, 코등이를 작고 네모반듯하게 하는 것은 天圓地方을 상징한다. 음양이 서로 어울리는 형상으로 이로써 8卦를 정하고, 24氣를 포괄하여 8節의 운행을 포함한다. 또 上鐔鐶을 6면으로 하고 가장자리에 6개의 구멍을 줄지어 둔 것은, 六甲六丁과 응한다. 그 위의 薄環을 작고 둥글며 가볍게 한 것은 하늘 가운데의 맑은 기운을 상징하니, 모두 금은으로 그것을 장식한다. 자루 길이를 4촌으로 하는 것은 四時를 상징하며, 손잡이 끝에 쇠머리 뚜껑을 씌웠는데 까마귀 부리 형상이니, 설법할 때 땅에 그을 수 있게 한 것이다. (칼자루의 단면은) 8면도 무방하며, 둥글게 만들어도 또한 괜찮다. 중간에 비녀를 꽂는 구멍이 있어서, 금으로 된 꽃 두 가지를 조각해서 붙인 것은 음양 쌍가지를 상징하니, 모름지기 9번 돌린 것을 사용한다. 검의 몸은 곧고 평평하며, 금으로 九星을 새겨넣었고, 天英星이 칼끝에 있으며, 天蓬星이 코등이의 위에 있는데, 9개의 구멍을 뚫어서 젓가락 끝을 용납할 수 있고, 가운데는 좁고 좌우를 조금 넓게 하여 금은으로 그것을 메워놓아서 움직이지 않게 한다. 칼집은 玳瑁[29]로 하고 珠玉과 七寶로 바깥을

29 현존 유물 중 경인미술관 소장 玳瑁甲金銀裝玉具寶刀(御刀)와 玳瑁甲金銀裝玉

장식하며, 항상 좌측 겨드랑이에 패용한다. 매번 갑자일 및 칼 만든 날이 되면 갈아서 빛을 내고, 빛내는 것이 끝나면 六甲日 한밤중에 높은 상위에 北面하여 두고 다음 주문을 외운다.

吾劒天上之寶	내 검은 천상의 보물로
道母元君之賜	道母元君[30]이 내려주셨네
千鍊成鐵	천 번 두들겨 鐵이 되고
萬鍊成鋼	만 번 두들겨 鋼이 되니
應元合氣	원기에 부응하고
上玄下黃	천지에 호응하네
畫地作局	땅에 그어 판 그리면
變化陰陽	음양을 변화시키고
出門入戶	문호에 출입하면
降盡魔王	온갖 마왕 항복시키니
指揮所向	휘두르며 향하는 바
物莫敢當	어떤 물건도 당해내지 못하네
北極九星	북극의 9성이
令我遁藏	나를 시켜 악한 무리 쫓아내네
恭受天與	하늘이 준 것을 공손히 받아
永除不祥	不祥한 것을 영원히 제거하리

具粧刀(御家刀子)의 경우, 칼집과 손잡이가 대모(바다거북 등껍질)로 되어 있다. 哲宗 御眞의 도검그림과 실물을 비교해볼 때, 상기 두 자루 모두 조선 王室의 유물로 추정된다.

30 道母元君: 道敎의 女神仙. 東晉時代 道士 葛洪의 道敎 理論書인『抱朴子』內篇 卷4「金丹」에서, 원군은 위대한 신선으로 음양을 조화시켜 鬼神과 風雨를 부리며 9마리 龍과 12마리 白虎로 하여금 수레를 끌게 하고, 천하의 모든 신선을 그 예하에 두고 있다고 하였다.

주문을 마친다. 다른 사람이 보게 하지 마라.[31]

〈조검식〉에 의하면, 글 속의 단검은 1년 중 가장 무더운 여름 60일 동안 깊은 산 속에서 제작한다. 단검의 치수와 형태를 정하는 데에는 周易과 陰陽五行說, 讖緯說, 奇門遁甲 등의 각종 이론이 적용되어 있으며, 이를 통해 선조들이 삼라만상을 포괄하는 우주의 기운을 칼 속에 응축시키고자 했다는 사실을 알 수 있다. 이 글은 칼을 제작하는 사람에게 칼을 만드는 데 필요한 세부사항은 물론, 완성된 칼을 패용하고 관리하는 방식까지도 설명하고 있다. 칼날을 만드는 방식(시기, 제법, 규격, 칼날에 깃드는 의미), 코등이를 만드는 방식(규격, 형태, 코등이가 상징하는 의미), 칼자루를 만드는 방식(규격, 형태, 장식의 모양, 단면), 칼날을 다듬고 꾸미는 방식(형태, 소재, 규격, 입사, 입사위치), 칼집 만드는 방식(소재, 패용방식), 칼을 관리하는 방식(택일, 마광, 의식, 주문)을 자세하게 묘사한 〈조검식〉은, 조선시대 단검이 단순한 무기가 아니라, 제작에 있어서 古來의 온갖 철학적 이론을 도검 자체

---

31 〈造劒式〉: 六丁日, 入深山打造. 長九寸九分, 應九天九氣. 廣十二分, 應十二時. 鐔鐶周廣二寸, 右左有孔, 象日月. 下鐔八面, 二十四穴, 周鑽于旁. 其下挾柄, 鐔小而方正, 象天圓地方, 兩儀交泰之象. 以定八卦, 包羅二十四氣, 運合八節. 又有上鐔鐶六面, 傍列六穴, 應六甲六丁. 其上薄環, 小而圓輕, 象天中清氣, 而皆以銀金飾之. 柄長四寸, 象四時, 柄末鐵頭匣, 尖如烏喙狀, 說法時劃地也. 八面無妨, 圓亦可矣. 中間揷簪孔, 用着彫金花二枝, 象陰陽雙條, 則須用九廻也. 劒體直而平, 以金欽九星, 天英在鋒鋩, 而天蓬在鐔之上, 鑽九穴可容箸末, 中狹而左右稍闊, 則以金銀塡之, 使不得搖動. 室以玳瑁, 以珠玉七寶粧外, 常佩左腋. 每遇甲子及成開日, 磨光做, 做畢, 六甲日夜半, 置高床上北面, 呪曰: '吾劒天上之寶, 道母元君之賜. 千鍊成鐵, 萬鍊成鋼, 應元合氣, 上玄下黃. 畫地作局, 變化陰陽, 出門入戶, 降盡魔王, 指揮所向, 物莫敢當. 北極九星, 令我遁藏. 恭受天與, 永除不祥.' 呪畢. 勿使他人見.

에 함축시킨 象徵物인 동시에, 呪文을 외우는 과정을 통해 소장자 자신의 심성 수양과 의기 함양을 상징하는 器物로 인식되었음을 보여주는 귀중한 자료이다.

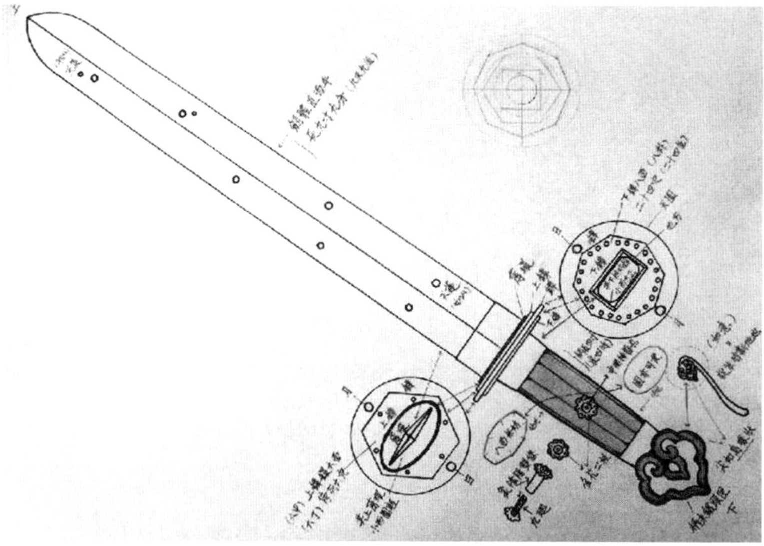

경인미술관 이석재 관장의 〈造劒式〉 제1차 복원도

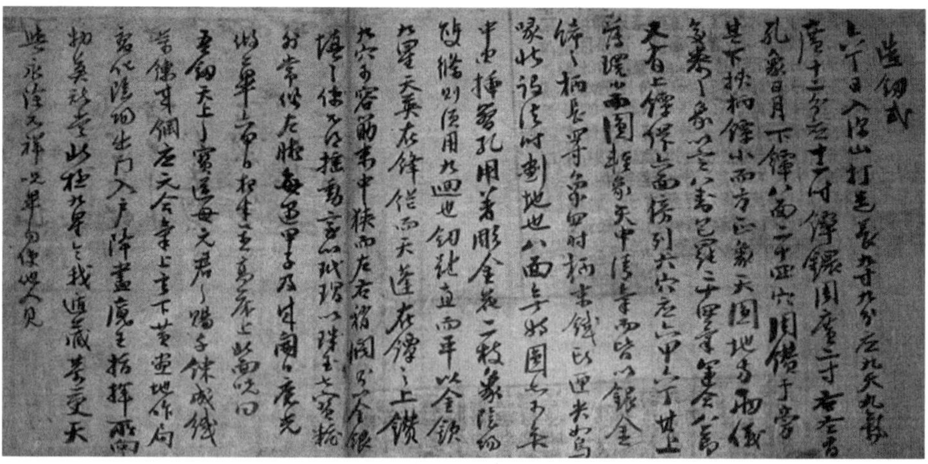

〈造劒式〉原文

2) 國外 刀劍의 輸入과 流通 - 日本刀를 中心으로

17~18세기경 조선의 문화적 융성과 함께 書畵古董 收集에 대한 관심이 점차 대두되면서 그 대상으로 劍이 주목을 받았고, 그 중 輸入 名劍인 日本刀에 대한 嗜好도 아울러 증가하게 되었다. 조선후기 士人에게 日本刀는 단순히 왜적의 흉악한 무기가 아닌, 莫邪와 干將·龍泉과 泰阿 등 전설상의 寶劍에 버금가는 수준의 명검이었다. 일본도는 고동 수집의 대상인 동시에 마음을 담을 수 있는 애장품이기도 했으며, 때로는 왜적에 대한 적개심을 투영하는 매개체가 되기도 했다. 그들은 일본도가 지니는 명품도검으로서 가치를 정확히 인식하고 있었고, 朝鮮刀보다 뛰어난 일본도의 성능과 강도에 주목했었다.

明나라 屠隆(1541~1605)의 古董 전문서적인 『考槃餘事』에서 劍이 감정과 수집의 대상으로 언급된 이래, 중국인의 일본도 수집 경향은 조선에도 그 영향을 끼치게 된다. 李德馨(1561~1613)이 1593년(선조 26) 4월 13일에 경상우순찰사에게 보낸 편지글 말미에는 "宋侍郞(宋應昌)과 李元帥(李如松)가 모두 좋은 왜도를 애써 찾으니, 널리 구해서 속히 부쳐 그들의 뜻에 부응해주기 바랍니다."[32]라는 구절이 보인다. 이는 16세기 후반에 이미 중국에서 명품인 일본도에 대한 嗜好가 존재했음을 의미한다.

이러한 중국의 일본도 수집 경향으로 인해 조선에서 생긴 일화를 하나 소개한다. 『記聞叢話』에는 인조 대에 호조판서였던 李溟(1570~

32 『槿墨』(하영휘 역 김채식 교열, 成均館大學校 博物館, 2009) 仁 394 : "宋侍郞·李元帥, 俱竭覓好倭刀, 伏望廣搜速寄, 以副至願."

1648)이 郎廳이었던 任義伯(1605～1667)을 시켜서 청나라 장수와 청 황제에게 예물로 보낼 일본도를 저자에서 구한 사연이 수록되어 있다.[33]

> 판서 李溟의 字는 子淵으로, 전주 사람이고 이양의 손자이다. 그가 호조판서로 있을 때, 참판 임의백이 낭청으로 있었다.
>
> 청나라의 어떤 장수가 조선에 와서 품질이 진기한 왜검을 찾았다. 이명이 임의백에게 장사꾼들을 독촉하여 그런 칼을 찾아 들이라고 하였다. 며칠 만에야 비로소 칼 한 자루를 구하여 바치니, 이명은 그 칼을 받아서 자기 집에다가 간수해 두고는 또다시 한 자루를 구해 바치라고 하였다. 그러자 장사꾼들이 매우 원망스럽게 여겼다. 임의백도 의아해서 망령되게도 여러 사람들이 모인 곳에서 추한 흉을 보았다. 그러나 감히 상관의 명을 어길 수 없어서 다시 칼 한 자루를 구해 바쳤다. 그런데 새로 구한 칼은 먼저 것보다 훨씬 못한 것이었다.
>
> 이명은 새로 구한 칼을 청나라 장수에게 주라고 하였다. 청나라 장수는 기뻐하며 그 칼을 받았다. 그러고 나서 얼마 되지 않아, 청나라 황제가 매우 급하게 보검을 찾았다. 이명은 전날 간수해두었던 칼을 내주며 웃음을 띠고 말하였다. "낭관은 지금도 나를 욕할 터인가?"
>
> 대개 청나라 황제가 칼을 찾을 것이라는 사실을 미리 헤아려서 그 칼을 간수해 두었던 것이다. 관아에 두면 혹시라도 남들이 바꿀까 여겨져서 자신의 집에다가 두고 기다렸던 것이다. 그가 일의 형편과 물정을 헤아리는 능력은 예사 사람들이 따라갈 수 없는 것이었다.[34]

---

33 이 이야기가 만약 사실이라면, 그 시기는 1630년대 후반에서 1640년대 중반 사이일 가능성이 크다. 이명은 1637년(인조 15) 6월에 호조판서로 임명되었다가 함경도관찰사로 이직한 후, 다시 1638년(인조 16) 9월부터 1646년(인조 24) 6월까지 호조판서를 지냈다.

34 『記聞叢話』 第91話: 李判書溟, 字子淵, 完山人, 樑之孫也. 爲戶判時, 任參判義伯爲郎廳, 有淸將來索珍品倭劒, 李公使任督市人覓納, 屢日始得一劒以進, 則李公受而藏之私室, 又令更進一口, 市人大以爲怨, 任亦疑駭, 妄加醜詆於衆會

청나라 장수가 조선에서 귀한 일본도를 찾았을 때, 이명은 처음에 임의백에게 명을 내려 청나라 장수에게 바치기 위한 일본도를 저자에서 구하게 된다. 그런데 일단 검을 구하자 이명이 그 검을 개인적으로 사저에 보관해두고 다른 일본도를 구해오도록 지시한다. 이러한 행태에 대해 임의백과 백성들이 온갖 비난을 퍼부어도 이명은 아무런 설명도 하지 않고, 임의백을 통해 지난번 것보다 훨씬 품질이 떨어지는 일본도를 획득하여, 품질이 좋은 일본도는 자신이 간수하고 그보다 못한 검은 장수에게 선물로 보낸다. 그는 후일 청 황제가 보검인 일본도를 조선에 요구하자 그 때서야 보관했던 좋은 검을 진상하면서, 임의백에게 자신이 미래를 예측하여 그러한 행동을 했음을 밝힌다.

또 이보다 앞서 『燃藜室記述』 「宣祖朝故事本末」에서는 정묘년(1627, 인조 5) 당시 後金의 差使가 일본도 500자루를 조선 조정에 요구하여 받아갔다는 기록이 보인다. 친선의 예물로서 조선 정부가 청나라에 일본도를 증여한 사례는 비록 자발적인 증여가 아닌 반강제적인 증여이긴 하나, 17세기에 조선–청나라 간의 일본도 유통이 국가적 차원에서 이루어졌다는 점을 알려주는 증거 자료가 되며, 이는 청나라가 공식적으로 조선에 일본도를 예물로 요구할 정도로 청나라 내에서 일본도에 대한 선호 경향이 분명히 존재했음을 의미한다.[35] 추후 18세기에 이르러 일본도를 구하여 연행길에 소지하고 가서 淸나라 文人인

之處. 而不敢違, 更得一口而進, 大不及於前者, 公命遺清將, 清將喜而受之. 未幾, 清帝求寶劍甚急, 李公以前日所藏者出給, 仍笑曰: "郎官今又辱我乎?" 盖先料其必有清帝之求而藏之. 在官府, 或爲人所換, 仍留私室以待之. 其料事揣情, 非凡人所及.(김동욱 역, 『記聞叢話』, 아세아문화사, 1999 번역 참조)

35 拙稿 「조선후기의 刀劍贈與에 대한 考察」 33~34쪽 참조, 『韓國文化研究』 第27卷, 梨花女子大學校 韓國文化研究院, 2014.

친구 曾燠(1760~1831)과 張問陶(1764~1814)에게 선물한 朴齊家(1750~1805)의 사례도 이러한 경향이 이어지고 있었음을 방증하는 사실이다.[36 37]

중국인의 일본도 수집 경향으로 인해 도검에 대한 관심이 조선에서도 조금씩 고조되면서 임진왜란 당시 노획되거나 버려진 일본도나,[38 39] 왜관을 통해서 입수된 일본도 등이 조선후기의 士人에게 있어서 고동 수집의 대상이 되었다. 위에 소개한 자료들에서 보이는 것처럼 사대부들이 실제로 일본도를 소장하기도 했었고, 일본도에 대한

36 『縞紵集』 下 卷2에는 증욱의 〈朝鮮使贈日本刀爲作歌〉와 장문도의 〈附日本刀歌贈陳瀚〉이 수록되어 있다. 증욱에게 준 일본도는 조선 땅에서 발굴한 것으로 임진왜란 때 왜병이 사용한 기물이었는데, 박제가가 이를 선물한 것은 당시의 일본도 애호 풍조와 궤를 같이 한다. 그리고 장문도의 경우, 박제가에게서 받은 일본도를 진한에게 증정하면서 상기 작품을 지었다(후지츠카 치카시(藤塚鄰), 『추사 김정희의 또다른 얼굴』 52~53쪽, 아카데미하우스, 1994. ; 안대회, 「초정 박제가의 연행과 일상 속의 국제교류」 59쪽, 『東方學誌』 第145號, 延世大學校 國學硏究院, 2009).

37 주36에 언급한 증욱과 장문도의 시에 대한 분석은 졸고 「조선후기의 刀劍贈與에 대한 考察」(2014)에서 확인할 수 있다.

38 李碩宰의 연구에 의하면, 임진왜란 당시 조선의 장수들이 ① 노획한 일본도를 그대로 사용(崔慶會의 나기나타), ② 일본도 칼날과 조선 도검 외장을 결합하여 사용(郭再祐, 權應銖, 鄭起龍), ③ 日本刀 刀身의 규격을 차용하여 만든 朝鮮刀를 사용(李光岳)한 사례들도 있었다(「形態와 用度로 본 李忠武公 長劍의 正體性 考察」(2015) 8~10쪽 참조).

39 추가로 『再造藩邦志』에서 용맹이 三軍 중 으뜸이라 칭해졌던 黃進(1550~1593)의 경우, 1590년 友松堂 黃允吉(1536~1592)의 수행 무관으로 일본에 갔을 때 일본도 2자루를 구매해오기도 했었다. 魏伯珪(1727~1798)의 『存齋集』〈請加贈武愍黃公進上言〉에 황진이 同福縣監에 임명된 후 왜적의 침입에 대비하여 무예를 수련하면서 이 칼들을 시험 삼아 사용했다는 기록이 보인다. 그리고 春城府院君 南以雄(1575~1648)이 소장했던 일본도의 경우, 임진왜란 당시 포로가 된 남이웅이 탈출할 때 몰래 倭兵의 칼을 가져온 것이며, 그 내력이 〈南氏短劍銘〉과 〈南重河傳〉,〈夢劍銘幷序〉에 수록되어 있다.

애호의 감정을 문학적으로 형상화하여 여러 작품으로 남겼다는 사실은, 조선후기 도검문화 속에서 일본도가 어떠한 樣態로 존재했었는가 하는 점을 보여준다.[40]

이러한 일본도 선호의 풍조는 조선의 고유한 도검문화에도 영향을 끼쳤다. 李獻慶(1719~1791)의 경우 그가 〈二劍說〉에서 기술했듯이, 咸鏡北道 鍾城에서 일본 철을 이용하여 朝鮮刀를 일본도처럼 카타나[刀: かたな]와 와키자시[脇差: わきざし] 식으로 두 자루 제작해서 직접 패용하고 다니며 북방지역을 여행했었다. 그리고 현재 남아있는 조선의 도검 유물 중 일본도의 영향을 받은 大刀나,[41] 일본도 칼날에 조선식 도장구를 결합시킨 長劍이 다수 포함되어 있다는 사실도 주목할 만하다.[42]

또, 성호 이익과 동계 조귀명, 아정 이덕무와 금릉 남공철, 추사 김정희와 담정 김려 등 당시대의 명망 있는 사대부들이 그들의 도검문학작품을 통해 일본도에 주목하였는데, 그 이유는 그만큼 일본도라는 무기가 조선후기 사인이 향유했던 고동 문화 속에서 어느새 특징적인

40 1628년(인조 6) 5월 27일에 올린 淸陰 金尙憲의 啓辭를 보면, 청나라 사신인 要土가 일본도 장검을 조선조정에 요구하자, 이러한 부탁을 들어주지 말 것을 김상헌이 주장하고 있다. 앞서 언급한 이명과 박제가의 일화에서도 나타나듯이, 이러한 淸人의 일본도에 대한 嗜好가 조선후기의 일본도 애호 풍조에도 어느 정도 영향을 끼쳤을 것으로 보인다.

41 현재 종로1가 그랑서울에 전시되어 있는 청진지구 개발 당시 출토 유물 중에는 조선 군영에서 제조한 日本刀式 칼날을 사용한 도검도 있으며, 경인미술관 소장 軍用 環刀의 경우 19세기 초엽 兵書인 『戎垣必備』에 실린 환도와 외장 및 형태가 동일한데, 역시 朝鮮刀式이 아닌 일본도식 칼날을 사용하고 있다.

42 한편, 중국 명나라에서도 수입한 일본도를 사용하거나, 일본도 칼날에 중국식 도장구를 결합시킨 편수도를 제작하여 사용, 일본도 칼날의 규격을 차용하여 만든 中國刀를 사용한 사례들이 상당히 많았었다(皇甫江, 『中國刀劍』 85~122쪽 참조).

기물로 자리매김하고 있었기 때문이다. 그들은 일본도에 대한 애착과 관심을 글 속에 투영하였는데, 여기에 나타나는 일본도는 일차적으로 명품 기물인 무기로서 논해지기도 했지만, 사인의 武風과 義氣 그 자체를 상징하는 義劒으로서의 생명력도 아울러 지니고 있다고 묘사되었다.[43] 이러한 일본도 관련 도검문학 작품의 實狀에 대해서는 Ⅲ장에서 자세히 다루기로 하겠다.

2. 刀劒의 愛好와 所藏

1) 兩亂 以後 尙武精神과 刀劒

李安訥(1571~1637)의 시 〈四月十五日〉[44]에 묘사된 大聲痛哭의 情景에는, 壬辰倭亂 당시 東萊城의 백성들이 倭敵의 칼날 아래 겪어야했던 屍山血海의 慘狀이 詩化되어 있다. 통곡할 가족조차 없이 몰살된 집안도 있다는 아전의 말이 주는 참담함은, 곧 전쟁의 비참함에 대한 시인의 애통한 감정을 극대화시키는 장치로서 작용하고 있다. 왜구가 이르자 철마가 좌우로 치달려 사람을 풀 베듯 죽여, 지나는 곳마다 멋대로 베고 잘라서 언덕이 핏빛으로 변하고 백성들이 몰살당하는[45] 처참한 상황은 곧 사대부의 정서에 매우 큰 충격을 주었으며, 이와 같은 전란체험은 그동안 경시되었던 武에 대한 관심을 환기시키게 하는 도화선이 되었다. 그리고 武에 대한 관심은 곧 한문학

43 이 책의 일본도 유물관련 설명은 耕仁美術館 李碩宰 館長의 감수 하에 작성되었다.
44 『東岳集』 卷8 「萊山錄」.
45 『東岳集』 續集, 〈當死歎〉.

작품 속에서 刀劍이라는 기물을 통해서 문학적으로 형상화되었으며, 胡亂의 敗北와 그로 인한 反淸意識에서 생성된 北伐論이 澎湃했던 당시의 시대적 배경과 맞물려 이러한 경향은 더욱 심화된다.

吳達濟(1609~1637)의 〈擬請討奴賊疏〉를 보면, 그가 고작 14살 나이인 1622년(광해 14)에 지은 글인데도 불구하고 女眞族에 대한 강한 적개심이 드러난다.

> 신에게 정예군 수만 명을 주시어 도적을 제 뜻대로 정벌할 수 있게 허락하신다면, 신이 앞으로 달빛 비치는 백두산 돌에 칼을 갈고 복사꽃 뜬 두만강 물을 말이 마실 수 있게 만들겠나이다. 되놈의 창자를 밟고 되놈의 핏물을 건너 만리장성의 더러운 비린내와 티끌을 씻은 다음, 다달이 勝捷을 올리고 개가를 연주하여 전하께 빼어난 위훈을 아뢰겠나이다.[46]

淸에 저항한 三學士의 한 사람으로서 瀋陽에 끌려가 청나라 장수인 용골대에 의해 처형당한 오달제의 어린 시절 상소는, 비록 당시 중국대륙의 政勢와 여진족의 나라인 後金의 底力, 그리고 이와 대비되는 朝鮮의 弱한 國力을 제대로 파악하지 못한 감은 있으나, 외적 여진에 대한 조선 사대부들의 공격적 성향을 여실하게 드러내주고 있다.

이러한 공격적 성향은 병자호란이라는 국가적 위기를 당하여 劍이라는 존재에 투영되어 문학 속에서 부각된다. 桐溪 鄭蘊(1569~1641)의 〈衣帶贊〉에서는 이와 같은 면모가 엿보이는데, 이 시는 그가 淸

46 『忠烈公遺稿』 雜著 〈擬請討奴賊疏〉: "若假臣精兵數萬, 許臣便宜而討賊, 則臣將磨隙月於白頭之石, 飮桃花於豆滿之波, 履胡腸蹋胡血, 掃腥塵於紫塞, 獻月捷奏凱歌, 報奇勳於殿下也."

태종에게 인조가 항복하게 된 상황을 비관하여 1637년(인조 15) 1월 17일 새벽에 칼로 복부를 찔러 자결을 시도하기 직전에 지어졌다.

主辱已極　임금 욕됨이 이미 심하거늘
臣死何遲　신하 죽음이 어찌 더디겠는가
舍魚取熊　생선을 버리고 웅장을 택하는 것
此正其時　이는 바로 그 때로다
陪輦投降　어가 모시고 투항함은
余實恥之　나 진실로 부끄럽다네
一劍得仁　칼 하나로 仁을 얻어
視之如歸　죽음보기를 집에 돌아가듯 하리라[47]

위 시에서 '생선을 버리고 웅장을 택하는 것, 이는 바로 그 때로다'라는 구절은 『孟子』의 비유[48]를 차용한 것으로, '칼 하나로 仁을 얻어, 죽음보기를 집에 돌아가듯 하리라'와 함께 자결을 통해서 목숨을 버리고 義를 취하겠다는 정온의 결심을 부각시킨다. 비록 정온의 자살시도가 주위 사람들의 응급처치로 인해 未遂에 그치고 말았지만, 시에 부친 그의 義氣는 '一劍得仁' 네 자에 응축되어 지금까지도 전해지고 있다.[49]

---

47 『桐溪集』《文簡公桐溪先生年譜》.

48 『孟子』「告子」上: 맹자께서 말씀하시기를: 물고기는 내가 원하는 것이다. 웅장도 내가 원하는 것이다. 두 가지를 동시에 얻을 수 없다면, 생선을 포기하고 웅장을 취하는 것이다. 사는 것도 내가 원하는 것이다. 의로움도 내가 원하는 것이다. 두 가지를 동시에 얻을 수 없다면, 사는 것을 버리고 의로움을 취하는 것이다.[孟子曰: 魚我所欲也. 熊掌亦我所欲也. 二者不可得兼, 舍魚而取熊掌者也. 生亦我所欲也. 義亦我所欲也. 二者不可得兼, 舍生而取義者也]

49 정온의 여타 도검문학작품에 대해서는 졸고 「朝鮮中期 刀劍의 文學的 形象化에

다음은 三淵 金昌翕(1653~1722)이 29살이었던 1681년(숙종 7)에 쓴 〈三田碑〉이다. 이 시는 北伐論의 분위기를 반영하듯, 삼전도비의 치욕을 되새기는 역사인식을 보여주는 동시에 말 위에서 분노의 長劍을 뽑아들어 중원에서 戰亂을 일으키겠다는 尙武的인 復讐意志를 보여준다.

朝出廣陵津　아침에 광나루 건널 때
西睨三田碑　서쪽으로 삼전도비 노려보네
石闕抗嵬嵬　石闕은 높이 솟았고
上有刻龍螭　그 위에 용을 새겼구나
炳烺曜朝日　아침해 비치니 밝게 빛나고
丹靑一何奇　단청은 어찌 그리 기이한지
借問何年代　물어보나니 어느 시대에
誰爲建植斯　누가 이것을 세웠는가
嗚呼所可道　아아! 말하려 했지만
涕出復何爲　눈물 솟아나 어쩔 수 없네
默默顧南漢　말없이 남한산성 쳐다보니
烈風吹我衣　매서운 바람 내 옷을 날리네
立馬竦長劍　말을 타고 장검 뽑으니
淩厲心摧悲　넘치는 분노가 슬픔을 꺾어버리네
中原方遘患　중원은 바야흐로 환난을 만나
飆塵縱橫飛　먼지바람 종횡으로 날리리라
多謝一扁石　매우 고맙도다. 이 넓적한 돌이

대한 一研究」(『東方漢文學』 第75卷, 東方漢文學會, 2018)에서 그 일부를 조명하였다. 졸고에서 牧使에게 선물받은 장검을 읊은 「長劍吟」, 「中夜撫劍」 에 대한 분석을 실시하였는데, 두 작품 모두 정온이 제주에서 유배생활을 할 시절에 지은 것으로 추정된다.

安可萬世期　어찌 만세를 기약하겠는가[50]

전란의 영향이 바탕이 된 조선후기 사대부의 도검에 대한 문학적인 주목 경향은 비단 도검을 文學的 意象의 대상으로서만이 아니라, 도검의 소지 자체를 文武兼全의 標徵으로서 여기게끔 하였다. 이와 같은 당대의 분위기를 반영하는 李獻慶(1719~1791)의 〈二劍說〉은, 그가 젊은 시절 직접 제작에 관여하고 완성된 후 佩用했던 還刀 두 자루에 관한 글이다.

> 나는 儒者로 어려서부터 글 읽는 것을 좋아하였다. 검을 배운 적이 없고 힘 또한 검을 감당할 수 없었다. 그러나 유독 검을 매우 좋아하여 사람들이 검을 차고 있는 것을 보면 문득 기쁘게 안색이 변하며 이것이 '丈夫의 복장'이라고 여겼다.
>
> 몇 해 전 나는 변방의 鍾城[51]에 있었는데 검을 잘 만드는 李東平이라는 자를 알게 되었고, 또 옛날 병장기 속에서 일본의 좋은 철을 얻고는 두 개의 검을 만들라 명하였다. 하나는 길고 하나는 짧았는데, 짧은 것은 그 모양이 달이 처음 생겨나는 것과 같아 그 위에 '秋朏'라는 이름을 새겼다.
>
> 얼마 후 나는 필마를 타고 홀로 두만강 가로 가서 동으로 赤池(咸鏡北道 慶興郡 慶興面에 있는 못)를 지나 烏碣巖에 오르고 瑟海를 건너 북

50 『三淵集』 卷1 〈三田碑〉.

51 鍾城 : 함경북도 종성군. 조선 세종 때의 六鎭(鍾城·穩城·會寧·慶源·慶興·富寧) 가운데 하나. 이헌경은 前啓를 정지하지 않은 죄목으로, 1763년(영조 39) 7월부터 한 달간 육진 지역으로 귀양을 갔었다. 귀양지에서 검을 제작한 사실은, 이헌경의 유배가 1달 만에 해배되었기에 가능했던 것으로 보인다. 이헌경은 해배되어 집으로 귀향하기 전에 匠人 李東平에게 검 두 자루를 제작시킨 다음, 이 쌍검을 차고 1764년(영조 40) 7월 司諫에 임명되기 직전까지 수개월간 국경지역을 유람하였다.

으로 後春嶺을 보니 오랑캐의 소굴이요, 黑龍江의 근원이었다. 그 다음 해 남으로 돌아오는 길에 長白山을 지나고 鬼門關(長白山脈의 한 줄기)을 지나 광활한 大漢(넓은 사막)을 밟고 험난한 여러 관문을 거쳐, 수천 여리를 달려 황량한 곳[幽荒]에 이르러 놀랍고 두렵기도 하였으니 머나먼 여정이 되었다. 그런데 두 검을 지니고 있어 마침내 육지에서는 범과 무소와 도깨비의 놀람이 없었고, 물에서는 이무기와 용과 고래와 악어의 근심이 없게 되었다. 이는 마치 신물의 도움을 얻어, 괴이하고 사납고 악독한 것들이 두려워하여 굴복하고 피하는 것 같았다.

몇 년 뒤 서울에서 벼슬할 때 벼슬아치들을 좇아 文墨의 일을 배워 다시는 두 검을 가까이 하지 않게 되었다. 지금 문득 그 검을 보니 이미 거미줄과 먼지 사이에 묻혀 있었다. 지난번의 유람을 추억해보니 아득히 전생의 일과 같아서, 大功의 일을 저버린 것이 부끄럽고 좋은 무기가 사장된 것이 안타까울 뿐이다. 그러나 무릇 사물의 특성상 반드시 그 주인을 만나기 마련이고, 주인을 만나지 못하는 것은 운명이다. 주인을 만나되 쓰임을 만나지 못함은 때가 그러한 것이니 어찌 다만 검만 그러하겠는가. 마침내 탄식하고 이 글을 쓴다.[52]

평소 이헌경은 비록 검술을 배운 적도 없고, 검을 마음대로 휘두를 수 있는 용력도 없는 儒者일 뿐이었으나, 유독 그 마음이 검에 있어

52『艮翁集』卷23〈二劍說〉: 余儒者, 自幼好讀書, 未嘗學劍, 力又不任劍, 獨甚愛劍, 見人帶劍, 輒喜動色, 以爲此丈夫之服. 頃年, 余在鍾城塞上, 得善治劍者李東平, 又得日本國良鐵於古軍器, 命造二劍, 一長一短, 短者形如月始生. 故刻名其上曰秋朏. 旣而, 余騎匹馬, 獨行豆滿河上, 東過赤池, 登烏碣, 泛瑟海, 北瞰後春, 蕃胡之窟·黑龍之源. 明年南歸, 過長白, 歷鬼門, 蹈大漠之墟, 涉重關之險, 踔數千餘里, 集幽荒, 乘駭懼, 爲汗漫之遊. 以二劍自隨, 卒陸無虎兕魑魅之驚, 水無蛟龍鯨鼉之患, 若得神物之助, 而怪獰惡毒, 懾伏避之. 數歲以來, 淹宦京師, 逐薦紳大夫, 學治文墨事, 不復與二劍相狎, 今忽見之, 已沒沒蛛塵間, 追憶曩遊, 惘然若前生事, 赧大功之遺負, 惜良器之沈鬱而已. 然凡物之材, 必遇其主, 不遇主者命也, 遇主而不遇用者時也, 奚獨劍哉. 遂歎嗟而書之.

다른 사람이 검을 차고 있는 모습을 보면 '장부의 복장'이라고 기뻐하였다. 조정의 일로 죄를 입어 六鎭 중 종성으로 유배를 가게 된 이헌경은, 그 곳에서 대장장이 이동평과 친분을 맺고, 좋은 일본 철을 얻게 되어 두 자루의 검을 만든다. 길고 짧은 두 자루의 검을 제작했다는 점은, 일본에서 카타나와 와키자시 두 자루의 검을 사용하는 방식이 조선의 도검문화에도 영향을 끼쳤다는 사실을 반영한다. 그는 두 자루 검 중 짧은 검에 '秋朏(가을 초승달)'라는 검명을 새겼는데, 이는 秋殺이라는 전통적인 관념과 초승달 같은 검의 형상이 어우러져 만들어진 이름이다.

이헌경은 이 두 자루 검을 패용하고, 말에 올라 홀로 두만강 유역 곳곳과 장백산·귀문관·대막을 유람한다. 젊은 시절 칼을 차고 필마를 달려 도포자락을 휘날리며 종횡무진 국경지역을 누비고 다닌 이헌경은, 훗날 관직에 있으면서 쌍검을 버려두어 칼에 거미줄과 먼지만 그득하게 된 모습을 보고 유람의 감회를 떠올리는 동시에, 오랑캐를 베는 큰 공도 세우지 못한 채로 좋은 무기를 버려둔 것을 안타까워하며 탄식을 담아 이 글을 썼다.[53]

'사물의 특성상 반드시 그 주인을 만나기 마련이고, 주인을 만나지 못하는 것은 운명이다. 주인을 만나되 쓰임을 만나지 못함은 때가 그러한 것이니 어찌 다만 검만 그러하겠는가.'라는 이 글의 마지막 구절은, 조선시대 선비들의 검에 대한 일반적인 관념을 보여준다. 검 자체의 성능이 아무리 뛰어나더라도 그에 합당한 주인을 만나야 검의 진가가 제대로 발휘될 수 있다는 사고방식은, 뒤에 소개할 조선후기

53 '몇 년 뒤[數歲以來]'라는 표현을 볼 때, 〈이검설〉이 작성된 시점은 1760년대 후반으로 추정된다.

과거답안지인 〈검책문〉에서도 그대로 드러난다.

이헌경의 경우처럼 도검을 직접 소지하고 애호하면서 이를 문학적으로 표현하는 경향은 18세기 조선의 사대부들 사이에서 대두된 古董收集 熱氣와 맞물려서 발전하게 되었고, 이 때문에 조선후기 刀劍文學이 더욱 다양한 양태로 번성할 수 있었다.

2) 士大夫의 刀劍 愛好와 收集 傾向

李彦瑱(1740~1766)의 다음 시는 가난한 선비가 골동품 항아리와 좋은 검을 옷을 벗어 바꿀 정도로 古董에 대한 깊은 관심을 지니고 있었음을 보여주고 있다.

淸閒事業百無憂	맑고 한가한 사업이라 걱정 전혀 없고
位置圖書滿小樓	늘어놓은 책이 작은 누각에 가득하네
自笑先生貧到骨	우습구나, 선생은 가난이 뼈에 사무쳐도
古瓷良劍解衣求	옛 항아리와 좋은 검을 옷을 벗어 바꾸네[54]

18세기 조선 사대부는 서화고동의 감상과 수집에 열의가 있었는데, 그 대상 가운데 검이 주요한 품목으로 포함되어 있었다. 명나라 학자 屠隆이 지은 서화고동 관련 서적인 『考槃餘事』를 비롯한 여러 수입 서적에 명백하게 드러나 있었던 중국 사대부의 도검 수집 문화는, 서화고동 문화의 향유에 관심이 있었던 조선 사대부들의 주목을 받게 되었다. 그와 같은 경향 때문에 寶劍에 대한 품평과 수집이 점차 조

54 『槿墨』 智164.

선의 사대부들 사이에서 유행하게 되었고,[55] 이로 인해 寶劍으로서의 古劍에 대한 가치 평가가 문학적으로 이루어질 수 있는 정신적 토대가 사대부의 의식구조 속에 형성되었던 것이다.

먼저 그와 같은 사대부 의식의 단면을 이해하기 위해서 『考槃餘事』의 古劍에 대한 대목을 살펴보도록 한다.

> 예로부터 모든 물건의 제작에는 제작법이 전해 내려오지 않음이 없는데, 유독 칼을 만드는 기술만은 전하지 않으며, 전적에도 실려 있지 않다. 그러므로 오늘날에는 검객이 없고 세상에는 명검이 적다. 지금 볼 수 있는 칼 중에 굽히면 갈고리처럼 되었다가, 놓으면 쨍 소리를 내면서 다시 활시위처럼 곧게 펴지는 것이 있으니, 이 또한 결코 보통의 철로는 만들 수 없다. 우리가 이것을 마련해두면, 설사 이것으로 폭력자를 막거나 강자를 대적할 수 없다고 하더라도, 또한 마음을 장대하게 하고 용감한 뜻을 지닐 수 있다.
>
> 古劍을 구할 수 없다면 곧 지금의 운남제 수입품 검이라도 高齋에 매달아놓아, 豐城의 은은한 기운으로 하여금 자주색 번개와 흰 무지개로 변하여 위로는 삼태성과 두성을 비추게 하고, 형형하게 빛나는 밤의 광채로 하여금 저 살별과 혜성을 녹여버려 감히 그 불빛이 횡행하지 못하게 한다면, 어찌 우활하다 하겠는가?[56]

---

55 『송천필담』 제384화에는 여러 차례 병사와 수사의 직을 맡았던 武弁이 충청도에 田莊을 두었는데, 量田의 때에 監官에게 살찐 말과 粧刀를 뇌물로 바쳐서 上品인 땅을 下之下 등급으로 판정받게끔 했다는 기록이 보인다. 이는 寶劍이 뇌물로 사용될 정도로 조선후기의 刀劍이 사대부들 사이에서 각광받았다는 사실을 의미한다.

56 『考槃餘事』 卷15 「文房器具箋」 〈劒〉: 自古格物之製, 莫不有法傳流, 獨鑄劒之術不傳, 典籍亦不之載. 故今無劒客, 而世少名劒. 今所見有屈之如鉤, 縱之鏗然有聲, 復直如弦, 亦非常鐵能爲也. 吾輩設此, 縱不能以禦暴敵强, 亦可壯懷志勇. 不得古劒, 卽今之賓劒如雲南製者, 懸之高齋, 俾豐城隱氣, 化作紫電白虹, 上燭三台斗垣, 令熒熒夜光, 爍彼欃槍彗孛, 不敢橫熖逞色, 豈果迂哉?

『遵生八牋』[57]을 바탕으로 하여 만들어진 『考槃餘事』는, 중국에서뿐만 아니라 조선에서도 서화고동 수집취향의 개론서로 탐독되었고, 그 중 검에 관한 기사도 비록 내용이 간략하기는 하지만 검에 관심있는 조선 선비들의 주목을 받았었다.[58]

사대부의 도검 수집취향에 도움이 되는 자료가 수록된 18세기 조선 국내의 서적으로는, 柳重臨(1705~1771)이 1766년(영조 42)에 流巖洪萬選(1643~1715)의 『山林經濟』를 증보하여 간행한 『增補山林經濟』가 있다. 이 책에서는 무딘 칼날을 가는 법[59]과 무딘 보검을 닦는 법,[60] 일본도 보검에 관한 기사[61]가 나오는데, 비록 내용의 양이 적기는 하지만 이러한 기사들도 역시 당시의 도검에 대한 관심도를 반영하는 증거가 된다. 특히 일본도 보검에 관한 기사에는 '사람이 베게머리 가까이 걸어놓으면 몸을 보호할 뿐만 아니라 사악한 것을 물리친다. 또 사람에게 의지가 굳고 결단력 있는 기를 지니게 한다.[掛近枕邊, 則非但防身, 辟邪而已, 且令人有剛毅·果決之氣]'라는 구절이 보이는데, 이는 생활 속의 수집 도검에 대한 당시대인의 관념을 드러내준다.

---

57 『준생팔전』 권15 「燕閒清賞牋中」 〈琴劍〉에서 검에 대한 부분은 거의 『고반여사』와 유사한데, 약간의 차이가 있다. '… 유독 칼을 만드는 기술은 전적에 실려 있지 않아서, 지금은 검객도 없고 세상에 명검도 적다. 검술이 전해지지 않고, 또 刀가 劍보다 편리해서, 이 때문에 사람들이 도는 찰 줄 알지만 검을 찰 줄은 모른다.[獨鑄劍之術, 不載典籍, 故今無劍客, 而世少名劍. 以劍術無傳, 且刀便于劍, 所以人知佩刀, 而不知佩劍也]…'

58 18세기 후반의 筆記雜錄인 沈鋅(1722~1784)의 『松泉筆譚』에는, 『고반여사』 〈검〉이 그대로 전재되어 있다.

59 『增補山林經濟』 卷16 〈磨鈒方〉.

60 『增補山林經濟』 卷16 〈器用〉.

61 『增補山林經濟』 卷16 〈寶劍〉.

18세기에 조선 사대부가 실제 도검에 대하여 주목한 대표적인 사례로는 영조 때의 유명한 豪傑인 樂師 金檍의 刀劍 收集 趣味를 들 수 있다. 그는 늘 화려한 비단옷을 휘황찬란하게 차려입고 다녔는데, 특별히 刀劍 收集癖이 있었다. 그는 검을 구슬과 자개로 꾸며 방과 장롱에 죽 걸어놓고는 날마다 한 자루씩 바꿔 찼는데, 검이 많아서 하루에 하나씩 차도 1년 안에 다 차보지 못할 정도였다.[62] 이러한 김억에 관한 기록은 趙熙龍의 『壺山外記』에 보이는데,[63] 검의 애호와 수집벽이 일부 사대부 사이에 유행한 현상을 그의 경우를 통해 짐작할 수 있다.

그러한 도검 애호 경향이 비단 김억에게만 해당되는 것은 아니었다. 燕巖 朴趾源(1737~1805)의 〈髮僧菴記〉에 나오는 金弘淵이라는 왈짜[闒者]는 활쏘기를 잘하여 武科에 급제했었고 용력도 대단했던 인물로, 벼슬 구하기를 즐겨하지 않고 고금의 온갖 서화·골동품을 수집하는 데 돈을 낭비했었는데, 그의 수집 대상 중에는 劍도 포함되어 있었다.

조선후기에 검에 대한 기호가 두드러지는 경향은 李圭景의 『五洲衍文長箋散稿』에 수록된 〈東國寶劍辨證說〉과 앞서 소개한 〈鑄劍辨證說〉에서 자세히 드러나고 있다. 이 두 편의 글은 19세기까지 전해져온 검에 관한 기록들을 종합하여 쓴 글인데, 전자는 조선의 보검에 대한, 후자는 도검의 제작법에 관한 변증설이다.

〈동국보검변증설〉은 조선시대의 문학작품 중 실제 朝鮮의 寶劍을 종합하여 논한 유일한 글이다. 이 변증설에서는 임경업의 검과 최경

---

62 안대회, 『조선을 사로잡은 꾼들』, 한겨레출판, 2010, 313쪽.

63 정민, 『18세기 조선 지식인의 발견』, 휴머니스트, 2007, 401쪽.

회의 검, 곽재우와 양대박의 검, 허목의 검, 이여매의 검이라 잘못 기술된 이여송의 검, 장붕익의 검, 남이웅의 검, 차천로의 검을 조선 보검의 예로 들고 있다. 이 글에서는 各人의 보검을 비교적 체계적으로 서술하였을 뿐만 아니라, 朝鮮 寶劒의 실체과 개략적 역사를 총체적으로 보여주는 기록이므로 여기에서 차례대로 살펴보도록 하겠다.

> 우리나라에는 예로부터 창해역사와 황창랑이 있었으니, 의당 간장이나 막야와 같은 보검이 전해지는 것이 있었겠지만, 하나도 들어보지 못하였다. 간혹 있더라도 우리나라에서 벼려낸 것이 아니니니, 무어 기이할 것이 있겠는가? 우리나라에서 나와서 가장 신이한 것으로는 임씨검이 있다. 임충민공이 일찍이 북쪽으로 유람하다가 장백산에 이르자, 산기슭에서 간혹 햇빛이 안개를 감싸고 있었는데, 안개 중에 요물들이 뛰어오르기도 하고 이리저리 솟구치기도 하는 것이 마치 싸우는 듯한 모습이었다. 그것을 거주민들에게 물어보니: "두 마리 교룡이 서로 싸우니 가까이 가서는 안 됩니다."라고 대답하였다. 임충민공이 즉시 말을 달려 나아가 두 교룡을 활로 쏘아죽이고 그들이 다투던 곳을 보니, 바로 한 덩어리의 쇳덩이가 있었다. 기이하게 여겨 가지고 돌아와 단검을 만들었더니, 정밀하고 예리하기가 견줄 것이 없었다. 공이 늘 옷에 차고 다녔는데, 공이 화를 당함에 이르러 검도 떠돌아다니더니, 마침내 윤선도의 소유가 되었다가 지금은 어디에 있는지 알지 못한다. 이것이 우리나라의 보검 중 제일이다.[64]

64 『五洲衍文長箋散稿』「人事篇/器用類」《兵器》〈東國寶劒辨證說〉: 東方, 古有滄海力士 · 黃倡郎, 宜有寶劒如干將 · 莫邪之傳, 而一無聞焉. 或有之, 非我東所冶, 則何奇之有? 出於我而最神異者, 有林氏劒. 林忠愍公【慶業】嘗北游, 至長白山, 山下或白日擁霧, 霧中有物, 騰躍揮霍, 若交戰狀. 問諸居民, 曰:'兩蛟相鬪, 不可近.' 忠愍卽馳馬赴之, 射殺二蛟, 視其所與爭, 乃一鐵塊也. 異之持歸, 鑄爲短劒, 精利無雙. 公嘗佩服之, 迨公被禍, 劒流落, 竟爲尹氏善道所得, 今不知所在. 此東方寶劒之第一也.

林慶業(1594~1646)이 장백산에서 두 마리 교룡을 죽이고 쇳덩이를 얻어, 그 철로 검을 만들었다는 기록은 야담에서도 자주 기술되며, 『研經齋全集』 卷15 《銘》의 〈林將軍劍銘〉에도 동일한 이야기가 수록되어 있다. 이는 실화는 아니지만, 임경업의 검이 신이함을 지니고 있었다는 일종의 전설이 조선인들에게 회자되었음을 보여준다. 이 검은 尹善道(1587~1671)의 소유가 되었다가 그 후 종적이 묘연해졌지만, 조선에서 제일가는 보검으로 평가받았었다.

> 다음은 자웅검이다. 임진년에 왜적들이 진주성을 공격할 때에 어떤 지위가 높은 왜적이 있어서, 이 검과 고려 공민왕의 〈청산백운도〉 및 포은 선생이 쓴 목은의 시집을 가지고 함께 삼절이라 불렀는데, 성가퀴를 잡고 뛰어넘다가 최경회 공에게 잡혀 참수를 당하였다. 다음날 진주성이 깨어져, 최공이 장차 순절하려 할 때 이 세 물건을 종자에게 맡겼는데, 그 사람됨이 바로 용사라서 성을 넘어 죽음을 면하고 돌아가, 다행히도 집안에 보존할 수 있었다. 최씨 집안의 서화가 모두 불에 탈 때, 검이 홀로 맹렬한 불길 속에서 뛰쳐나와 문 앞의 버드나무 위에 저절로 꽂히니, 최씨가 더욱 보배로 여겨 지금껏 아직도 보존되어 있다. 칼날이 강물처럼 빛났고, 비가 내릴 듯하면 검에서 반드시 물방울이 흘렀다.[65]

崔慶會(1532~1593)의 雌雄劍은 晉州城 戰鬪 중 왜적에게서 노획한 나기나타[薙刀: *なぎなた*]이다. 『研經齋全集』 卷15 《銘》 〈崔將

---

65 上揭書: "次爲雌雄劍. 壬辰倭酋之攻晉州也, 有貴酋, 持是劍及高麗恭愍王『靑山白雲圖』·圃隱先生【鄭公夢周】所書牧隱【李公穡】詩, 而號之曰三絶, 攀堞而躍, 爲崔公慶會所獲而斬之. 翌日城破, 崔公將殉節, 以此三物, 付其從子, 其人卽勇士也, 跳城免歸, 幸而得保藏于家. 崔氏家書畫俱燼, 劍獨踴出於烈焰之中, 自揷於門前柳樹上, 崔氏益寶之, 至今尙存焉. 光瑩如水, 天欲雨, 劍必流液."

軍劍銘〉[66]과 『松泉筆譚』, 『和順縣名將古跡』[67]에도 이 검의 내력이 실려 있고, 특히 『송천필담』에는 沈錥(1722~1784)가 직접 목도한 이 검의 형상[68]과, 자웅검이라는 이름이 붙은 이유[69]가 함께 기술되어있

---

66 『硏經齋全集』 卷15 《銘》 〈崔將軍劍銘(解見詩卷)〉: 최경회 장군이 임진년에 소티[牛峙]에서 싸우다가, 왜적의 우두머리를 활로 쏘아죽이고 검 한 자루를 얻었다. 後에 장군이 진주성에 있을 때, 성이 장차 함락되려하자 검을 들어 그 조카에게 맡겼다. 조카가 도망하여 죽음을 면하고 나서, 검을 장군가에 돌려보냈다. 일찍이 화재를 만났을 때 검이 뛰어올라 문 앞의 버드나무에 꽂힌 일이 있었다. 지금까지 최씨 집안에 있다. 칼날이 강물처럼 빛났고, 비가 오려 할 때에는 검에서 반드시 물방울이 흘렀다. 명을 짓는다.(崔將軍慶會壬辰戰于牛峙, 射殺倭渠, 得劍一口. 後將軍在晉陽城, 城將陷, 擧付其姪. 姪跳而免, 歸之將軍家. 嘗遘火, 劍躍出揷於門前柳樹. 至今在崔氏家. 光瑩如水, 天欲雨, 劍必流液. 銘曰:)

出自雕題柒齒之地	칠치의 땅에서부터 새겨져 나와
爲我忠臣烈士之器	우리 충신 열사의 기물이 되니
可謂善變者	잘 변하였다고 할 만 하다.
晉陽水之活活兮	진양수는 넓고 넓은데
何不隨將軍而殉也	어찌 장군을 따라 묻히지 않았는가!

67 『和順縣名將古跡』은 2012년 한국국학진흥원 유교문화박물관의 '임진전쟁 7주갑 특별전'에 공개되었다. 최경회의 행적이 간략하게 기록되어 있으며, 昌寧 曺氏 芝山宗宅 기탁자료이다. 이 속에는 최경회가 일본군에게서 노획한 검의 형상 그림과 치수가 명기되어 있는데, 형태상으로 薙刀이다. 그림의 오른편에는 '刀長周尺三尺'과 '入柄鐵長三尺四寸, 其上刻成道作', 그림 왼편에는 '刀廣一寸七分', '柄長八尺四寸, 其体圓圍四寸六分'이라 쓰여 있다.

68 『松泉筆譚』 第554話: 그의 후손 최경석이 우리 마을로 와서 살았으므로, 그 칼을 빌려 감상한 적이 있다. 자루의 길이는 한길 남짓했으며, 칼날의 길이를 자로 재보니 한 자 몇 치가량 되었는데, 반달형상에 칼끝이 창포 같았다. 칼자루에는 붉게 칠을 했고, 烏銅으로 장식하였다. 자루에 두세 자 정도 잘려나간 흔적이 있으며, 칼날에는 쌀알만한 흠집이 있었다. 신이한 빛이 찬란하게 빛났으며, 휘둘러보아도 가볍기가 작은 낚싯대 같았으니, 참으로 보검이라 하겠다.[其後孫絅錫, 來寓余家同閈, 借玩其劍. 柄長丈餘, 刃長布尺, 尺數寸, 偃月形中, 作菖蒲鋩, 柄漆如丹粧以烏銅. 柄有數三尺斫痕, 刃有缺處如一粒粟. 神光瑩然, 揮之輕如小竿, 眞寶釼也](신익철 외 역 『松泉筆譚』 1, 보고사, 2009 번역 참조)

69 『松泉筆譚』 第554話: 어떤 이가 전하기를, 왜인은 반드시 보검을 그들의 사직에 쌓아두는데, 임진년 이후에 우리나라 사신들에게 말하기를 "사직에 암칼과 숫칼이

다. 네 작품의 기록을 검토해보면 비록 세부적인 내용은 다르지만 크게 공통되는 점 세 가지가 발견되는데, 그것은 바로 진주성 전투 때 노획되었다는 점과 최공이 이 검을 누군가에게 맡겨서 집으로 돌려보낸 점[70], 그리고 최씨 집안에 화재가 났을 때 火魔를 피한 점이다. 자웅검 실물은 최경장의 직계후손이 소장 중이며, 최경회의 사당인 전라남도 화순군 忠毅祠와 서울시 용산구 용산동 1가 전쟁기념관에 복제품이 보관되어 있다.[71]

〈동국보검변증설〉에서는 "그 다음은 망우당 곽재우 공의 검이다. 지금 현풍가묘 안에 있는데, 마치 새로 숫돌질하여 갈아낸 것 같다.[72]" 고 하면서, 곽재우의 검을 소개하고 있다. 임진왜란 당시 紅衣將軍으로 유명했던 忘憂堂 郭再祐(1552~1617)의 劍은 보물 제671호로 지정되었는데, 후손 郭春燮이 소장하다가 경상남도 의령군 의령읍 중동리 忠翼祠에 보관되었으며, 2008년 12월부터 2010년 12월까지 국립진주박물관에 대여되었었다.

또 〈동국보검변증설〉에서는 "그 다음은 대사마 양대박의 검이다.

있는데, 어떤 해의 전투가 끝나고 암칼은 돌아왔으나 숫칼은 잃어버렸습니다. 숫칼은 필시 귀국에 있을 것이니, 원컨대 천금을 들여서라도 사들이고 싶습니다."라고 했다 하는데, 필시 이 검일 것이다.[或傳倭人必蓄寶釼於其社稷, 壬辰後謂我國使曰: "社稷雌雄釼, 某年戰, 返其雌而失其雄. 雄則必在貴國, 願以千金買之." 必是釼也](신익철 외, 상게서, 번역 참조)

70 『和順縣名將古跡』에는 최경회가 진주성에서 순절할 당시 姪子에게 이 검과 恭愍王의 靑山白雲圖을 맡겨서 仲兄 崔慶長에게 보내도록 하였다고 명시되어 있다. 그리고 1725년(영조 1) 당시 이 검이 최경장의 7대손 崔絅錫의 집에 보관되어 있었다고 하였는데, 이는 『松泉筆譚』의 기록과 일치한다.

71 해주 최씨 사이버족보 운영자인 최승일선생과 해주 최씨 문중의 최영삼·최윤석·최현신선생의 도움으로 이를 확인하였다.

72 〈東國寶劍辨證說〉: "次忘憂堂郭公再祐劍. 今在玄風家廟中, 如發新硎"

공산에서 구입하여 여러 차례 왜적을 베었고, 지금 남원의 가묘에 보관되어 있는데 빛나는 칼끝이 거울과 같다.[73]"고 하면서, 양대박의 검을 소개하고 있다. 임진왜란 중 의병장으로 용맹을 떨친 梁大樸(1543~1592)의 행적은 『梁大司馬實記』에 수록되어 있는데, 직접 말을 타고 검을 뽑아들고 전투를 진두에서 지휘했었다. 〈동국보검변증설〉이 집필된 시기인 19세기 초엽까지만 해도 양대박의 劍이 남아있었으나, 龍章書院에 속한 사당을 관리하는 후손 양진환의 2010년 증언에 의하면, 현재는 劍이 逸失되어 찾을 길이 없다고 한다.

> 그 다음은 미수 검이다. 재상 허목은 백호 임제의 외손자이다. 임백호가 일찍이 고검 한 자루를 왜국 상인에게서 얻었는데, 후에 그 검이 미수에게 전해졌다. 칼빛이 눈처럼 희었고, 광채가 사람을 쏘아댔다. 더운 계절에 칼집에 넣어 벽에 걸어놓으면, 이슬이 맺혀 그 끝에서 똑똑 떨어졌다.[74]

白湖 林悌(1549~1587)와 眉叟 許穆(1595~1682)이 소장했던 일본도는 그 유래가 지금까지도 여러 문헌 속에 남아있는데, 이는 뒤의 일본도에 관한 항목에서 자세히 다루기로 한다.

> 李如梅 提督이 우리나라를 구원하러 왔을 때 김포군의 여자 금씨를 얻었는데, 임신하였다. 중국으로 돌아가게 되자 검을 금씨에게 주며 말

73 上揭書: "其次梁大司馬大撲劍. 買於公山, 屢斬倭賊, 今藏於家廟【南原】, 光芒如鏡."

74 上揭書: "其次眉叟劍. 許相國【穆】, 爲林白湖悌外孫. 白湖嘗得一古劍於倭之賈客, 後劍歸眉叟. 色白如雪, 光能射人. 暑月裝鞘掛壁, 凝露滴滴其尖."

> 하기를, "아들을 얻거든 이 검을 주어 제 아비를 알게 하시오."라 하였다. 오래지 않아 아들을 낳으니, 그 검을 주었다. 조정에서 五提督廟를 만들었는데, 지금 검이 아직도 묘 중에 남아있다. 검 끝에 핏자국이 있다. 보검이라 일컬어지는 것은 그 검이 사람으로 인해 유명해졌기 때문이다.[75]

윗글의 내용은 원래 李如松(1549~1598)에 관한 것인데, 이여송의 형제인 李如梅가 그 주인공으로 訛傳된 것이다. 이여송의 검은 그 검 자체가 매우 훌륭한 보검은 아니지만, 보검이라고 일컬어지게 된 것은 그 소장자였던 이여송의 위세가 워낙 대단했기 때문이다. 이는 〈검책문〉에 언급된 寶劍과 마찬가지로, 朝鮮 士大夫가 검의 성능 자체보다는 검을 소지한 인물이 그 검을 어떻게 사용했느냐에 더 비중을 두어 寶劍의 가치를 책정했음을 설명한다.

> 세상에 전해지는 이야기에, 사구 장붕익에게 보검이 있어서 집 창문에 걸어두면 물방울이 칼끝에서 떨어졌으며, 큰 일이 생기면 울었다고 한다. 공이 장차 돌아가시려고 할 때, 검이 울부짖듯이 크게 울었다고 한다.[76]

憂憂齋 張鵬翼(1646~1735)은 조선의 민간 폭력조직이었던 劍契를 1725년부터 10년간 일망타진했던 유명한 포도대장이었다. 그의 寶劍은 집 창문에 걸어두면 공기 중 수증기의 응결현상 때문에 물방울이 칼끝에 맺혀서 떨어졌고, 때로는 큰 일이 생기면 검 스스로 울부짖기

---

75 上揭書: "李提督如梅東援時, 得金浦郡琴氏有身. 臨歸付劍于琴氏曰: '生男, 贈此以識其父也.' 未久生子, 以劍貽之. 朝家爲五提督廟, 今尙留廟中. 劍尖有釁. 以謂寶劍者, 劍以人名也."

76 上揭書: "世傳張司寇鵬翼有寶劍, 掛在屋牖, 水滴劍刃, 有事則鳴. 公將歿, 劍大鳴如號."

도 했었는데, 특히 장붕익이 사망할 즈음에 유난히 크게 울었다고 한다. 이 검이 조선도인지 중국도인지, 혹은 일본도인지의 여부는 이 글만으로는 알 수 없으나, 그의 검이 사람들에게 名劍으로 인정받았음은 확인할 수 있다.

> 동계 조귀명의 문집에 〈춘성검명〉이 있는데, 남을 위해서 지은 글일 뿐이요 보검이라고 할 수는 없다. 오산 차천로가 왜국에 들어갔을 때 쌍검을 얻으니, 바로 날카로운 도검이었다. 매우 보배로 아껴 늘 자리 곁에 두었고, 임종하게 되자 순장하였다. 우리나라 사람 중에 검을 사랑하기로는 이 노인보다 심한 사람이 없다.[77]

東谿 趙龜命(1693～1737)은 그의 문집에 春城府院君 南以雄(1575～1648)의 일본도에 관한 글을 남겼는데, 이는 그와 친분이 있던 남중하를 위해서 지은 것이지 그 일본도의 품질 자체가 특별한 보검이라서 지은 것은 아니었다.[78] 五山 車天輅(1556～1615)의 경우 일본에 사행을 갔을 때 날카로운 쌍검을 얻었는데, 이를 매우 아껴서 늘 곁에 두고 심지어는 자신의 무덤에 부장하기까지 했다. 조선시대에 사대부가 검을 애호하여 부장까지 하는 경우는 매우 희귀한 사례였기 때문에, 이규경은 차천로에 대해 '검을 사랑하기로는 이 노인보다 심한 사람이 없다.'라 평하였다.[79]

---

77 上揭書: "趙東谿龜命『集』, 有〈春城劍銘〉, 特爲人而作耳, 未必爲寶鍔也. 車五山天輅入倭時, 得雙劍, 乃利刃也. 甚寶惜之, 嘗置座右, 臨終殉葬焉. 東人之愛劍者, 無過此翁也."

78 춘성부원군 남이웅이 후손에게 물려준 일본도는 품질 자체에 있어서 그리 명검이 아니었는데도 불구하고, 남씨 집안의 3代를 위험에서 보호해준 護身符籍과도 같은 역할을 하였기에, 동계 조귀명은 이를 보검으로 간주하였다.

이상에서 살펴본 바와 같이 〈동국보검변증설〉에서 설명한 寶劒은 대부분 그 품질 자체도 탁월했지만, 전부 그 검을 소장했던 人物로 인해 유명해져서 세상에서 보검으로 인정받게 되었다. 이규경은 이러한 보검들을 설명하면서, 그 중 춘성부원군 남이웅의 일본도는 품질 자체가 그리 명검이 아니기에 보검에서 제외해야한다는 의견을 피력하기도 하였다. 이는 이규경이 보검 자체의 품질과 성능보다는 보검의 사용자에 더 주목하기는 했지만, 도검의 품질이 그만큼 뒷받침이 되어야만 보검이 될 수 있다는 전제를 기본적으로 그의 글 속에 내포하고 있었다는 점을 의미한다.

> 지금 사람들은 검을 감식하는 기술이 없어서, 만약 평범한 칼날을 얻어서 녹이 없으면 반드시 금은으로 치장하여 보검으로 인정하고 여러 차례 감싸서 보관하니, 어찌 노나라 대부 장문중이 큰 거북껍질을 장식한 것과 다르겠는가? 내 일찍이 남몰래 비웃었다. 대저 검이라는 것은 쓸 만한 곳에 사용되어야 이름이 역사에 남는다. 그런 뒤에야 비로소 보검임을 인정받는다. 그렇지 않고 흙먼지 속에 묻혀있으면, 즉 비록 용천검의 칼빛이 두성에 이르더라도, 도리어 닭이나 베고 소나 죽이는 칼날보다 못하니, 무어 보배로움이 있다고 하겠는가?[80]

---

79 차천로는 1589년 통신사 黃允吉을 따라 왜국에 가서 4,000~5,000수의 시를 지어 왜인들을 놀라게 하였고, 명나라에 보내는 대부분의 외교문서를 담당, 文名이 明나라에까지 떨쳐 東方文士라는 칭호를 받았었다. 평생 170여수나 되는 도검 소재 한시를 창작할 정도로 劒에 미쳐 있었던 그는, 사행길에 구했던 일본도 大小刀를 자신의 무덤에 부장하라는 유언을 남기기까지 했었다. (「朝鮮中期 刀劒의 文學的 形象化에 대한 一硏究」 233~234쪽 참조, 『東方漢文學』 第75輯, 東方漢文學會, 2018)

80 上揭書: "今人不知相劒之術, 若得凡刃而無鏽, 則必飾以金銀, 認作寶鋩, 什襲藏之, 何以異於藏文仲之居蔡耶? 予嘗竊笑之. 夫劒者, 用於用處, 名垂竹帛. 然後始可許爲寶劒. 不然而埋沒塵埃, 則雖龍光干斗, 反不如割雞屠牛之刃, 何寶

19세기 전반 조선의 도검 감식 수준은 단지 녹이 없는 평범한 칼날을 얻어서 금은으로 치장하여 보검이라고 여기는 정도였다. 이는 魯나라 대부 臧文仲이 자신의 주제를 모르고 참람되게 제후가 국가의 제사에만 쓸 수 있는 큰 거북껍질을 자신이 보관하기 위해, 집을 지어 기둥에는 山神을 상징하는 山을, 대들보에는 海神을 상징하는 마름풀 무늬를 그려서 장식했었다는 『論語』「公冶長」의 기사와 비견된다. 李圭景은 19세기의 이러한 세태를 비웃으며 자신의 寶劍에 대한 定論을 펼친다. 검은 그것을 쓸 만한 곳에 제대로 사용되어 역사에 그 사적이 기록으로 남겨진 연후에야 보검으로 인정을 받는 것이지, 아무리 검 자체가 명검이어서 용천검처럼 劍光이 두성과 우성까지 뻗쳐오르더라도, 단지 땅 속에만 묻혀있다면 실제로 일용에 사용되는 도축용 칼보다도 못하다는 것이 바로 이규경의 결론이었다.

이규경은 "낮잠 자고난 여가에, 陶弘景의 〈刀劍錄〉과 李承勛의 〈名劍記〉를 모방하여 대략 몇 조목을 적었으니, 다만 하나의 작은 소리일 뿐이다.[81]"라는 말로 글을 맺고 있다. 이처럼 〈동국보검변증

之有邪?"

81 上揭書: "午睡之餘, 倣陶弘景『刀劍錄』·李承勛『名劍記』, 略錄數則, 但一吷而已矣." 이 조에는 다음과 같은 夾註가 달려 있다. 본문의 내용을 이해하는 데 도움이 되므로 첨부한다. 【『莊子』에, '惠子가 말하길, "칼집 끝을 불면 휘잉하는 소리가 날 뿐이다. 요순은 사람마다 칭송하는 바인데, 요순을 戴晉人의 앞에서 말하게 되면 비유컨대 하나의 작은 소리일 뿐이다."'라 하였다. 『疏』에, '戴는 姓이고 晉人은 이름이다. 梁나라의 현자이다. 吷은 音이 血로, 작은 소리이다.'라 한다. 창해역사는 張良이 동쪽에서 滄海君을 뵙고 창해역사를 빌려, 진시황을 博浪沙中에서 저격하였는데, 副車를 잘못 적중시켰다. 황창랑은 신라사람인데, 8살에 신라왕을 위해 백제국으로 가서 저자에서 춤추었다. 백제왕이 궁중에 불러들여 춤추게 하자, 그참에 백제왕을 찔러죽였다. 사적이 『三國史』와 『樂府』 여러 책에 보인다.(『莊子』惠子曰: '吹劍首者, 吷而已. 堯·舜, 人之所譽也, 道堯·舜于戴晉人之前, 譬猶一吷也.'『疏』: '戴姓, 晉人名. 梁之賢者. 吷音血, 小聲也.' 滄海力士,

설〉은 이규경이 중국 南朝시대 梁나라 학자인 陶弘景의 〈古今刀劒錄〉과 李承勛의 〈名劒記〉를 참조하여 지은 작품이다. 이 글은 조선시대의 보검의 실상을 일목요연하게 보여준다는 점에서, 조선후기의 도검문학을 연구하는 데 있어서 중요한 참고 자료가 된다.

3. 刀劒題材作品의 文體別 槪觀

1) 漢詩와 銘

왜란과 호란이라는 양대 병란을 거쳐온 조선의 사회상을 반영하여 비장한 서사성을 이끌어낸 17세기 초반의 古詩에서 刀劒이라는 소재를 발견하는 것은 그리 어려운 일이 아니다.[82] 고시뿐만 아니라 樂府詩나 近體詩 속에서도 도검의 意象은 계속적으로 등장하는데, 도검 자체에 대한 刀劒詩를 비롯해서 遊俠詩와 邊塞詩, 劒舞詩 등의 작품에서 우리는 이러한 면모를 확인할 수 있다.

樂府詩를 근간으로 하여 발생한 17세기 遊俠詩 속의 다양한 유협 형상들은 귀공자형·자객형·전쟁영웅형 남성, 節婦형 여성을 막론하고 刀劒이라는 器物을 통해 그 자신의 俠氣를 작품 속에서 강렬하게 발산하고 있다.[83] 이는 전란 후 당시대인들이 희구하고 있던 武에 대

張良東見滄海君, 借滄海力士, 狙擊秦皇於博浪沙中, 誤中副車. 黃倡郎, 新羅人, 八歲, 爲新羅王往百濟國, 舞於市. 濟王召入宮中, 令舞, 因刺殺百濟王. 事見『三國史』及『樂府』諸書)】

82 김은정, 「鄭弘溟의 생애와 시문학 세계」, 『國文學硏究』 10호, 국문학회, 2003, 150쪽 참조.

83 林濬哲, 「鄭斗卿 詩의 虛構的 意象과 遊俠的 想像力」, 『民族文化硏究』 39호,

한 열망과 文武兼全의 중요성에 대한 인식이 어떠한 방식으로 문학적으로 형상화되었는지를 보여준다. 그리고 漢·魏와 盛唐의 詩文을 전범으로 한, 擬古風을 지닌 邊塞詩에서도 刀劍은 변방의 外侵을 제압하는 武力의 상징으로서 자주 나타난다. 또, 악부시에서 비롯된 黃倡郎 劍舞詩는 신라의 소년 영웅인 황창랑의 무술적인 검무를 기리기 위한 작품으로 유협시적인 성격을 강하게 지니며, 妓女 劍舞詩는 조선후기 기녀들의 劍舞를 노래한 詩로서 검무가 지니는 무용으로서의 예술적 측면과 검술로서의 무술적 측면을 융합시켜서 문학적으로 표현하였다.

刀劍이라는 기물 자체를 노래한 刀劍詩, 도검을 지닌 遊俠의 俠氣를 드러내는 遊俠詩, 도검으로 상징되는 國防武力의 중요성을 강조하는 邊塞詩와, 18세기에 부각된 劍舞 流行을 반영한 劍舞詩는 조선후기 도검의 문학적 표현양상을 연구하는 데 있어서 중요한 자료가 된다.

이와 같은 도검에 대한 한시가 17세기에 이르러 갑자기 등장한 것은 아니다. 16세기 후엽에서 17세기 초반에 이르기까지 三唐詩人의 한 사람으로서 문명을 떨친 蓀谷 李達(1539~1612)의 시에서는 도검에 대한 意象이 자주 나타난다. 기이한 검술가인 漫浪翁을 읊은 〈漫浪舞歌〉에서는 만랑의 신묘한 劍舞를 칭송하며 중국의 유명한 劍舞妓인 公孫大娘보다도 검무가 뛰어났다고 하였고, 〈新知樂贈申施甫德濬〉에서는 匣 속에서 劍光을 토하는 秋蓮劍을, 〈丘山驛〉에서는 외로운 憤慨가 남은 劍囊을, 〈上體察相公〉에서는 靑蛇劍을,

---

고려대학교 민족문화연구소, 2003, 73쪽 참조.

〈寄問江界趙府使〉에서는 龍劍을 쓰다듬는 撫劍의 행위를, 〈數月〉에서는 彈劍을, 〈送林子順觀嶺南左兵營〉에서는 珠玉으로 장식한 劍인 雕劍을, 〈夜行驪江感懷〉과 〈送別柳摠戎〉에서는 칼을 짚고 선 杖劍의 意象을, 〈磨天嶺題院壁〉에서는 天山木에 劍을 걸어놓고 月支國에서 오랑캐술 천 잔을 들이키는 호탕한 모습을, 〈送人從軍〉에서는 吹毛劍을 각각 노래하였다. 그의 시는 學唐風 중에서도 盛唐風을 추구하는 풍조가 정점에 이른 16세기 말에서 17세기 전반기의 朝鮮 詩風을 그대로 반영한다.[84]

또, 日本刀를 자신의 무덤에 부장해달라는 유언을 남길 정도로 劍을 사랑했던 五山 車天輅(1556~1615)도 그가 실생활에서 검을 아꼈던 만큼 그의 시 속에서도 검에 대한 意象을 자주 표현하였다.

象村 申欽(1566~1628)의 詩에서는 劍을 차고 신발을 신은 채로 임금을 알현할 수 있도록 특별 허가를 받은 대신을 의미하는 劍履와 古劍, 문장과 무예로 나라를 다스릴 포부를 뜻하는 書劍, 季札의 懸劍, 마음 속의 근심으로 인해 검을 뽑아 땅을 치는 拔劍斫地, 자신을 알아주지 않음을 한탄하며 검을 퉁기는 彈劍, 자루를 옥으로 장식한 玉劍, 오랑캐 두목인 樓蘭의 목을 치는 腰劍, 龍泉劍, 오랑캐를 정벌할 생각을 하며 검을 응시하는 看劍, 귀신을 베는 강력한 辟邪의 劍 四寅刀, 伍子胥가 자결할 때 쓴 屬鏤劍, 용천·태아검에 버금가는 蒼龍刀, 검에 기댄 倚劍, 마음속의 충정을 의미하는 칼집 속의 칼인 匣中龍, 天地自然의 元氣를 모은 鴻濛劍, 연나라 저자에서 백정들에 섞여 칼을 두드리던 형가의 鼓刀, 邊塞의 바람을 일으키는 鳴劍,

84 임준철, 「遊俠詩의 類型的 傳統과 17世紀 朝鮮詩壇의 遊俠詩」, 『한문교육연구』 권26, 한국한문교육학회, 2006, 475쪽 참조.

검으로 상징되는 자신의 재주를 아직 펼치지 못하고 다만 검을 쓰다듬고만 있음을 의미하는 按劍, 故劍, 尙方劍, 악한 기운을 맑게 하는 匣中劍, 단칼에 승낙함을 의미하는 一劍 등의 刀劍 意象이 발견된다. 谿谷 張維(1587~1638)와 東岳 李安訥의 시에서도 이에 比肩되는 刀劍 意象이 數도 없이 보인다. 16세기와 17세기를 연결해주는 이 같은 문인들의 刀劍에 관한 詩風이 있었기에, 이러한 기반을 바탕으로 하여 17세기의 刀劍文學 중 대다수를 차지하는 刀劍에 관한 시들이 다채롭게 창작될 수 있었던 것이다.

17세기의 刀劍에 대한 漢詩를 논할 때 빼놓을 수 없는 인물인 東溟 鄭斗卿(1597~1673)의 경우, 고시와 근체시를 막론하고 劍의 意象을 통해 강한 尙武精神과 세상에서 크게 쓰이고자 하는 出仕意識을 표출하였다. 그의 시 속에 등장하는 검은 종류도 다양하여, 倚天劍·龍泉劍·鏌鋣劍·蒼龍劍·延平劍·七寶劍·衝星劍·匣中劍·芙蓉劍 등 온갖 검이 나오고 있다.[85]

그리고 西溪 朴世堂(1629~1703)은 그의 시에서 寶刀와, 날에 터럭을 불면 잘릴 정도로 예리한 吹毛劍, 晉나라의 전투용 도검인 橫磨劍, 佩劍書生, 하늘로 솟구치는 劍氣, 월지국왕을 베는 雙鐵劍, 명검인 간장과 막야를 의미하는 越劍, 倚劍, 雄劍, 절름발이를 비웃었다가 목이 잘린 平原君의 愛妾의 魂인 劍頭魂, 용천과 태아검이 연평진에서 만났음을 상징하며 婦人에 대한 輓詞에 夫婦合葬의 의미로 자주 사용된 延津劍과 雙劍, 奸臣을 베도록 尙方斬馬劍을 漢나라

85 남은경, 「東溟 鄭斗卿 文學의 硏究」, 梨花女子大學校 大學院, 博士學位論文, 1998, 103쪽 참조. 그런데, 연평검과 충성검은 결국 용천검과 태아검을 지칭하는 용어이므로 별도의 劍으로 간주할 필요는 없다.

成帝에게 청한 朱雲의 고사, 文武를 의미하는 書劍, 풍성 옥에 묻힌 용천과 태아검을 알아본 豫章의 占星家 雷煥처럼 가치를 알아줄 인물을 끝내 만나지 못하여 궁벽진 마을에서 生을 접은 李生에 대한 한탄, 벼슬자리를 뜻하는 冠劍, 蛇澤에서 뱀을 벤 漢나라 高祖 劉邦의 검처럼 精鋩을 번쩍여 왜적을 상징하는 흉악한 괴물고래를 벤 이성계의 龍劍, 龍泉劍, 변방에서 외적에 대한 경계를 게을리하지 않는 壯士의 看劍 등 다양한 刀劍 意象을 보여주고 있다. 박세당이 비록 우암 송시열과 대가 되는 입장에서 북벌론에 대해 비판을 가하기는 했었지만 그의 心底에는 尊明排淸의 精神이 분명 존재했으며, 이러한 그의 의식은 도검에 대한 문학적 형상화를 통해서 그의 작품 속에 반영되었다.

刀劍을 소재 및 제재로 한 조선후기의 漢詩는 위에서 말한 意象들을 바탕으로 하여 지어졌다. 그런데 이러한 刀劍 意象을 보여주는 한시들이 문체적 경향성에 따라 고정된 특질을 가진 것은 아니기에 이를 세부적으로 분류하기에는 다소 무리가 있고, 도검을 읊은 시인들이 비록 尙武精神이라는 동질적 의식을 지니고 검이라는 특정 기물을 노래하기는 했지만 그들을 어떠한 구체적인 群으로 규정지어 나눌 수도 없기 때문에, 이 책에서는 도검문학으로서의 한시를 우선 주제별로 나누어 Ⅲ장 속의 여타 작품들과 아울러 논하였다.

劍銘은 刀劍에 새기는 銘이다. 器物銘의 한 종류인 검명은 도검의 주인에게 검이라는 기물이 가지고 있는 살인무기로서의 본원적 성격을 다시 한 번 일깨워줌과 동시에, 소유자의 다양한 의지를 반영한다. 또 辟邪的 呪術이 담긴 銘의 경우에는 惡獸와 妖怪를 퇴치하는 神物이 되는 刀劍, 즉 神劍의 속성을 부각시키기도 한다.

검명은 현재 유물 속의 검명과 문헌상의 검명이라는 두 형태로 잔존하고 있다. 전자의 경우에는 국내외의 박물관 소장품 및 개인소장품 도검에 각인된 형태로 보존되어 있으며, 후자는 각종 문집과 서적 속에 남아있다. 이러한 검명을 수집, 조사하여 분석하는 과정을 통해 우리는 조선시대의 검명이 어떠한 방식으로 실체화되었는지를 파악할 수 있고, 검이라는 기물이 가지는 속성에 대해 우리 선조들이 어떠한 감성을 가지고 있었는지를 반추해볼 수 있다. 본절에서는 우선 遺物에 刻印된 劍銘 중 어떠한 것들이 문학적 성격을 지니는지에 대해서 검토하고, III장에서는 문헌에 수록된 검명의 구체적인 실상에 대해서 연구해보도록 하겠다.

조선의 몰락에 이어진 일제강점기 일본인들의 강제 무기 수거 및 골동품 약탈과 한국전쟁으로 인한 파손 및 산일·해외 반출 등으로 인해, 현재 검명이 새겨져있는 도검 유물 중에 한국에 남아있는 것은 극소수에 불과하다. 2003년도에 陸軍士官學校 陸軍博物館과 耕仁美術館 附設 傳統刀劍硏究機關 御劍堂이 주축이 되어 작업한 국립민속박물관 학술용역보고서인 『한국 전통무기 조사』(도검·화기류)는, 전국에 분포되어 있는 우리나라의 현존 도검 유물에 대한 최초의 총체적 분석이었다. 이 책에 소개된 검명이 새겨져있는 현존 유물들을 간추려보면 총 24점이다.

【표 1】의 유물 중 분류번호 007은 그 유명한 이순신 장군의 초대형 장검이다. 이충무공의 8자루 검 중 현존 유물은 총 6자루이며, 007을 제외한 나머지 네 자루는 명나라 신종황제가 충무공에게 보내온 八賜品鬼刀(008)[86] 1쌍과 八賜品斬刀(009) 1쌍이다. 현재 행방이 묘연한 2자루는 충무공이 직접 사용했다고 전해지는 雙龍劍으로, 일제강

점기 때 유실되었다. 李森 偃月刀(023)의 명문은 간장·막야검의 전고에서 따온 것이며, 還刀刃(039)의 '六'은 명문의 문학성과는 별반 상관없는 도검의 全長 표시로 추정되기 때문에, 문학적인 관점에서 크게 주목할 필요는 없다. 黑漆裝護身長刀(041)[87]의 명문 7자는 '河魁影轉斗牛柄'으로, '河魁[戌]의 빛이 斗星과 牛星 칼자루로 옮겨가네[88]'라는 의미를 지닌 검명이다. 분류번호 043부터 등장하는 寅劍에 계속적으로 새겨져있는 劍訣 27자는 '○寅劍. 乾降精坤援靈, 日月象岡澶形. 撝雷電運玄坐, 推山惡玄斬貞.'으로, 인검의 이름과 그에 이어지는 6언시로 구성되어 있다.[89] 이는 인검의 벽사적 기능을 극대화시키는 일종의 주문으로서 작용한다. 還刀A·B(101, 102)는 서양검과 비슷한 형태의 코등이를 가진 칼로 코등이에 右(또는 國)라는 글자가 새겨져 있는데, 마모가 심해서 글자의 정확한 판독에 장애가 있다. 李億棋 七星劍(136)은 임진왜란 당시 선조가 전라우수사였던 수군장수 李億祺(1561~1597)에게 하사한 것이라 전해지는 검이다.

---

86 2018년 전국고전문학자대회 '고전에서 正義를 묻다' 중 신익철의 「정의를 표상하는 한문학의 세 가지 양식 - 검명, 풍자우언, 유협서사」에서 정약용이 이 칼에 대해 지은 검명인 〈鬼刀銘〉을 분석하였다.

87 黑漆裝護身長刀의 경우 『한국 전통무기 조사』상에는 소장처가 耕仁美術館으로 나와 있으나, 2005년 12월에 육군박물관으로 이전되었다. 육군박물관 도록에는 卍字文小環刀로 표기되어 있다.

88 河魁[戌]는 北斗七星 중 첫 번째 별이자 전쟁을 주관하는 凶神으로, 古代의 主將은 하괴의 방위에 막사를 설치하였다. 河魁[戌]의 빛이 (北方 7舍의 별인) 斗星과 牛星 칼자루로 옮겨간다는 표현은, 하괴가 지닌 武力이 斗牛柄에 깃들어 결국 검의 사용자에게 검의 힘을 발휘할 수 있는 권능을 부여한다는 의미를 내포하고 있다.

89 분류번호 057 '綠漆魚皮甲黃銅裝睚眦紋四寅劍'의 경우에는 검명 앞부분에 '사인검' 대신 '四寅斬邪劍'이라 새겨져 있고, 맨 뒤에는 '放'이라는 글자가 첨가되어 총 30자로 검명이 구성되어 있다.

菖蒲劍(143)은 민간소유물로 파악되는데 '좋은 칼은 천금의 가치가 있다[寶釼直千金]'라는 명문이 새겨져 있다. 그리고, 호패에 銘이 새겨져 있는 육군박물관의 雲劍(135)은 『世宗實錄』「軍禮序例」의 운검과는 그 법제가 다르다.

【표 1】 현존 도검의 검명

분류 번호	명칭	검명	수량	소장처
007	李忠武公 長劍	三尺誓天 山河動色, 一揮掃蕩 血染山河	2점 (1쌍)	현충사관리소
023	李森 偃月刀	龍光射牛頭星	1점	개인수장
039	還刀刃	大	1점	경인미술관
041	黑漆裝護身長刀	劍訣 7字	1점	육군박물관
043	四寅劍(中小)	劍訣 27字	1점	육군박물관[90]
057	四寅劍	劍訣 30字	1점	경인미술관
058	三寅劍(大)	劍訣 27字	1점	고려대박물관
080	三寅劍(小)	劍訣 27字	1점	고려대박물관
100	四寅劍(中小)	劍訣 27字	1점	고궁박물관
101	還刀A	右 또는 國(코등이)	1점	고궁박물관
102	還刀B	右 또는 國(코등이)	1점	고궁박물관
117	鬼面大劍	劍訣 27字	1점	서울대박물관
119	四寅斬邪劍	四寅斬邪劍	1점	육군박물관
120	四寅劍(中)	劍訣 27字, 산스크리트어 (코등이: 옴마니반메훔, 칼날: 해석불가 글자)	1점	고궁박물관
121	四寅劍	劍訣 27字(銀入絲)	1점	육군박물관
122	三寅劍(大)	三寅劍	1점	고궁박물관
123	三寅劍(中)	三寅劍(銀入絲)	1점	육군박물관

134	象牙裝七星 三才穴護身刀	大院君珍藏(자루)	1점	육군박물관
135	雲劍(還刀)	鄭基禾丙午生武科庚辰 (칼집고리 호패명문)	1점	육군박물관
136	李億棋 七星劍	下賜寶劍	1점	육군박물관
143	菖蒲劍	寶釼直千金	1점	육군박물관
144	黑漆裝 四寅劍[91]	劍訣 27字	1점	육군박물관
147	三寅刀	三寅釖	1점	전쟁기념관

검명이 새겨진 도검 중 『한국 전통무기 조사』에서 미처 수록하지 못한 현존 유물로는 충렬사박물관에 소장된 임경업 장군의 秋蓮劍과 耕仁美術館 소장 魚皮甲黃銅裝短刀(魚皮小環刀)와 黑漆黃銅裝智仁勇文護身長刀 · 古劍 · 江華銘文環刀 · 銘文環刀 · 民製一面平造刀 · 戎垣備環刀, 鶴峰 金誠一의 寶劍, 육군박물관 소장 黑檀裝護身刀와 訓字銘環刀, 고려대학교 박물관 소장 軍刀,[92] 국립민속박물관 소장 환도와 刀, 목검, 강화전쟁박물관 소장 강화명문환도, 연세대학교 소장 사인참사검, 민간 소장 小環刀 등이 있다. 추련검의 경우 한시 명문 28자[93]가 칼날 양면에 새겨져 있고, 어피갑황동장단도에는 부귀영화를 상징하는 吉祥文인 코뿔소의 뿔 모양과 함께 '寶龍劍'[94]

---

90 상기 인검은 2007년 7월에 육군박물관으로 이전되었다.

91 이 검은 최근 근현대작으로 감정되었기에, 상기 검명 명단에서 제외해야 한다. 다만 예전 『한국 전통무기 조사』에 기록된 칼이기에, 표에서 생략하지는 않았다.

92 이 도검의 경우 『한국 전통무기 조사』 도검류 077에 수록되어 있으나, 책의 설명에서는 八자 명문 내용이 나오지 않기 때문에 앞서의 표에 첨부하지 않았다.

93 "時呼時來否再來, 一生一死都在筵. 平生丈夫報國心, 三尺秋蓮磨十年." 이에 대해서는 Ⅲ장에서 자세히 분석하도록 하겠다.

94 고려대학교 박물관 도록과 육군박물관 도록, 문화원형백과에는 어피갑황동장단도(어피소환도)의 검명이 전부 '補龍劍'으로 잘못 기재되어 있으나, 유물 확인 결과

이라는 세 글자가 보이며, 흑칠황동장지인용문호신장도에는 智·仁·勇 세 글자가 띄엄띄엄 새겨져 있다. 그리고 2010년 말 耕仁美術館에 입수된 古劍에는 '예리한 기물 만드니 번개처럼 번득여 서릿발인가 의심되는데, 五山의 精髓요 光氣의 꽃부리로다[鑄成利器電燁霜疑, 五山之精光氣之英]'라는 검명이 篆書로 새겨져 있는데, 현재는 울산박물관에 수장되어 있다. 또 慶北 安東의 鶴峰宗宅 收藏庫에 銀粧刀 세 자루와 함께 보존되어 있는 학봉 김성일의 보검에는 '釼曾當百萬師'[95]가 음각되어 있는데, 王維의 〈老將行〉 중 '一劍曾當百萬師'를 차용한 것이다.[96] 한편, 2017년 강화전쟁박물관 기획전 도록인 『조선의 도검』에 실린 육군박물관 소장 黑檀裝護身刀의 칼날에는 戎자가 金象嵌되어 있고, 2013년 육군박물관 도검전시회 『朝鮮의 刀劍, 忠을 벼루다』 도록에 실린 경인미술관 소장 戎垣必備環刀와 육군박물관 소장 訓字銘環刀에는 訓鍊都監을 의미하는 訓자가 칼날에 새겨져 있다. 고려대학교 박물관 소장 軍刀의 슴베 부분에는 八자가, 국립민속박물관 소장 환도의 칼날에는 光射斗牛가 음각되어 있다. 그리고, 동기관 소장 도에는 칼날에 龜城府使가 음각되어 있으며, 동기관 소장 목검에는 자루 밑면에 崇禮校가 새겨져 있다. 또, 강화전쟁박물관 소장 강화명문환도에는 칼집에 辛丑改備江華庫藏이라는 명문이 있어, 1841년에 강화도 무기고에 격납된 칼임을 알

'寶龍劍'이 맞다.

95 劍의 이체자인 釼(칼 검)은, 釰(칼날 일)과 혼동되는 경우가 자주 있다. YTN 사이언스의 '〈한국사 探〉 혼이 담긴 조선의 칼' 영상(2013) 촬영 시, 본 저자가 직접 학봉 김성일 고택에 방문하여 검명에 대해 자문을 하면서 분명히 첫 글자가 釼이라고 밝혔는데, 영상 제작자의 실수로 釰로 바뀌어 방영되었다.

96 졸고 「朝鮮中期 刀劍의 文學的 形象化에 대한 一硏究」 224쪽 참조.

수 있다. 추가로, 이와 동일한 명문을 지닌 칼과, 王勃의 〈滕王閣序〉에 나오는 '용천검의 광채가 牛星과 斗星의 자리를 쏘아 비추고[龍光射牛斗之墟]'[97]와 왕유의 〈노장행〉 중 '이 한 몸 전쟁 따라 삼천리를 전전했고, 이 한 칼로 일찍이 백만 군사 대적했네[身轉戰三千里, 一劍曾當百萬師]'라는 시구가 칼날에 새겨진 검이 경인미술관 어검당에 2018년 9월 현재 소장되어 있다. 그리고, 연세대학교 소장 사인참사검은 고종황제가 언더우드 선교사에게 하사했던 검으로, 언더우드 선교사의 손자인 원득한 박사(Richard Underwood)가 2016년 10월 11일 언더우드 선교사 서거 100주년을 맞이하여 연세대학교에 이 유물을 기증하였다. 이 사인참사검의 칼날 한 면에는 28수 별자리가, 반대쪽 면에는 四寅斬邪劍 5자와 6언시 24자, 放자까지 모두 30자가 새겨져 있다. 또, 08년 3월 2일 KBS TV쇼 '진품명품'에 소개된 민간소장 유물인 소환도에는 『周易』의 乾卦에 있는 '구름은 용을 따르고, 바람은 호랑이를 따른다[雲從龍風從虎]'는 구절에서 차용한 검명인 '雲龍風虎'가 새겨져 있다.

상기 劍銘이 새겨진 도검유물 중에서 도검에 대한 문학적 意象이 어느 정도 부각되는 도검은 단연 이순신의 장검과 임경업 장검, 李森 장군의 偃月刀, 흑칠장호신장도, 寶釼直千金이 새겨진 창포검과, 27자나 30자의 劍銘이 새겨진 인검, 울산박물관과 耕仁美術館 소장 銘文環刀, 학봉 김성일의 보검 등이다. 현재 이러한 도검들 이외에는

97 '만물의 정화는 하늘의 보배이니, 용천검의 광채가 우성과 두성의 자리를 쏘아 비추고, 사람의 걸출함은 땅이 영수하기 때문이니, 서유자가 태수 진번의 평상을 내려놓게 했다[物華天寶, 龍光射牛斗之墟, 人傑地靈, 徐孺下陳榻]'에서 차용한 구절이다.

도검의 문학적 意象을 극명하게 보여주는 유물들이 아직 공개되지 않았기 때문에, 조선조 劍銘의 진정한 의미를 알기 위해서는 III장에서 文獻 상의 劍銘에 대해 본격적으로 살펴볼 필요가 있다.

2) 野談과 傳

야담집에 실린 조선 무인의 의용을 드러내는 이야기 중에는 惡人을 懲罰하는 懲治譚이 상당한 부분을 차지하고 있다. 무인에게 징벌당하는 악인의 형태는 僧侶·奴僕·盜賊·乾達 등으로 다양한 양상을 보인다. 심지어는 사람이 아닌 존재인 악한 鬼神까지도 야담에 등장하여 무인에 의해 징벌당한다.

『於于野談』 卷2 第290話에 나오는 이야기에서는 惡僧이 寧邊의 校生인 郭太虛의 妻와 淫奔을 저지르다가, 곽태허에게 그것을 들키자 검을 뽑아드는 장면이 나온다. 승려와 아녀자의 사통은 당시대로서는 사악한 행위였다. 사통 장면이 발각된 승려는 바로 죽임을 당한다. 사통한 아녀자 역시 사람들에게 죽어 마땅한 죄인으로 인식되었다. 승려와의 간통 장면을 들키고 난 뒤 남편 곽태허에게 버림받은 그의 아내가 그녀의 가족에게 목매달려 맞아죽는 부분에서 우리는 이런 점을 확인할 수 있다.[98] 이 이야기에서 우리는 두 가지 사실을 발견해낼 수 있다. 하나는 조선시대에 惡僧과 부녀자의 사통이 빈번했었다는 점이며, 다른 하나는 惡僧이 劍이라는 무기를 소지하고 있었다는 점이다. 승려가 검을 소지했다는 점은 무엇을 의미하는가? 이는 당시의 승려 중에 검술을 연마하여 勇力을 사용하는 자가 있었다는

98 신익철 외 역 『於于野談』, 돌베개, 2006. 213~214쪽 번역 참조.

사실을 의미한다. 이에 대한 구체적 증거는 수많은 야담과 전에서 나타난다.[99]

『青邱野談』 卷1에 실린 〈鬪劒術李裨將斬僧〉에서는 이여송의 아우 李如梅 提督의 후손인 이비장과 악승들의 무술 대결이 그려지고 있다. 이비장은 全羅監營의 幕中으로 가는 길에 금강 가에서 부녀자를 희롱하는 頑惡한 승려를 鐵鞭으로 打殺한다. 수개월 후 스승의 죽음을 보복하러 온 惡僧과 劒術을 겨루게 된 이비장은, 특별히 제작한 雙劒을 사용하여 결국 惡僧의 목을 베어버린다.[100]

> 이비장이 마침 곁에 있다가 내달아 크게 꾸짖어 말하길, "내가 지금 여기에 있는데 네가 어찌 감히 당돌하게 구는가?" 그 중이 가로되, "길게 수작할 것 없다. 오늘 내가 너와 사생결판을 내겠다."하고, 드디어 바랑 가운데로 둘둘 만 칼을 꺼내어 손으로 펼치니, 길이가 3척[101]이고 빛이 서릿발 같았다. 이비장이 또한 뜰에서 몸을 내려 黃紫色의 협수전복을

99 『송천필담』 제395화에서는 判官 尹光烈(1694~?)이 대구의 고을 원으로 있을 때 해결한 살인사건에 대해 기술하고 있다. 그는 사건현장에서 발견한 칼을 승려의 기물로 추정하여, 근처 사찰의 승려들을 불러모은 다음 자신이 淸道의 장인에게 칼을 주문할 예정이라는 핑계로 승려들의 칼 여러 자루를 보여달라 하고는 그 중에 범죄에 사용된 칼을 섞어놓아, 결국 이 칼이 누구의 기물인지를 알아본 승려의 증언을 바탕으로 범인인 거사를 색출하기에 이른다. 『實事叢譚』 권2 제81화에는 이와 거의 흡사한 이야기가 실려있으며, 수령이 尹光烈이 아닌 李書九(1754~1825)로 되어있다.

100 『溪西野談』에도 이와 비슷한 이야기가 실려 있는데, 주인공은 이여송의 후손인 兵使 李源의 堂叔으로 춘천사람이며, 친구인 豊川 원님 앞에서 강원도 五臺山에서 온 승려와 鐵椎로 대결하였다고 되어있다. (유화수 외 역주, 『溪西野談』, 국학자료원, 2003. 194~198쪽 번역 참조)

101 장검의 길이가 3尺이었다는 것은 칼의 전체 길이가 아닌 날의 길이를 말한 것이다. 『무예도보통지』에 나와 있는 鋭刀는 날의 길이가 3尺3寸, 자루가 1척으로 전장이 4척3촌이었다.

> 입고, 손에 한 쌍의 百鍊劍을 쥐고, 발에 한 켤레 송곳박은 군화를 신고 劍舞로 서로 대하여 피차 진퇴하다가 이윽고 검광이 번뜩여서 은항아리처럼 되었다.[102]

악승은 야담 속에서 자신의 용력을 믿고 부녀자를 희롱하기도 하고, 용력을 사용하여 사람들에게 피해를 입히기도 하며, 때로는 살인교사를 저지르기도 한다. 이러한 악승을 퇴치한 무인이 당시대 사람들에게 칭송받았음은 자명한 사실이다. 그런데 우리는 무인들이 왜 칭송받았는가에 대해 다시 한 번 고찰을 거듭해야 한다. 도대체 그들은 왜 칭송받았는가? 그들이 칭송받은 가장 큰 이유는 그들이 피해자들의 입장을 대변하여 피해자들의 원한을 풀어주는 '懲罰者'의 역할을 했었기 때문이다. 억울한 일을 겪은 피해자들의 원한은 武人의 武勇에 의해 말끔하게 풀어지게 된다. 이처럼 피해자들의 울분과 고통을 해소시켜주는 무인의 역할은 아래에 소개하는 다른 이야기들에서도 역시 발견된다.

다음으로, 武將과 武人의 검과 관련된 여타 야담에 대해 알아보도록 하자. 『溪西野談』, 『記聞叢話』와 『東稗洛誦』에 수록된 菊窓 朴燁(1570~1623)과 淸 太祖의 劍術 對決 이야기는, 妻家가 광해군의 姻戚이라는 이유로 仁祖反正의 功臣들에 의해 강제로 처형당한 비극적인 영웅 박엽에 관한 가상의 일화이다. 박엽은 어느 날 밤 애첩

102 某適在旁, 叱曰: "吾方在此. 汝焉敢唐突乃爾?", 僧曰: "不必多言. 今日與我決死生.", 遂下庭. 拔出鉢囊中, 卷藏之劍, 以手伸之, 乃如霜長劍也. 某亦下庭, 身衣黃紫色狹袖戰服, 手持一雙百鍊劍, 足着一對着錐靴, 相對飜舞, 彼此前却, 俄而劍光閃閃, 遂成銀甕. (金東旭, 鄭明基 共譯『靑邱野談』上, 敎文社, 1996. 번역 참조)

을 자신의 몸에 묶고 청노새를 타고 만주벌판으로 가서, 數萬 騎의 기마대를 거느린 누르하치와 검술을 겨루어 그를 쓰러뜨리고 항복을 받은 다음, 그와 술잔을 나누는 동안 대포로 기마대를 몰살시킨다.

『溪西野談』, 『記聞叢話』, 『靑邱野談』에 실린 이여송 이야기는 임진왜란 당시 쌍검으로 왜군들을 베었던 명나라 원군의 지휘관 이여송 제독과 倭女 刺客의 검술 대결에 관한 일화인데, 둘이 곁방에서 격돌하자 그 자리에 있던 서애 유성룡이 왜녀가 도망가지 못하도록 방의 문을 닫아버렸기에, 결국 이여송이 왜녀의 목을 벨 수 있었다고 한다.

『溪西野談』, 『記聞叢話』에는 綠林豪客인 나무꾼에게 검술을 배운 임경업 이야기가 나온다. 사슴을 사냥하다가 태백산중에서 나무꾼을 만난 임공은, 산등성이 너머에 있는 나무꾼의 기와집에서 술과 고기를 대접받고 나무꾼이 痴情으로 인해 남대문 안의 折草匠과 검술 대결을 벌이는 장면을 목도한다. 나무꾼이 절초장을 베고 나서, 치정의 원인이 된 미인과 기와집을 임공에게 주려 하나 임공이 거절하자 미인의 목도 역시 베어버린다. 다음날부터 5~6일간 나무꾼이 임공에게 검술을 전수하였는데, 이는 병자호란의 일을 나무꾼이 미리 알았기 때문에 이와 같이 한 것이었다.

『鶴山閑言』에는 의병장 諸沫(1552~1593)[103]의 혼령이 嶺南 星州의 察訪벼슬에 있었던 洛下 鄭錫儒(1689~1756)에게 왜적과 맞서 싸

103 제말의 생몰년은 한국고전종합DB에 생년이 1543년, 한국역대인물종합정보시스템에 몰년이 1592년으로 전부 잘못 나와 있다. 그러나 『萬曆十一年癸未九月初三日別試榜目』에 의하면 생년이 1552년이고, 『歃齋集』 卷3의 〈諸忠壯公神道碑銘〉에 의하면 몰년은 1593년이므로, 『한국민족문화대백과』의 생몰년(1552~1593) 표기만 정확함을 알 수 있다.

웠던 자신의 행적을 말하고, 왜장을 베었던 검을 보여준 다음[104] 鎭海의 묘자리를 改築해줄 것을 부탁하였다는 이야기[105]가 실려 있다.[106] [107]

『靑邱野談』과 『鶴山閑言』의 〈李武弁窮峽格猛獸〉는, 인조 때 武弁인 李修己가 襄陽의 산골에서 만난 丈夫의 부탁으로, 장부와 힘을 합쳐 장부의 가족을 해친 호랑이의 옆구리를 검으로 수차례 찔러 죽인 뒤에, 그 보답으로 보물과 미인을 얻었던 행적을 담고 있다.

『松泉筆譚』과 『靑邱野談』의 〈賊魁中宵擲長劍〉은, 貞翼公 李浣(1602~1674)이 사냥하러 갔던 深山窮谷에서 도적의 여자와 密通하고 나서 도적에 의해 결박당하여 매달렸을 때, 도적이 검 끝에 꽂아서 주는 고기를 두려워하는 기색이 전혀 없이 받아먹으니, 도적이 이완을 天下의 奇男子라 하여 풀어서 살려주었던 이야기이다. 이완은 후일 訓練大將이 되어, 사로잡힌 이 도적을 방면해주고 군관장교의 서열에 두었다.

---

104 『記聞叢話』에서는 鄭世規(1583~1661)가 주인공이며, 제말이 정세규에게 검을 보여주는 장면이 생략되어 있다. 『三溟詩話』에서는 鄭錫儒가 주인공이기는 하나, 또한 검을 보여주는 장면이 생략되어 있다.

105 『記聞叢話』에서는 제말이 정세규에게 부탁하여, 정세규가 이를 들어주고 난 후 과거에 급제하여 대신이 되어 제말의 관직을 追贈하게 되었다고 하나, 정세규의 몰년 이후 1737년(영조 13)에 鄭錫儒의 보고를 받은 성주목사 洪應夢이 경상감사 鄭益河(1688~1758)에게 제말에 대해서 고하자, 감사가 칠원군수 魚史迪에게 命을 내려 제말의 무덤을 개축하도록 한 사실을 볼 때, 제말과 정세규는 서로 상관이 없다.

106 『硏經齋全集』 卷54 〈草榭談獻〉1에도 이 내용이 수록되어 있는데, 成海應(1760~1839)이 辛敦復(1692~1779)의 『학산한언』을 읽고 참고한 것으로 보인다.

107 『藥泉集』 「雜著」 〈嶺南雜錄〉에는 南九萬이 星州의 〈先生案〉에서 諸末의 이름을 본 후, 尹衡聖에게서 들은 제말의 戰功에 대한 이야기가 기록되어 있다.

추가로 소개할 작품은 검을 사용하는 자객과 왜인 승려에 관한 야담이다. 『靑邱野談』에 실린 趙雲逵(1714~1774) 이야기는, 그가 1755년(영조 31) 전라도관찰사에 부임하였을 당시 야밤에 비수를 든 8척 장신의 巨漢에 의해 암살당할 뻔했다가 기녀의 도움으로 起死回生 하였다는 내용을 담고 있다. 羅州壁書事件을 담당하였던 그를 해치러온 자객은, 아마도 그가 몸담은 노론과 적대적인 관계에 있었던 소론 계열에서 보낸 암살자일 가능성이 크다.[108]

『靑邱野談』의 〈孟監司東岳聞奇事〉는 뒤에 소개할 〈劍僧傳〉과 거의 동일한 내용이다. 주인공은 석북 신광수가 아닌 監司 孟胄瑞(1622~1679)인데, 그가 100여 세의 노승을 만나 이야기를 듣게 되었다. 임진왜란 이전에 젊은 시절의 노승을 포함한 왜국의 간첩 8인이 강원도 淮陽에서 황소를 탄 선비를 만나서 싸우게 되어 3명만 살아남는다. 그 후 이들이 선비의 검술 제자가 되었다가, 2명이 선비를 암살하자 다른 1명이 동료를 모두 죽여 스승의 원수를 갚고 나서 승려가 되었다고 한다. 이야기를 마친 후 노승은 잣나무 옆에서 나뭇잎을 거의 다 베는 화려한 雙劍舞를 맹주서에게 보여준다.

> 중이 소매 안에서 두 물건을 꺼냈는데, 둥근 공과 같았고 노끈으로 단단히 얽어놓았다. 노끈을 끄르기를 끝마치자, 두 개의 쇳덩이가 보였는

108 장붕익의 경우, 1733년(영조 9) 포도대장의 신분으로 조선시대 폭력조직이었던 劍契를 소탕할 당시 야심한 밤에 암살자의 기습을 받기도 하였다. 『조선왕조실록』 영조 9년 5월 12일의 기록에 의하면, 장붕익이 암살 미수에 대해 영조에게 보고하면서 "잠결에 창 밖의 사람 그림자를 보고서 칼을 들고 나가니, 사람이 칼을 가지고 대청마루 위에 섰다가 이내 뛰어서 뜰 아래로 내려가므로 함께 칼날을 맞대고 交戰하여 外門까지 옮겨 갔었는데, 그 자가 몸을 솟구쳐 담에 뛰어 올라 달아났습니다."라고 아뢴 내용이 나온다.

> 데 뭉친 것이 주먹만 하였다. 손으로 잡아 펴니 수 척이 되는 서릿발 칼날이었는데, 빛이 가을철 강물 같았다. 말았다가 폈다가 하는 것이 종이 같더니, 중이 쌍검을 잡고 일어나 춤추었다. 처음에는 춤추는 모습이 자못 더디다가 이윽고 점점 빨라져 바람이 휘몰아치더니, 오랫동안 질풍을 타고 뛰어올라 공중에 서서 빙빙 돌며 오락가락하였다. 다만 보이는 건 은항아리 한 병이 잣나무의 빽빽한 나뭇잎 사이로 들락날락하면서, 번갯불을 끌어당기듯 번쩍여서 문득 길어졌다 짧아졌다하며 劍光이 바위 골짜기에 가득하였고, 서릿발 칼날 주위로 잣나무 잎이 어지럽게 비오듯 날아 떨어지는 모습이었다. 맹공이 마음이 놀라서 벌벌 떨며 똑바로 쳐다보지 못하였는데, 잣나무 잎이 대부분 마디마디 끊어졌고 나뭇가지는 반이 민둥머리처럼 되었다. 한참 뒤에 중이 바야흐로 내려와서 나무 아래에 서서 숨을 몇 차례 내쉬며, "기운이 쇠하였군요. 젊은 시절만 못합니다. 처음 제가 젊었을 때, 이 나무 아래에서 검무를 추면 잎이 모두 가는 실낱같이 베이더니, 이제는 그렇지 아니하고 온전한 잎이 많습니다."라 하였다.[109]

맹주서는 이 검무를 보고 승려에게 "그대는 신인이로다.[上人神人也]"라 말하며 감탄한다.

또, 『天倪錄』의 저자 任埅(1640~1724)의 손자인 任邁(1771~1779)가 지은 『雜記古談』에서는 임진왜란 때 왜군의 포로가 된 宗室의 자손이, 처형 직전 자신을 구해준 倭將의 양자가 되어 사츠마[薩摩]

109 『靑邱野談』 卷12 〈孟監司東岳聞奇事〉: 僧袖出兩物, 團圓如毬. 用繩堅縛. 去繩訖, 見兩箇鐵塊, 卷帖如卷. 以手平展, 則數尺霜刀, 光如秋水. 而卷舒如紙, 僧把兩劒起舞. 始也轉動低仰頗遲, 俄而漸見迅疾揮霍風生, 久之騰踊飄浮, 立於空中, 盤旋去來而已. 只見一箇銀甕, 出沒於栢樹層葉之間, 掣電閃爍, 倏長倏短, 襲暎巖壑, 遍是霜刀, 栢葉紛紛飛落如雨. 孟公神懼魂懍, 不能正視, 其栢葉多寸斷, 而樹枝半童矣. 良久僧方投下, 立樹下, 咄氣數口曰: "氣衰矣. 非復少年時也. 始吾壯時, 舞劒此樹之下, 葉多中破如細絲. 今則不然, 全葉者多矣."

지역으로 간 후 일본검술[110]을 터득한 일화가 나오기도 한다. 양부인 왜장에게서 10여 년간 검술을 배운 주인공은, 뛰어난 검술실력으로 양부의 원수와 결투를 하여 목을 베고 돌아온다. 그리고 그 대가로 조선으로의 귀환을 허락받게 된다. 귀국 후에는 조선 조정으로부터 종실의 직책을 받아서 살았는데, 양부였던 왜장의 은혜를 잊지 않고 왜장이 준 쌍검을 항상 차고 다녔다. 어느 날 그가 한 친족의 집을 지나갈 때 집 주인이 왜검술을 보고 싶다고 부탁하자, 칼을 뽑자면 반드시 술을 마셔야한다고 하면서 술을 청하여 단숨에 마셔버린다. 그 후 아랫목에 앉은 주인과 좌우 모퉁이의 두어 명 객들, 마루 밖의 계집종이 지켜보는 가운데, 종실의 자손은 검술 시범을 시작한다.

> 그는 옷자락을 추켜올리고 칼을 뽑아 양손에 쥐고 서서히 움직였다. 칼에서 뿜어나오는 빛이 번쩍이며 처음에는 유성이 흐르는 듯하더니, 점차 창틈으로 비스듬히 스며드는 달빛 같았다. 그러다가 검세가 급히 일변하여 한 덩이의 차가운 빛이 온 방안을 두루 비추고, 음산한 바람이 싸늘하게 느껴지며 냉기가 사람들에게 사무쳤다.
>
> 사람들은 모두 오싹 소름이 끼침을 느끼고 집 밖으로 흩어져 달아났다. 잠깐 사이에 칼을 든 사람은 사라지고, 다만 한 길 높이의 은항아리가 건물 사이에 나뒹구는 듯하였다. 수백 갈래의 붉은 번갯불이 아래위로 빠르게 휘둘려서 빛의 덩어리가 사방을 막았다.

종실의 자손이 행하는 검술에 대한 화려한 묘사에서는, 검광을 유

110 주인공이 배운 검술은 타이샤류[太捨流: タイしゃりゅう] 검법일 가능성이 크다. 사츠마 지역의 대표적인 검술인 지겐류[示現流]의 경우 1604년부터 사츠마번[薩摩藩]의 공식 검술로 지정되었으며, 그 이전에는 타이샤류가 번의 주류 검술이었다.

성과 달빛의 의상에 연결시키고 있다. 검세가 일변하여 칼날이 움직이자, 칼날의 차가운 빛이 방안을 두루 비추고 劍風이 싸늘하게 느껴지며 냉기가 사람들에게 사무칠 정도였다. 冷兵器인 검이라는 금속 기물이 가진 차가움의 속성을 빛의 이미지와 결합시킨 이러한 표현은, 여타 도검문학 작품에서도 자주 보인다.

> 사람들은 모두 마주 서있으면서도 서로를 보지 못한 채 한 구석에서 벌벌 떨며 감히 숨조차 크게 쉬지 못하고 있었다.
>
> 홀연, "쨍그랑!" 하고 쇳소리가 나더니 술병을 들고 있던 계집종이 급히 외마디 비명을 지르는 것이었다. 사람들은 더욱 놀라 계집종이 칼을 맞았다고들 수군거렸다.
>
> 그가 또 몸을 돌려 마당에 내려서자, 마당가에 있던 큰 배나무에 빽빽하게 펴져 있던 나뭇잎이 홀연 자취를 감추었고, 다만 가지 끝에 붙어있는 이파리들만이 질풍을 만난 듯 나부끼고 있었다.
>
> 이 때 하늘과 땅이 낮아졌다 높아졌다 하고 무성한 나무나 풀이 바람에 쓰러지거나 쏠리는 것이, 마치 일시에 바람이 불며 천둥이 치고 우레가 울며 우박이 내리는 것 같았다. 구름이 낮게 끼고 안개가 자욱하였으며, 천둥과 벼락 따위로 몹시 울려서 뒤흔들리고, 햇빛이 가려져 어두컴컴하였다. 그러다가 문득 안개가 걷히며 하늘이 맑고 해가 환히 비쳤다. 그는 어느새 마루 끝에 앉아 가쁜 숨을 몰아쉬며 말하였다.
>
> "나이든 걸 어쩌겠나! 어찌 이리도 숨이 찰까?"
>
> 어린 계집종은 놀란 나머지 기절하여 쓰러졌다가, 몸을 주물러주자 절로 깨어났다. 그제야 사람들이 정신을 차리고 다가가보니, 주칠 소반과 도자 병이 모두 한가운데가 쪼개져있었다. 그리고 계집종의 머리칼이 한 마디쯤 잘려나가고 옷이 조각조각 찢어졌으나, 피부에는 상처자국이 하나도 없었다. 마당에 있는 배나무의 잎사귀들은 모두 잘려 공중에 떨어졌으나, 나뭇가지와 줄기는 조금도 손상된 데가 없었다.

한 순간에 일도양단된 주칠 소반과 도자 병, 계집종의 잘려나간 머리칼과 찢겨진 옷, 모두 잘려서 공중에서 떨어지는 배나무의 잎사귀들은 종실 자손의 출중한 劍力을 입증하는 증거가 된다. 그가 검을 휘두르자, 바람과 천둥, 우레와 우박이 몰아치는 듯하였고, 구름이 낮게 끼고 안개가 자욱하였으며, 천둥과 벼락 따위로 몹시 울려서 뒤흔들리고, 햇빛이 가려져 어두컴컴하였다. 그러다가 체력이 다한 종실 자손이 검술 시범을 그치자, 문득 안개가 걷히며 하늘이 맑고 해가 환히 비쳤다.[111]

『記聞叢話』에 실린 李溟이 일본도 두 자루를 구매한 이야기는 앞서 수입 도검에 관한 장에서 이미 설명하였다. 그리고 『天倪錄』 제54화의 〈關北倅劍擊臭眚〉은 검으로 냄새나는 괴물을 물리친 사또에 대한 이야기이다.

이상으로 도검문학의 성격을 지닌 야담에 대한 소개를 마치고, 이러한 야담과 마찬가지로 도검의 意象이 부각된 傳에 대해 논해보도록 하겠다. 조선후기의 도검문학을 살펴보면, 傳은 다양한 형태의 武人과 劍俠 이야기를 담고 있다. 여기에서는 〈劍客記聞〉과 〈劍僧傳〉, 〈五臺劍俠傳〉, 〈李將軍傳〉, 〈金應河傳〉, 〈白巨秋傳〉, 〈蔣生傳〉, 〈金光澤傳〉, 〈金河西傳〉 등의 작품에 대해서 간략히 일별해본다.[112]

兪漢雋(1732~1811)의 〈劍客記聞〉[113]은 1756년(영조 32)에 지어진

111 趙赫相, 「朝鮮時代 劍士의 文學的 形象化에 대한 考察」 314~316쪽 참조, 『韓國漢文學研究』 第65輯, 韓國漢文學會, 2017.

112〈劍客記聞〉·〈劍僧傳〉·〈五臺劍俠傳〉·〈李將軍傳〉·〈白巨秋傳〉·〈蔣生傳〉·〈金河西傳〉은 박희병·정길수(『천년의 우리소설』 4, 돌베개, 2010) ; 〈金光澤傳〉은 안대회(『고전산문산책』, 휴머니스트, 2008) ; 〈金應河傳〉은 전송열(『옛사람들의 눈물 — 조선의 만시이야기』, 글항아리, 2009)의 번역을 참조하였다.

작품이다. 부친이 억울하게 살해당한 아무개가 현령의 바른 조사로 원수가 갚아진 후, 가산이 몰락하여 유랑하다가 심산궁곡에서 검술가에게 3년간 검술을 배운 후 이에 능통하게 된다. 임진왜란 때 왜군이 침입하게 되자 조선에서는 정예용사 9인을 선발하였는데, 아무개도 그 안에 들었다. 도요토미 히데요시[豊臣秀吉: とよとみ ひでよし] 역시 특별한 검술인 草笠의 법을 잘 쓰는 왜검사를 뽑아 이에 대응하게 하였는데, 용사 8인이 왜검사에게 斬殺당하고 아무개 홀로 검을 부딪히는 순간, 왜검사가 머리에 쓴 초립의 끈이 끊어진 틈을 타 왜검사를 겨우 擊殺한다. 그 후 그는 매번 싸움한 날 저녁에 제단을 설치하고 동료들과 왜검사의 장사를 지낸다. 추후에 그는 몸을 재상에게 의탁하여 총애를 받다가, 재상을 습격하러 온 승려인 원수집안의 아들을 검으로 쳐죽이고, 승려의 스승과 一戰을 벌인다.

> 검객이 재상에게 "열흘 뒤면 응당 승려 하나가 더 올 것입니다."라 하였다. 뒤에 과연 와서 검객에게 호통치기를, "죽은 승려는 내 제자이다. 나와 더불어 검으로 싸울 수 있는가?"라고 하였다. 검객은 "좋다."고 말하고, 이에 칼싸움을 벌였다. 검이 서로 부딪혀 마치 서릿발이나 눈발처럼 빛나 공중에 두 개의 푸른 항아리가 서로 오르락내리락 하는 듯이 보였다. 얼마 지나서 피 서너 방울이 땅에 떨어졌는데, 검객이 서서히 내려와 크게 한숨을 내쉬며, "승려는 죽었습니다. 검에는 12가지 비술이 있는데 그 한 가지 기술을 승려가 알지 못했습니다. 그러나 검술은 뛰어났습니다."라 하였다.[114]

---

113 『著菴集』 卷27 〈劍客記聞〉.

114 謂宰相曰: "後十日當有又一僧來." 後果來, 呼劍客曰: "死僧吾弟子. 可與吾劍戰否?" 曰: "可.", 乃劍戰. 劍相摩若霜雪光, 見空中有兩青甕相爲低仰. 居有間, 血三四點墮于地, 徐下大嘯曰: "僧斃矣. 劍有十二術, 其一術僧不知也. 然善劍也."

다음날이 되자 검객은 재상에게 사직하며, 재상이 예전에 현령이던 시절 부친의 원수를 갚아준 일을 보답하기 위해 그동안 모시고 있었음을 고백하고 표연히 떠나간다.[115]

石北 申光洙(1712~1775)의 〈劍僧傳〉은, 임진왜란 후 50년이 지나서 五臺山에서 독서하던 객이 80살 정도 된 노승에게서 들은 이야기이다. 노승은 원래 왜인으로, 젊은 시절 加藤淸正의 특별부대 3천명에 속한 武士였다. 그 부대가 북으로 진격해가다가 어느 해안의 바위에서 갈삿갓을 쓴 조선의 劍士와 맞닥뜨리게 되었는데, 젊은 날의 노승과 그의 동료 한 사람을 제외하고 전부 그 검사에게 죽임을 당한다.

> 별동부대 대원들이 소리를 지르면서 총을 쏘았으나, 그 사람이 칼을 휘두르니 총알이 잇달아 비 오듯 떨어졌습니다. 왜인들이 더욱 화가 나서 둘러싸고 가지 못하게 하였더니, 그 사람이 솟구쳤다가 새처럼 날아내려와 칼을 휘두르면서 마치 풀을 베듯이 사람의 어깨 위를 지나다녔습니다.[116]

검사는 살려준 두 왜인을 제자로 받아들여, 수년간 검술을 가르친다. 이들은 팔도명산을 두루 유랑하며 다녔는데, 10년 후에 검사가 짚신을 매려고 몸을 굽히는 순간 왜인제자가 10년 전 일의 복수를 위

115 안순태는 「〈劍客薛生傳〉 硏究—〈劍客記聞〉과의 對比를 重心으로—」에서 南周獻(1769~1821)의 〈검객설생전〉에 대해 설명하면서, 유한준이 남주헌의 증조부인 남유용의 문인이었던 이래로 두 집안 간의 교류가 계속되었으며, 남주헌이 유한준과 직접 서간을 주고받은 일도 있었기에, 남주헌이 유한준의 〈검객기문〉의 영향을 받아서 〈검객설생전〉으로 改作하였을 가능성이 농후하다고 간주하였다.

116 『石北集』 卷16 「雜著」 〈劍僧傳〉: 別部譟而仰發銃, 其人劍揮之, 丸輒紛紛雨落. 倭益忿環不去, 已而, 其人騰而鳥下, 飛劍往來, 人肩如草薙.

해 검사의 머리를 베었다. 그러자 다른 왜인제자가 스승을 벤 제자를 그 자리에서 죽였다. 남은 제자는 처음에는 바다에 투신하였다가, 파도에 쓸려 해안에 떨어지고 나서는 오대산에 올라 승려가 되어 40년간 산을 내려가지 않았으며, 매년 스승의 제삿날에 곡을 하였다. 객에게 이 같은 모든 사정을 털어놓은 노승은, 다음날 잠적해버린다.

신광수는 노승의 스승인 검사에 대해 협객이고 隱者라 칭하면서, 그가 은거하며 세상에 나오지 않은 이유가 임진왜란의 變이 天數라서 개인의 지력으로 그치게 할 수 없음을 알았기 때문이라 하였다. 그리고 그가 제자에게 당한 일은, 『莊子』 「達生」에 나오는 노나라 隱者 單豹가 범에게 잡아먹힌 것처럼 스승인 검사가 자신의 몸을 보호하는 기술은 있었으나 사람을 알아보는 데에는 어두웠다고 평하면서, 맹자가 逢蒙이 스승인 羿를 죽인 일에 대해 '羿 또한 죄가 있다[羿亦有罪焉]'고 한 말을 인용하였다. 그리고 노승에 대해서는 오랑캐이자 기이한 남자라 평하고 있다.

閭人 金祖淳(1765~1832)의 〈五臺劍俠傳〉[117]은, 英祖 때 徐生이 五臺山에서 우연히 초가집에서 유숙하게 되어 겪은 일을 이야기한다. 그 집주인인 청년이 劍俠이어서 함경도 삼수갑산에 사는 친구와 함께 바람처럼 영남으로 가서 죽은 친구의 복수를 하고 온 광경을 목격한 서생은, 이에 얽힌 이야기를 검협에게서 듣는다. 검술에 능한 자는 적을 죽일 때 바람으로 변해서 상대의 몸속으로 들어가 뼈와 오장육부를 저며도 밖으로는 이상이 없게 한다는 얘기를 듣고 난 서생은, 검협이 고리 속에 담긴 닭털 뭉치를 날리며 검을 휘둘러 수천 개

---

117 『潭庭叢書』 「古香屋小史」 〈五臺劍俠傳〉.

의 닭털을 모두 자르는 모습을 보고 넋이 나가버린다. 검협은 서생에게 이 일을 발설하지 말 것을 당부하고 헤어진다. 김조순은 검협의 '재주는 하늘을 이길 수 없는 법이니, 반드시 하늘의 힘을 빌려야만 일을 이룰 수 있다'는 말을 높게 평가하면서, 아무렇지도 않게 기꺼운 마음으로 살인을 저지르는 惡人이야말로 오대산의 검협에 비하면 죄인일 뿐이라는 評語를 남긴다.

『海叢』에 실린 李安中(1752~1791)의 〈李將軍傳〉은 평안감사에게 의탁한 明나라 遺民인 이장군의 용맹을 그린 작품이다. 이장군은 儒生과 그의 아내를 욕보인 惡僧을 때려죽이고, 복수를 위해서 온 10척 장신의 승려와 쇠몽둥이와 검으로 대결하여 결국 승리한다.[118] 그 후 감사의 형과 씨름 대련을 해서 이기고 나서 그 형이 성질을 내자 이장군이 검으로 죽이려 하다가, 감사가 던져준 돼지를 대신 베어 殺氣를 억누른다. 이안중은 評語에서 이러한 勇士가 北伐 준비에 重用되지 못하여 제대로 쓰일 곳에 쓰이지 못했음을 안타까워하고, 다만 惡僧을 죽여 민폐를 없앤 일도 쓰임의 하나라고 自慰한다.

立齋 姜再恒(1689~1756)의 〈金應河傳〉은 명나라의 요청으로 建州衛의 後金을 치기 위해 출병한 朝鮮軍 都元帥 姜弘立(1560~1627)의 左營將이었던 金應河(1580~1619)의 행적을 다룬 작품이다. 1619년(광해군 11) 3월에 3천명의 병력을 거느리고서 後金의 數萬 騎馬部隊와 一戰을 벌인 김응하는, 강홍립의 명으로 김응하를 지원했던 右營將 李一元의 비협조와 비겁한 敗走로 인해 위기를 맞게 된다. 그러한 상황에서도 병사들을 이끌고 勇戰하여 화포 포격으로 세

118 승려와의 대결 이야기는 〈검객기문〉과 마찬가지로 『청구야담』의 〈투검이비장 참승〉과 거의 흡사하다.

차례나 적의 공격을 격퇴했던 김응하는, 모래바람이 불어닥쳐서 포를 쏠 수 없게 된 틈을 탄 적의 공격에 아군의 전열이 무너지자, 버드나무에 기대어 서서 활과 검으로 영웅적인 武勇을 발휘한다.

> 응하는 더 이상 어떻게 할 수 없음을 알고, 무거운 갑옷을 입은 채로 버드나무에 기대고는 적 수십·수백 명을 활로 쏘아죽였다. 그러자 적이 감히 공격해오지 못하고 에워싸고서 응하에게 활을 쏘아댔는데, 화살이 쏟아지는 것이 마치 고슴도치와 같았으나, 응하는 조금도 움직이지 않았다. 그는 화살이 다하자 차고 있던 검을 빼어들고는 적을 치기 시작하여, 다시 수십·수백 명을 죽였다. (…) 응하가 더욱 노하여 힘을 다하여 싸웠는데, 검이 부러지자 다시 검을 바꾸어서 적을 치니, 앞뒤로 그가 죽인 적이 무수히 많았다. 강홍립은 이미 오랑캐와 내통하였기에 응하의 위급함을 보고서도 군사를 모아 구해주려고 하지 않았다. 이에 응하가 크게 소리쳐 말하였다. "강원수는 어째서 싸우지 않는가! 처음에 우리 임금님께서 우리들에게 무어라고 명하셨더냐? 임금님 목소리가 아직도 귀에 생생하구나. 목숨이야 참으로 아깝지 않다만 왕명은 어찌 하려느냐! 하물며 유도독도 이미 죽었는데, 우리의 의리상 홀로 살아서는 안된다!" 그가 다시 검을 빼어 적을 쳤는데, 검이 모두 세 번이나 부러졌지만 응하는 반만 남은 검을 잡고서도 적을 향해 내리치니, 적들이 오히려 감히 가까이 올 수 없었다. 그러나 적의 창이 응하의 등 뒤를 찌르니, 응하는 마침내 죽고 말았다. (…) 수 개월 뒤, 오랑캐 중에 명나라 군사와 자신들의 죽은 병사들의 시신을 수습하러 간 자가 있었는데, 응하의 얼굴빛이 마치 살아있는 것과도 같았으며, 오른손에는 칼자루가 아직도 남아있었다. 오랑캐들이 함께 그 눈에 활을 쏘았다.[119]

119 『立齋遺稿』 卷19 〈金應河傳〉: 應河知事不濟, 被重鎧倚柳木, 射殺賊數十百人. 賊不敢進, 環而射應河, 矢集如蝟, 應河不動. 矢且盡, 應河拔所佩釰擊賊, 復殺數十百人. (…) 應河愈怒戰益力, 釰折, 復易釰擊之, 前後所殺傷無數. 弘立已

김응하의 이러한 무용은 적마저도 놀라게 하여, "버드나무 아래의 장군은 용맹이 무쌍하구나. 조선에 만약 이러한 사람들이 몇 명만 있어도 어찌 쉽게 대적하겠는가?[柳下將軍勇無雙, 朝鮮若有此輩數人, 豈易敵哉]"라는 평을 적에게서 들을 정도였다.[120] 훗날 이 무용담으로 인해 柳下將軍 혹는 依柳將軍이라 불리게 된 김응하는, 용맹한 조선 무인의 표상으로서 오래도록 사대부들의 칭송을 받았다.[121] [122]

작자미상의 〈白巨秋傳〉은 16세기의 武官 백거추의 布衣 시절 俠客行을 그린 작품이다. 推奴한 물품을 가지고 奴僕들과 함께 上京하다가 盜賊의 소굴에 유인된 백거추가 시중들던 여인의 고백으로 인해 凶賊의 정체를 알고 도적무리를 모조리 베어 죽인다. 그 후 잡혀 있던 여인들을 모두 풀어주고 도적의 재물을 그들에게 나누어준 백거추는, 시중들었던 여인에게는 추노했던 물품마저도 모두 선물로 주는 선행을 베풀고, 추후 무과에 급제하여 병마절도사까지 지내게 된다.

『潭庭叢書』에 수록된 潭庭 金鑢(1766~1822)의 〈蔣生傳〉은 蔣生이라는 異人에 관한 傳으로, 蛟山 許筠(1569~1618)의 〈蔣生傳〉과 내용이 거의 흡사하다. 다만 허균의 작품에서는 여종의 노리개를 훔

與虜通, 見應河急, 斂兵不救. 應河大呼曰: "姜元帥胡不戰! 始吾王敕吾等云何? 玉音猶在耳. 生固不惜, 如王命何! 況劉都督已死, 吾義不可獨生!" 復引釖擊賊, 釖凡三折, 應河持半釖向賊, 賊猶不敢近. 以槊從應河後刺應河, 應河遂死. (…) 後數月, 虜人斂天兵及我兵死者, 應河顔色如生, 右手釖柄猶在. 虜共射其目.

120 유몽인의 『於于野談』에서도 이러한 대목이 보이는 바, 강재항이 유몽인의 글을 참조하였음을 알 수 있다.

121 김응하를 칭송한 작품으로 조선에서 널리 읽혔던 『忠烈錄』에는 김응하의 遺像과 함께 그의 영웅적인 전투 모습을 그린 〈遇賊擺陣圖〉·〈倚樹射賊圖〉·〈死後握劒圖〉가 수록되어 있는데, 이는 화가 金厚臣의 작품이다.

122 김응하에 대한 立傳은 여러 작품이 있으나, 강재항의 〈김응하전〉에서는 김응하가 도검을 이용하여 몰려드는 적을 격살하는 전투장면이 특히 부각되어 있다.

친 두 젊은이에게서 장생이 노리개를 되찾아주는 것으로 나오지만, 김려의 작품에서는 노리개를 훔친 자를 두 젊은이가 베어버렸다고 보고하고 난 후 장생이 살생을 꾸짖는 것으로 내용이 바뀌어있다. 두 젊은이는 허균의 글에서는 단지 소매치기에 불과한 惡少輩일 뿐이었으나, 김려의 글에서는 검을 쓰는 閭巷의 俠客으로 치환되었다.

유득공의 아들인 柳本學(1770~1842?)의 저서 『文菴文庫』에 수록된 〈金光澤傳〉은 왜국의 검술에 능통했던 훈련도감의 교련관 金體乾의 아들 김광택에 관한 전이다. 그는 아버지에게서 劒을, 金神仙으로부터 선술을 배워서 劒舞와 仙道에 능통한 인물이었으나 나라에서 크게 쓰이지는 못하였다. 이 글에서 유본학은 김광택을 劒仙의 부류라 칭하였다.

작자미상의 〈金河西傳〉은 전라도에서 서울로 올라오던 하서 김인후가 과부집에서 유숙하게 되었다가 벌어진 사건을 다루고 있다. 김인후는 惡僧과 과부가 通情하는 장면을 목격하고 단검으로 악승을 刺殺하였는데, 꿈 속에서 악승에게 살해당한 과부의 전남편이 감사를 하였다. 이듬해 봄에 김인후가 과거에 급제하여 고향으로 내려가다가 예전 과부집에 旌閭門이 세워진 것을 보고, 고을 사또에게 실정을 말하고 전남편의 시신을 발굴하여 죄상을 밝힌다. 김인후는 비록 武人이나 劒俠은 아니었지만, 俠氣를 발휘해서 검으로 惡行을 懲治하였으므로 상기 작품들과 함께 묶어서 소개하였다.

이상 소개한 야담과 전은 모두 검을 사용하는 인물에 관한 이야기이다. 대부분 武人과 劒俠인 그들의 劒은 나라를 지키는 護國劒과 義로움을 행하는 義劒이라는 두 가지 의상을 지니며, 그들의 검에 관한 도검문학작품은 刀劍과 國防意識, 그리고 刀劍과 義俠的 行動의 상관관계를 문학적으로 형상화하고자한 작가의식의 산물이라 단정지을 수 있다.

그리고, 비록 제목에 傳이 들어가 있지는 않으나, 검을 쓰는 劍客과 武士에 대한 立傳 작품인 경우를 추가로 소개하도록 하겠다.

尹行恁(1762~1801)의 『海東史料』[123](국도관소장, 1책)에 실린 〈金劍客〉은 武愍公 柳赫然(1616~1680)의 부하였던 金國賓(1654~?)에 관한 글이다. 검술이 뛰어나고 술과 병법 담론을 좋아했던 김국빈은, 유혁연의 눈에 들어 御營廳의 首校가 되어 품계가 2품에 이르게 된다. 1680년 경신대출척으로 인해 유혁연이 賜死되자, 김국빈은 유혁연의 사사에 힘썼던 淸城君 金錫胄(1634~1684)를 암살하기 위해 검을 품고 그를 찾아간다. 그런데 김석주가 김국빈에게 자신을 죽여보라고 당당하게 말하며, 김국빈의 면전에서 술을 마시고 코를 골며 배를 드러내고 잠이 들자, 김국빈은 김석주의 대범함과 용기에 감탄하여 암살의 마음을 거두고 그의 知己가 되었고, 뒤에 출세를 거듭하여 兵馬僉節制使에 누차 제수된 후 90여 세에 사망한다. 윤행임은 글의 말미에 김국빈의 아들을 직접 만나보았는데 헌헌한 장부였다는 기록을 남기면서, 김국빈이 보인 一世의 風動을 찬미한다.[124]

다음으로, 시와 산수유람을 즐겼던 무인에 대한 이야기를 살펴보도록 하자. 18세기 작품인 申光洙(1712~1775)의 〈書馬騎士事〉에서는 신광수의 아우인 申光河(1729~1796)가 長端 처가에서 돌아오는 길

123 양승민의 「윤행임의 『海東外史』 原本과 刪本」(‘문헌과 해석’발표문, 2014.4.25.)에서 〈김검객〉이 실린 『海東史料』와 『海東外史』의 비교 연구가 이루어졌다.

124 趙赫相, 「朝鮮時代 劍士의 文學的 形象化에 대한 考察」 296~297쪽 참조, 『한국한문학연구』 제65권, 한국한문학회, 2017.

에 한 낮에 碧蹄驛에서 쉬다가 말을 타는 무사인 마기사를 만난 일화를 설명하고 있다.[125] 서울로부터 두 필의 준마를 직접 몰고 관문으로 들어온 마기사는, 8척 키의 헌걸찬 대장부였다. 무인다운 외모와 멋진 수염을 지닌 그는 말갈기로 만든 모자인 小騣笠을 쓰고 검은색 狹袖를 입고, 포도무늬 韡鞨를 신고 허리에 금대를 두르고, 은으로 손잡이를 한 漆鞭을 쥐고 예절을 갖추지 않은 채 신광하의 옆에 앉는다. 주머니에서 100푼을 꺼낸 그는 술과 돼지머리를 시키고 나서 秋鯉라는 검명이 있는 佩刀로 고기를 베어 먹어치운다. 그 기상의 호쾌함에 놀란 신광하가 그와 시구를 주고받으며 대화를 하다가, 아울러 그의 생애에 대해서도 대강 듣게 된다. 황해도 출신인 그는 군적에 올라 있던 유협으로 술을 좋아하고 시를 즐겼으며, 젊은 시절 황해도 봉산의 洞仙嶺을 지나다가 강도 몇 놈을 추리검으로 모두 제압하기도 했었고, 사랑을 나누던 평양기생이 변심하자 그녀를 죽이고 도주하였다가, 조선팔도의 산수 간을 두루 유람하기도 했었다. 그러다가 초서의 대가인 친구와 함께 제주도까지 가서 시를 짓고 붓을 놀리며 풍류를 즐기다가, 친구가 객사하고 나서 董生이라는 異人을 만나 함께 산수 간을 노닐며 동생이 중국에서 노닐었던 사적을 자세히 듣기도 하였다. 이러한 이야기를 마치고, 그는 명나라 장수 이여송이 패배했던 惠陰嶺을 바라보며 신광하에게 시를 읊어준다. 이와 같은 이야기를 신광하에게서 전해들은 신광수는 글로써 소회를 적고, 아울러 權國珍에게서 들은 마기사의 근황도 함께 기록해놓았다. 신광수는 이 글의 말미에서, 기이한 인물인 마기사를 만나고 싶어하는 자신의

125 신익철, 「조선후기 筆記·野談에 나타난 友道의 形象과 意味」, 98~102쪽 참조, 『동방한문학』 제69권, 동방한문학회, 2016.

마음을 계속적으로 표출하며 이야기를 마무리한다.

마기사의 경우에는 하급무관인 동시에 유협으로서의 성격을 지녔으며, 시에 대한 안목이 있고 여행의 풍류를 아는 인물이다. 신광수는 이러한 독특한 무인에 대해 깊은 매력을 느꼈기에, 그를 만나기를 염원하는 마음을 작품 속에 담아서 입전한 것이다.[126]

3) 賦와 策問

胡亂 以後 刀劍의 文學的 再認識에 대해 논할 때 중심이 되는 인물인 東溟 鄭斗卿(1597~1673)은 일생동안 검에 대한 정서를 시로 읊었다.[127] 그가 20살 때 지은 〈劍賦〉는 그 시발점이 되는 작품이다. 그는 이 글에서 춘추시대를 배경으로 하여, 조선시대 사대부가 생각했던 진정한 검의 의미를 월나라와 오나라의 寶劍[128]에 빗대어 보여

---

126 趙赫相, 「朝鮮時代 劍士의 文學的 形象化에 대한 考察」, 298~299쪽 참조, 『한국한문학연구』 제65권, 한국한문학회, 2017.

127 임준철은 정두경의 검에 대해 다음과 같이 논하였다. "정두경의 검은 무기로서의 물성에 충실한 성격을 갖고 있음을 알 수 있다. 그것은 그의 검 의상이 갖는 유협적 상상력에서 비롯한다. 정두경의 경우 회재불우를 상징하는 '匣中劍'의 형상이 그다지 두드러지지 않고, 사용되더라도 상대에 대한 권면의 의미로 국한된다. 이것은 그의 검 의상이 시인의 음울한 자의식과 관계된 것이 아님을 증명하며, 동시에 그의 검 의상이 갖는 역동성을 반증해준다." (『조선중기 한시 의상 연구』, 215쪽)

128 『博物志』 卷6「器名考」: 寶劍의 이름은 순구·담로·호조·어장·거궐이다. 이 다섯 가지 검은 모두 구야자가 만든 것이다. 또 용연·태아·공포의 세 검은 모두 초왕이 풍호자에게 명령하여 오왕으로 하여금 간장과 구야자에게 부탁하여 만들도록 한 것이다. 간장은 칼에 거북 무늬를 양각하였고, 막야는 만리무늬를 음각하여 넣었다. 이 두 검은 오왕이 간장에게 만들도록 한 것이다. 막야는 간장의 아내이다.[寶劍名: 純鉤·湛盧·豪曹·魚腸·巨闕, 五劍皆歐冶子所作. 龍淵·太阿·工布, 三劍皆楚王令風胡子因吳王請干將·歐冶子作. 干將陽龜文, 莫邪陰漫理,

주고 있다.

歐冶子와 伍子胥·專諸의 甲論乙駁인 〈검부〉는 정두경이 평소 생각하고 있었던 검에 대한 意象을 투영한 작품으로, 조선조 사대부들이 공통적으로 공유하고 있던 검에 대한 사유를 문학적으로 형상화해놓은 대표작이라 할 수 있다. 『莊子』〈說劍〉의 天子劍 개념을 상당부분 차용한 이 작품은, 고려시대 釋息影庵의 〈劍說〉이 장자의 〈설검〉을 불교적 관점으로 재해석하여 장자와 도인의 대화를 통해 장자의 天子劍·諸侯劍·庶人劍을 뛰어넘는 如來劍·菩薩劍·祖師劍·道者劍이라는 개념을 창출해낸 것처럼, 〈설검〉을 유교적 관점으로 재해석하여 월왕의 검과 오왕의 검에 대한 이야기를 창조해내면서 검에 '德'이 없으면 아무리 성능이 뛰어난 보검이라도 하찮은 기물에 지나지 않는다는 점을 부각시키고 있다.

상기 〈劍賦〉 이외에도, 검을 사용한 妓女의 劍舞에 주목한 泠齋 柳得恭(1748~1807)의 〈劍舞賦〉도 특색 있는 작품이다.

> 16살 눈동자 맑은 두 아름다운 아낙이여. 오늘밤 화려한 잔치에서 사람들 중에 참으로 뛰어나도다. 녹색옷 입은 기녀는 군사복의 굳센 武裝을 짝하였는데, 비단허리띠 비껴 동여매고 붉은 치마 둘렀도다. 쪽진 검은 머리에 비취색 전립 쓰니 용모가 어떠한가? 사람들을 향하여 비녀를 구걸하여 사내대장부를 부끄럽게 하도다. 장구 한 장단에 나란히 소매를 들어 올렸다가, 미미하게 떨면서 조금 겁먹은 듯 하더니 몸을 늘어뜨렸다가 다시 편다. 엉긴 눈동자 맑고 맑아서 뜻을 지키며 마음을 굳게 한 듯하고, 박자를 따라서 서서히 나아가다가 가볍게 치마를 밟는다. 단단하게 짜인 비단옷 꿈틀대며 서로 교차하고, 장딴지 두드리며 손가락 튕

此二劍吳王使干將作. 莫冶, 干將妻也.]

기니 어느새 음악과 합쳐진다. 흩어져서 나뉘다가 재빠르게 가는데, 저 예쁜 처자들은 한결같이 어찌 그리 날아오를 듯한가, 악기소리 시끄럽다가 홀연히 머무른 곳이 없는데, 情과 소리는 통하지만 그 자연스러움을 알지 못하겠도다. 벌과 나비 머무는데 조용하여 바람이 없고, 버들개지와 낙화가 비내리듯 하늘을 채우네. 정신을 집중하다가 의지를 거두듯 매번 뒤돌아보더니, 3척 추련검이 중앙에서 교차한다. 돌아날다가 꺾여 도니 생각이 이에 있는데, 느릿느릿하다가 빨라지니 생각하거나 잊을 겨를도 없도다. 어째서 내 옷자락을 당기더니 멀찍이 돌아서 지나쳐 가는가. 너를 보면 떠나보내는 것 같은 데 어찌 그리도 엄한가. 옷을 펄럭거리며 빠르게 가다가 홀연히 다시 돌아오고, 끝내 검을 버릴 수 없는 듯하다가 또 어째서 탐하는가. 팔은 굽히고 손가락 피며 곁눈으로 흘겨보는데, 의태와 아리따움이 어찌 그리 무르익었는가. 몸을 돌리며 소매 들자 붉은 안감이 나부끼니, 남몰래 기뻐하고 놀랐는데 또 어떤 몸짓하려는가? 반복하여 더욱 전개되니 그칠 수 없을까 걱정되는데, 성대하며 끊이지 않아 실로 내 마음을 수고롭게 하네. 음악이 절주가 바뀜에 이르러 가뿐하게 꿇어앉으니, 비단치마는 바람에 날리고 사람은 보이지 않네. 새가 나래를 펴고 곰이 직행하는 듯 고개 들었다가 다시 구부리니, 백가지 맥이 절주에 응해서 금을 밟는 것 같다. 비녀를 꽂고 머리를 정돈하여 거듭 전립끈을 매고, 검을 떨쳐 도리어 서니 어찌 그리 사내다운가? 먼저 소나기가 내리자 그것을 이끌다가, 돌개바람타고 내달리더니 뒤에 돌아온다. 불빛은 흩어졌다 만났다가 함을 비추는데, 자줏빛 번개를 쏘고 빛나는 우레를 날린다. 바람 앞의 등불 밝아 혼망함을 씻어버리는데, 돌고 도는 질풍의 회전은 때도 없구나. 챙하는 소리 나게 검을 던지고는 등돌려 서서 검을 두드리는데, 향기나는 땀이 堂을 가득 채우며 날려 흩어지니 진주와 비취를 줍는 듯하도다.

이 부의 요지를 말한다: '비단물결이 넘실넘실 흘러서 머물지 않고, 문왕의 옛 도읍에 여러 산들이 푸르네. 한 쌍의 나무같은 미인이 소매 날리며 춤춰 붉은 정자를 날리고, 은촛대와 얇은 등잔불은 별처럼 흐릿하네.

> 피리와 북소리 파도에 비끼며 푸른 빛 도는 술을 거르고, 미인이 일어나 춤추니 쓸쓸함을 날려 보내네. 눈동자 돌리며 곁눈질하니 친밀함을 알겠고, 멀리 하늘가를 바라보니 어두워서 船窓을 들어 올린 듯하네. 강북과 강남에 비내려 어둑어둑하구나.'[129]

이는 16살인 두 기녀가 무사의 복장을 하고 검무를 추는 정경을 묘사한 글이다. 유득공이 어찌 보면 일개 雜戱에 불과한 검무에 대해 이와 같은 작품들을 남겼다는 점은, 무예의 원형이 남아있는 劍舞에 대한 나름대로의 관심을 표명했다는 것을 의미한다. 한편으로 이는 18세기 양반들이 향유했던 고급 유흥문화 속에서 검무가 상당한 비중을 차지하고 있었다는 사실에 대한 방증이기도 하다.[130]

여타 작품으로, 寅劍의 일종인 四寅刀에 대해 읊은 동계 조귀명의

---

129 『泠齋集』 卷14 〈劍舞賦〉: 二八淸揚雙美婦兮, 今夕華筵洵超羣. 綠紗對襟軍健裝兮, 斜纏錦帶弸紅裙. 鴉鬟翠笠兮若何爲容? 向人乞簪兮羞夫君. 腰鼓一聲兮齊袖擧, 微顫細怯兮弛復張. 凝眸瀏瀏兮秉志貞固, 按節徐赴兮輕跋裳. 縺綣纏綿兮蜿相交, 拊膊彈指兮潛合章. 渙散分北兮沛然征, 彼姝者子兮一何仙仙. 絲管嘈啾兮忽無處所, 情與聲通兮莫知其然. 蜂停蝶住兮澹無風, 柳絮落花兮漫漫滿天. 凝神斂志兮每反顧, 三尺秋蓮兮交中央. 回翔折旋兮念在斯, 悠悠忽忽兮無想忘. 胡冐余裔兮迂回過之. 視爾若遺兮何其嚴也. 去翩翩兮忽復來, 終不可捨之兮又何饞也. 彎臂伸指兮斜側視, 意態妖嬌兮何其酣也. 回身揭裾兮飄紅裏, 竊喜潛驚兮又何態也. 反復浸淫兮恐不可旣, 滔滔未央兮實勞我心. 音至節改兮仙然跽, 風裙綷縩兮無人見. 鳥伸熊經兮昂復俯, 百脉應節兮如跳糸戔. 安簪整髻兮重結纓, 拂劍却立兮何雄哉? 先驟雨使導之兮, 乘回風兮駁後來. 晃爛燁其離合兮, 抨紫電兮翼文雷. 風燭熒煌兮蕩迷離, 旋轉飄廻兮無時已. 鏗然擲劍兮背立彈, 香汗滿堂霏霏兮拾珠翠.

亂曰: '錦水湯湯兮流不停, 文王古都兮羣山靑. 雙樹婆娑兮飛紅亭, 銀燭紗籠兮眇如星. 簫鼓橫波兮醽綠酉靈, 美人起舞兮飄伶俜. 回眸眄睞兮知丁寧, 遙望天際兮杳揚舲. 江北江南兮雨冥冥.'

130 拙稿, 「朝鮮朝 劍舞詩의 一硏究」, 成均館大學校 大學院, 碩士學位論文, 2004, 13쪽 참조.

〈四寅刀賦〉는 Ⅲ장에서 자세히 조명해보도록 하겠다.

〈劍賦〉 이후, 명나라의 멸망과 호란을 전후로 한 시기에 창작된 것으로 추정되는 작자 미상의 〈劍策問〉은 조선의 과거시험에서 試官이 낸 문제인 策問에 대한 書生의 답인 對策으로 이루어져 있다. 이 작품도 〈검부〉와 마찬가지로 특이성과 희소성을 지님과 동시에, 北伐의 의지를 劍과 연계시켜서 잘 표현하고 있다.

먼저, 시관은 검이 호신용, 전쟁용으로 적합한 물건임을 언급하면서 등공검과 태아검의 전고를 묻는다. 또 오자서와 계찰·주운과 마무의 고사, 두보와 이절도사, 그리고 용천검과 청룡도의 고사에 답할 것을 주문하고, 재상과 장군의 검이 지니는 의미에 대해서도 논하라고 명한다. 그리고 지금 명나라가 망하고 북쪽의 오랑캐가 급박하게 쳐들어오는데도 열사와 충신이 검을 잡고 일어나지 않으니, 이는 우리나라의 검 품질에 문제가 있는 것인지 아니면 검이 있어도 용도를 얻지 못한 것인지를 묻는다. 그리고 어떻게 하면 검이 단순한 기물로서만 끝나지 않고 오랑캐의 목을 베어 청해에 검을 씻는 공을 있게 할 수 있는지, 『古文眞寶』에 실린 賈島의 詩[131]처럼 십년 동안 칼을 갈아 칼날을 포정처럼 마음대로 놀리는 논의를 펴보라고 서생에게 지시한다.

그 뒤 서생의 답이 이어진다. 가난한 그는 단지 손잡이를 새끼줄로 두른 투박한 검 한 자루만 지니고 있을 뿐이다. 그는 어려서 글을 배웠으나 학문은 성취할 수 없었고, 늦게나마 검을 좋아하게 되어 전장

131 『古文眞寶』〈劍客〉: 10년 동안 劍 한 자루 갈아, 서릿발 칼날 아직 시험해보지 않았네. 지금 잡아서 그대에게 주니, 누가 바르지 못한 일을 하는가?[十年磨一劍 霜刃未曾試 今日把贈君 誰有不平事]

에서 검으로 오랑캐 선우의 목을 베는 것을 최상으로 삼고, 개백정이었던 협객 형가처럼 연나라 저자로 들어가서 검으로 적국의 수괴를 암살하기 위한 준비를 하다가, '士는 자신을 제대로 알아주는 이를 위해서 죽는다[士爲知己者死]'라는 예양의 말과 마찬가지로 자신의 진면목을 알아주는 이를 위해 단번에 자신의 목숨을 내던지는 것을 그 다음으로 삼으며, 이러한 일이 여의치 않으면 공동산에 은거하여 검을 갈면서 검을 사용할 때를 기다리겠다고 한다. 조정에서 武를 사용해야 할 때를 당하여 서생에게 검에 대한 策問을 하자, 그는 이에 대한 답을 개진하기 시작한다.

秋殺을 의미하는 가을의 신 蓐收가 뛰어난 대장장이의 손을 빌어 나온 것이 바로 검이다. 이 부분은 검이 殺의 개념을 근본적으로 지니고 있는 무기라는 점을 의미한다. 六氣의 빼어난 것과 五行의 정밀한 것이 응축된 기물인 검은, 상하로는 구름과 地氣를 끊고 水陸에서는 고래와 무소·코끼리를 베며, 어두운 곳에서는 귀신들을 굴복시키고 밝은 곳에서는 간신과 난적을 죽일 수도 있으며, 개인에게 있어서는 호신용품이 되고 나라에 있어서는 전쟁용품이 된다. 이는 상황에 따른 검의 효용을 말한 것이니, 검이 사용되는 범주가 크다고 할 수 있다. 그러한 검이 志士의 수중에 있으면 그가 불평하는 마음이 있을 때 칼집에서 뽑히고, 壯士의 수중에 있으면 그가 적진에 임할 때 용맹을 떨치게 하는 기물이 된다. 비록 項羽와 項梁의 고사에서처럼 단지 눈앞의 한 사람만을 대적할 수 있는 무기이기는 하지만, 여러 가지 상황에서 그에 맞게 사용될 수 있는 검의 효용성을 고려해 볼 때, 이를 하찮다고 치부해버릴 수는 없다.

그러나 검이 아무리 여러 가지 상황에 대한 효용성이 많다고 해도,

단지 하나의 기물일 뿐이다. 따라서 스스로 쓰일 수도 없고 홀로 대업을 성취할 수도 없어서 모래 속에서나 칼집 속에서 스스로 나올 수 없다. 위아래 할 것 없이 한결같이 사람을 따르니, 사용자에 따라서 용감한 자를 용감하게, 강한 자를 강하게 하는 도움을 주기도 하나, 겁쟁이나 약한 자를 강하게 할 수는 없다. 대업에 쓰면 크게 쓰이고 소소한 일에 쓰면 소소하게 쓰이며, 혹 이 검을 써서 승리하기도 하고 패하기도 한다. 그러하니 검의 획득도 그리 쉬운 것은 아니지만, 검을 제대로 사용하는 것 또한 쉬운 일은 아니다.

> (…) 그러므로 옛 말에 이르기를, '莫耶劒과 干將劒의 영험함은 기물에 있는 것이 아니라 그 검을 얻은 사람에게 달려있는 것일 뿐'이라고 하였으니, 어찌 검에 달려있다고 하겠습니까? 청컨대 아뢰겠습니다. 칼집 속에서 용호처럼 울어 앉아서 사방을 제어한 것은 전욱의 등공검이요, 城 위에서 한 번 휘둘러 천리에 피를 흘러내리게 하는 것은 楚子의 太阿劒[132]입니다. 아! 이 또한 신령스럽다고 하겠습니다. 백금의 가치가 나가는 寶刀를 물리치고 받지 않으며 공산의 무덤에서 검을 풀어 나무에 매달았으니, 어려움을 도와주고 댓가를 바라는 것은 장사치와 같고, 마음으로 주어 생과 사의 간격을 두지 않았으니, 의롭구나 초나라 강의 어부여. 아! 오나라 연릉이여. 하나의 망령된 신하의 머리를 베기 위해 잠깐 빌리기를 원하였고, 오천의 횡행하는 군사를 얻어 한 번 울리고자 생각하였습니다. 아! 강개한 기질로 악을 미워하며 하늘의 위엄을 피하지 않고, 손뼉을 치며 병법을 의논하여 마음이 이오땅에 있었으니, 朱雲은 전부터 사랑하던 신하요, 馬武는 용렬한 사람이 아닙니다. '난간에 의지하여 검을 뽑으니 하늘이 또한 가지런해진다[憑軒拔鞘天亦爲齊者]'는 구절은

132 간장이 또다른 이름난 장인인 歐冶子가 함께 초왕에게 세 자루의 보검을 만들어 바쳤는데, 그 보검이 바로 龍淵(龍泉)과 太阿, 工布였다.

> 두소릉의 시이고, 先君의 보배로 타인을 권면함은 李절도사가 준 것입니다. 시인묵객들이 옛 사람의 한 때의 말을 전해 듣고 말한 것은 후세에 전할 것이 못됩니다. 斗星과 牛星 사이에 원통한 기운이 아직도 붉고, 연평진 위에서 신물이 회합하여, 백만 군중의 형세가 나는 번개와 같아서 검 끝이 미치는 곳에 구리와 쇠가 소리를 내더라도, 제가 어찌 일 만들기 좋아하는 용이 변화하여 검이 되어 온 것을 알겠습니까? 검의 이름이 재상검이니 장군검이니 하는 데 이르러서는 장군과 재상인 자가 이 검을 얻어야 장군과 재상이라고 할 수 있는데, 이것을 얻지 못한 자도 장수와 재상이 되기도 하니, 이 때문에 저는 믿지 못하겠습니다.[133]

위의 부분은 〈검책문〉 중 對策의 핵심이다. '莫耶劒과 干將劒의 영험함은 기물에 있는 것이 아니라 그 검을 얻은 사람에게 달려있는 것일 뿐'이라는 구절은, 바로 검이 보검답게 영험하게 되는 것이 도검 그 자체의 품질 때문만이 아니라, 그 검을 얻어서 사용하는 자의 인간적인 자질에 좌우된다는 점을 의미한다. 그리고 이어서 앞서 試官이 질문한 전고에 대한 답을 아뢴다. 전욱의 등공검은 칼집 속에서 龍虎처럼 울어 앉아서 사방을 제어했고, 楚子의 太阿劒은 城 위에서 한 번 휘둘러 천리에 피를 흘러내리게 하였다. 초나라 강의 어부는

---

133 〈劒策問〉: … 故古語曰: '莫耶干將不在於器, 得人而已', 其在釰乎. 請白之, 龍吟匣中, 坐制四方者顓頊之騰空, 一揮城上, 流血千里者, 楚子之太阿, 噫! 其亦靈矣. 寶刀值百金, 却之不受, 空山一抔, 解而懸之, 急難而取, 有同商賈, 中心之貺, 不間幽明, 則義哉楚江漁父. 嗚呼! 有吳延陵 斬一介妄臣頭, 願少借, 得五千橫行, 思欲一鳴. 噫! 剛腸疾惡, 不避天威, 低掌論兵, 心在伊吾, 則朱雲古之遺愛, 馬武不是庸人, 憑軒拔鞘天亦爲齊者, 杜少陵之詩也. 先君之寶以勗他人者, 李節度之贈也. 文人翰墨, 聞語古人一時之言, 不足爲後世傳也. 斗牛墟間, 寃氣尙赤, 而延平水上, 神物會合, 百萬軍中勢若飛電而鋒鋩及處, 銅鐵作聲, 吾安知好事之龍变化而來乎. 至若釰之名, 有宰相者, 有將軍者, 謂之將相者得此則可謂之將相, 不得此者將相, 則愚未知之信也.

오자서의 어려운 상황을 도와주고 나서 사례로 주는 寶刀를 물리치고 받지 않았으며, 오나라 공자인 계찰은 공산에 있는 서나라 임금의 무덤에서 임금의 생사에 상관없이 이전의 약속대로 검을 풀어 나무에 매달았으니, 둘 다 의롭다고 할 수 있다. 朱雲은 임금에게 상방참마검을 빌어 간신의 머리를 베고자 하여 강개한 기질로 악을 미워하며 하늘같은 위엄을 피하지 않았고, 馬武는 오천의 횡행하는 군사를 얻어 한 번 명성을 크게 떨치고자 울리고자 생각하였으며 손뼉을 치며 병법을 의논하면서 마음을 언제나 오랑캐의 지역인 이오땅을 정벌하는 것에 두었다. '난간에 의지하여 검을 뽑으니 하늘이 또한 가지런해진다'는 구절은 두보의 〈荊南兵馬使太常卿趙公大食刀歌〉 중 '난간에 의지하여 칼을 빼니 하늘이 높다[憑軒拔鞘天爲高]'를 변형시킨 것이고, 先君의 보배로 타인을 권면함은 당나라 때 위세를 떨친 절도사 李正己 집안의 행실이었다.

서생이 보기에, 시인이나 묵객들이 옛 사람의 한 때의 말을 전해듣고 보검 자체가 신이함이 있다고 말한 것은 후세에 전할 만한 이야기가 못된다. 斗星과 牛星 사이에 紫氣를 쏘던 용천과 태아검이 연평진에서 회합하여, 전쟁터로 가서 병장기가 부딪히는 파열음을 내더라도 그 검이 용이 변화한 보검인지 아닌지의 여부는 서생이 알 수가 없다. 세간에서 보검에 이름붙이기를 재상검이니 장군검이니 하는데, 장군과 재상인 자가 이 검을 얻어야만 꼭 장군과 재상이 되는 것은 아니고, 이것을 얻지 못한 자도 장수와 재상이 되기도 하니, 이 때문에 서생은 보검 자체에 영험함이 있다는 것을 믿지 못한다.

서생은 옛 이야기를 접고 이어서 당시대의 세태에 대해서 말을 한다. 청나라 오랑캐에 의해 나라가 욕을 당하였으니, 매우 치욕스럽기

짝이 없다. 城 아래에서 화친을 맹서한 것은 옛사람도 부끄러워한 바이다. 오랑캐가 再侵할 지도 모르는 위급한 상황에는 아침저녁으로 대비하여 군왕은 검을 끼고 백성은 창을 베고 잠을 자야 한다. 지사와 충신이 탄식하고 떨쳐 일어나 삼척검을 잡고 만 번이라도 죽을 계책을 내어 남다른 공훈과 계책을 세워야 할 때임에도 불구하고, 장수로부터 군졸에 이르기까지 각기 자신만 온전히 하고 가족을 보호하려는 마음뿐이다. 전쟁터의 신호용 화살인 鳴鏑의 소리만 들어도 겁을 내어 갑옷을 버리고 병장기를 질질 끌고 달아나니, 창칼의 숲을 무릅쓰는 뛰어난 대장부가 있다는 소문은 들려오지도 않는다. 나라에 한 사람도 의로운 이가 없는 것은 우리나라의 검이 옛날에 미치지 못해서인지, 아니면 명검들이 있으나 사람이 그 씀을 얻지 못해서 인지를 서생은 시관에게 되려 질문한다.

검이란 하나의 무기일 뿐이니, 사용자에 따라서 이롭게, 해롭게, 또는 쓸데없게 될 수도 있다. 어떤 사람이 만약 검으로 도적을 죽이려 하였을 때, 성공하더라도 그것은 검의 공이 아니고, 실패하더라도 그것은 검의 허물이 아니라, 전부 그 사람의 공과 허물이 되는 것이다.

본문 중 '예로부터 검을 얻지 못한 것을 근심할 것이 아니라 사람을 얻지 못한 것을 근심할 뿐[自古不患不得劒, 患不得人耳]'이라는 부분은 바로 『論語』「學而」의 '남이 나를 알아주지 않는 것을 근심하지 말고, 남을 알지 못하는 것을 근심해야 한다[不患人之不己知, 患不知人也]'는 구절을 응용한 문구로, 검을 그 용도에 맞게 제대로 다룰 수 있는 血氣와 智謀가 있는 자가 검을 잡았을 때, 그 검이 바로 명검이 된다는 점을 밝히고 있다. 이러한 점을 무시하고 스스로 검을 사용할 능력이 안 되면서도 '동방에는 좋은 검이 없다[東方無良

鍬]'고 검의 성능을 비난하는 태도를 지닌다면, 이는 孟子가 力說했던 바 "이것이 사람을 찔러 죽이고서 '내가 한 것이 아니라 병기가 하였다.'고 말하는 것과 무엇이 다르겠습니까?[是何異於刺人而殺之曰: '非我也, 兵也.']"[134]라는 구절에 들어맞는 欺瞞이 될 뿐이다.

'진실로 검을 잘 쓰는 사람[善用之人]'은 그 검으로 오랑캐를 평정하여 임금의 근심을 일거에 쓸어내 버릴 수 있다. 검이 제 주인을 만났을 때 그 성능을 유감없이 발휘한다는 점, 이는 검에 있어서 고금을 막론하고 통용되는 진리이다.

풍성의 명검 용천과 태아는 수백 년간 땅 속에 묻혀 있다가 뇌환에 의해 파내어진 이후에야 그 명성을 세상에 떨쳤다. 서생 자신도 아직 자신의 진가를 알아주는 위정자를 만나지 못했기 때문에, 땅 속에 묻힌 보검과 마찬가지인 신세이다. 賈島의 시처럼 십년 동안 검을 갈아도 서릿발 같은 칼날을 시험해보지 못하고서, 알아주는 이가 없어 齊나라 孟嘗君의 식객이었던 馮驩처럼 장검이나 퉁기며 신세한탄의 노래를 읊으며 고향으로 돌아가게 되기 전에, 보검인 동시에 보검을 제대로 쓸 수 있는 사람이 되는 자신을 발탁하여 정계에서 명검다운 기세를 떨칠 수 있도록 도와달라는 청을 서생은 이 〈劍策問〉 속에 담고 있다.

〈검책문〉은 현재까지 전해오는 조선후기의 책문 자료 중에서 검을 논한 작품으로서는 유일한 것이기 때문에, 본절에서는 이에 대한 이해를 돕고자 특별히 전문의 내용을 수록하였다. 이에 대한 문학적 분석과 여타 작품과의 비교는 추후의 과제로 남기도록 하겠다.

---

134 『孟子』「梁惠王」上.

제Ⅲ장

刀劍의 文學的 形象化

1. 尙武意識과 刀劍의 形象

1) 戰爭英雄의 護國劍

刀劍의 원초적인 기능은 바로 殺人이다. 도검은 곧 상대를 제압할 수 있는 힘 그 자체이며, 특히 外敵을 섬멸할 수 있는 강인한 武力의 상징으로 문학 속에서 자주 표현되었다. 柳夢寅(1559~1623)은 임진왜란 후 지은 〈送李校理日本〉[135]에서, "취하여 용천검을 어루만지며 서있는 매를 바라보는[醉撫龍泉看站鳶]" 행위를 통해 왜적에 대한 적개심을 은연중에 표현하고 있다.

李安訥(1571~1637)은 정묘호란 직후인 1632년(인조 10) 奏請副使로 나아갈 때 지은 시인 〈七月二十五日辛酉 次車牛島〉[136]에서 사행길 중 "가을바람에 홀로 서서 용천검을 어루만지는[秋風獨立撫龍泉]" 모습을 보여준다. 撫劍은 단순한 의미없는 동작이 아니라, 곧 외적에 대한 적개심을 보여주는 상징적인 행위이다. 칼을 어루만지고 있다가, 적이 위협적으로 蠢動하면 언제든지 칼집 속의 刀劍을 뽑아서 이를 처단하겠다는 의지의 표상인 것이다. 그리고 〈從軍行〉에서 언급한 것처럼 "길이 새하곡을 부르며, 서릿발 같은 칼날을 미소를 머금고 바라본다.[長歌塞下曲, 含笑看霜刀]"[137]는 변방 장수의 미소는 바로 국방의 完備를 상징하는, 칼날에서 우러나오는 자신감이다. 칼을 어루만지고, 칼날을 뽑아보며 웃음짓는 일련의 행위는 모두 장수

135 『小華詩評』 下.

136 『東岳集』 卷20 「朝天後錄」.

137 『東岳集』 卷1 「北塞錄」 〈從軍行〉. 이안눌이 29세(1599, 숙종 20) 때 북평사로 함경도를 순행하며 지은 시이다.

가 외적에 대한 경계를 늦추지 않은 상태에서, 언제라도 국가를 위해서 무력을 사용할 준비를 갖추었음을 암시하고 있다.

이러한 행위의 중심이 되는 劍이라는 기물은, 문학적 형상화를 통해서 단순한 살인무기가 아닌 국가를 방어하는 護國劍이라는 이미지로 거듭나게 된다. "성신께서 운세 타고 멸망에서 구해내자, 百戰의 風雷가 칼날을 에워쌌네. 추악한 뱀과 돼지 모조리 쓸어내며, 大將旗에 斧鉞들고 지는 해 되돌려 세웠네[聖神乘運濟淪亡, 百戰風雷遶劍鋩. 封豕長蛇殲醜類, 白旄黃鉞挽頹光]"[138]라는 장유의 시 구절은 바로 이같은 호국검의 모습을 극명하게 보여준다. 이성계의 劍은 바람과 우레의 위세를 떨쳐, 단칼에 뱀과 돼지 같은 추물인 왜적들을 쓸어버렸다. 왜구의 침입으로 위기에 처한 나라를 지켜낸 이성계의 칼이 바로 호국검 그 자체인 것이다.

이처럼 역대 문인들의 도검문학 작품에는 호국의 상징으로 검이 자주 등장한다. 趙備(1616~1659)의 〈戲吟七星刀〉는 날이 이등변삼각형인 直劍의 형태로 된 창포검에 칠성을 새긴 七星刀를 읊은 작품이다.

形作蒼蒲象七星	형태는 창포 같고 칠성을 새겨
加硎白日鬪風霆	숫돌질하니 맑은 날에도 바람과 번개가 다투네
霜芒豈但屠龍用	서릿발 칼날 어찌 다만 용잡는 데만 쓰리오
擬斬樓蘭更勒銘	누란을 베고 나서 다시금 명 새기리[139]

창포의 형태를 지닌 七星刀를 숫돌질하니, 맑은 날에도 바람과 번

138 『谿谷集』 卷30 〈荒山大捷碑 次鄭湖陰韻〉.

139 『桂窩集』 卷5 〈戲吟七星刀〉.

개가 다투는 듯 빛이 번쩍번쩍 한다. 서릿발 서린 듯한 칼날을 어찌 다만 실상이 없는 헛된 일에 사용하겠는가? 西戎인 樓闌(樓蘭) 왕국의 왕을 베었던 傅介子처럼 영웅적인 공적을 이룬 후 다시금 칼날에 명을 새기고 싶다는 조비의 희망에는, 盜賊에 해당하는 龍을 잡는 기술인 屠龍에만 이 칼의 용도를 국한시키지 않고, 外敵을 斬하는 實戰的 用途의 護國劍으로 칠성도를 사용하겠다는 의지가 담겨 있다.

본절에서는 조선의 대표적인 武將인 이순신이 자신의 검을 노래한 한시와 검명, 그리고 이와 관련된 도검문학 작품을 집중적으로 분석해보도록 하겠다. 또 武臣이었던 최희량과 임경업, 남연년이 지은 한시를 함께 검토할 것이다. 그 이유는 이들 名將이 지은 도검문학작품 속에서 도검이 지니는 호국의 이미지가 가장 전형적으로 나타나기 때문이다. 여기서 제시할 작품들은 대체로 검을 들고 직접 전투에 참가했던 명장의 詩와 그들의 행적을 칭송한 글로서, 전투용 도검이 조선 후기에 어떻게 문학적으로 형상화되었는지를 가장 잘 드러낸다.

(1) 李舜臣의 劍

朝鮮의 대표적인 武將이자 英雄인 忠武公 李舜臣 將軍(1545~1598)의 劍은, 그의 漢詩 속에서 國防의 器物로서 그 모습을 보이고 있으며, 朝鮮의 文人들에게 護國劍의 典型으로 오래도록 인식되었었다.

충무공 이순신은 〈閑山島夜吟〉에서 적과의 결전을 앞둔 그의 심경을 드러내었다. 國運이 달린 전투에 대한 염려로 인해 밤잠을 이루지 못하는 장군은, 달빛에 비친 활과 칼을 바라본다. 여기에서 활과 칼은 단순한 개인병기가 아닌, 장군의 강인한 애국충정을 투영하는 기물이다.

水國秋光暮　바닷가 마을에 가을 풍광 저무는데
驚寒鴈陣高　추위에 놀란 기러기 떼 높이 나는구나
憂心輾轉夜　우국의 심정으로 뒤척이는 밤
殘月照弓刀　새벽달은 활과 칼을 비추도다[140]

그 중 칼은 특히 장군의 권위와 무력을 상징하는 대표적인 무기로서, 이순신 장군의 시조와 후대에 지어진 수많은 〈한산도야음〉 次韻詩에서도 계속적으로 등장한다.

閑山島月明夜上戍樓　한산섬 달밝은 밤에 수루에 홀로 앉아
撫大刀深愁時　큰 칼 어루만지며 깊은 시름 하던 차에
何處一聲羌笛更添愁　어디서 一聲胡笳는 남의 애를 끊나니[141]

〈한산도야음〉과 위 시조에서 보이는 것처럼, 고뇌 속에서 적과의 전투를 수도 없이 준비했던 이순신의 곁에는 항상 劍이 있었다. 그는 자신의 검에 대해 애정을 가지고 있었기에 시와 시조에서 검을 노래하고, 그의 雄心을 담은 劍銘을 劍身에 새기기도 했었다.

이러한 이충무공의 검은 실제로는 어떤 유물이었던가. 그의 검은 총

140 『李忠武公全書』 卷1 〈閑山島夜吟〉.

141 『李忠武公全書』 卷9 附錄1 〈行錄[從子正郎芬]〉: 公嘗月夜, 有吟曰: '水國秋光暮 驚寒鴈陣高 憂心輾轉夜 殘月照弓刀' 又作歌一闋, 詞甚激烈, 歌曰: '閑山島月明夜上戍樓 撫大刀深愁時 何處一聲羌笛更添愁'

8자루로, 거대한 長劍 2자루와 雙龍劍[142] 2자루, 그리고 명나라 신종 황제가 하사한 八賜品의 일부인 鬼刀와 斬刀가 각각 2자루였다. 본절에서는 그 중 장검과 쌍룡검의 검명에 대해서 살펴보도록 하겠다.[143]

이충무공 장검[144]은 1594년(선조 27) 4월에 閑山島 陣中에서 태귀련과 이무생이 이순신 장군의 명을 받아서 제작한 검으로, 劍身 위에는 각각 장군의 친필 검명이 한 자루 당 8자씩 다음과 같이 새겨져 있다.

三尺誓天山河動色　석자 칼로 하늘에 맹세하니 산과 강이 떨고
一揮掃蕩血染山河　한번 휘둘러 쓸어버리니 피가 강산을 물들이도다

이순신의 장검 두 자루에 새겨진 검명인 '三尺誓天山河動色, 一揮掃蕩血染山河'는 武人으로서 적에 대한 격멸 의지를 극명하게 드러

142 雙龍劍 : 이순신장군이 휴대하고 다니면서 가장 많이 사용했을 환도로 1910년을 마지막으로 사라졌다. 조선후기의 무신이자 학자인 朴宗慶의 『敦巖集』 卷6의 〈元戎劍記〉에는 충무공이 사용한 쌍룡검을 병조판서 심상규로부터 전해 받았다는 기록이 있다. 1910년 일본에서 발행된 『朝鮮美術大觀』이라는 책에도 쌍룡검의 사진이 실려 있어 이 무렵까지 칼이 전해져 왔음을 알 수 있다.

143 충무공과 관련된 도검 중 八賜品 鬼刀와 斬刀는 충무공 사후 조선에 도착했기에, 충무공이 직접 사용한 적이 없으므로 이 책에서는 다루지 않았다. 귀도와 참도에 대한 설명은 졸고, 「忠武公 李舜臣의 劍에 대한 小考」, 149~151쪽 참조(『이순신연구논총』 제10호, 순천향대학교 이순신연구소, 2008).

144 보물 제326-1호인 이충무공 장검은 197.5cm의 거대한 전장을 지닌 무기로, 문화재청 현충사관리소에 공식적으로 등재되어있는 전장은 197.5cm이지만, 2003년 국립민속박물관에서 펴낸 『한국 전통무기 조사』와 2004년 육군박물관 도록인 『조선시대의 도검』에는 197cm로 기록되어 있다. 칼집은 사어피 위에 흑칠로 마감하였고, 패용장식에는 두터운 끈자락이 달려 있으며, 자루의 양 옆에는 원형의 돌기를 규칙적 패턴으로 찍은 동판을 덧대어 흑칠한 가죽끈을 교차하여 감았다. 도신에는 동재질에 줄무늬 동판을 덧댄 護刃이 있고, 혈조, 약식 蔓草文, 8자 명문과 '甲午 4月 日初 太貴連 李茂生 作'이 각각 새겨져 있다. 칼집과 자루에 사용된 장식에는 만초문양이 은입사로 시문되어 있다.

내고 있다. 1594년(선조 27)에 진중에서 이 두 자루의 검을 제작한 이순신은, 당시 가는 곳마다 尸山血海를 만들어가며 조선 백성들을 도륙하던 왜적에 대한 분노와 적개심을 이 검명 속에 담았다. 3척의 칼날로 하늘에 적을 무찌를 것을 맹세하니 산천이 색을 바꿀 정도로 비장함이 감돌고, 검을 한 번 크게 휘둘러 적병을 쓸어버리니 피가 세상을 물들인다는 그의 검명은 무인으로서의 유교적인 忠 의식과 적에 대한 격멸의지가 어우러져 표출되어 강렬한 인상을 심어준다.[145]

崔錫恒(1654~1724)의 〈忠武公釼銘跋〉에서는 이러한 이순신의 劒銘이 지니는 의미를 설명하고 있다. 그는 1712년(숙종 38)에 이순신의 현손인 李弘毅[146]의 부탁을 받고 이 跋文과 次韻詩를 지었다.

> 예전 임진년에 섬나라 왜적들이 방자하고 사나워서, 안으로는 임금께서 국경으로 피난가시고 밖으로는 전국 팔도가 유린당하여, 나라가 망하지 않은 것이 겨우 터럭 한 올에 달려있을 뿐이었다. 이 때 이충무공이 통제사의 직임을 부여받아 수군을 규합하여 여러 차례 흉악한 무리들을 패퇴시킴으로써, 마침내 한산도 앞바다에서 대첩을 거두었으나 친히 화살과 탄환을 무릅쓰다가 순국하였다. 조각배 하나라도 서쪽으로 향하지 못하게 하여 호서와 호남을 온전히 함으로써 재기할 수 있는 기반을 마

145 耳溪 洪良浩(1724~1802)의 『海東名將傳』에 의하면, 임진왜란의 영웅 金德齡(1567~1596)도 최초 의병을 일으키고 나서 無等山에 들어가 장검 한 자루를 제조하였는데, 밤중에 청백색의 서광이 산골에 가득하였고, 5~6일간 그 산이 우렁우렁 울렸다고 한다.

146 李弘毅: 1648~1735. 蔭仕로 太廟郎, 直長, 瑞興縣監 등을 역임했고, 壽職으로 동지중추부사를 지냈다. 우암 송시열의 〈李忠武公閑山絶句跋〉에는 1680년 우암에게 발문을 받으러 온 이홍의가 權貴들에게 아부하지 못하는 성품이어서 벼슬을 잃고 실의에 빠져있었다는 기록이 보인다. 충무공의 유고 및 관련기록과 敎命을 모은 『忠武公家乘』 6권을 편찬했으며, 德原君에 추증되었다.

련하였으니, 성대하게 중흥의 제1공이 되었다. 이는 張巡과 岳飛에 비추어 보더라도 손색이 없을 것이다. 공이 일찍이 한 자루 긴 장검을 얻었는데, '三尺誓天山河動色'·'一揮掃蕩血染山河' 두 구로 명을 지어서 나누어 새겨서 분개한 감회를 붙였으니, 아아! 훌륭하도다. 공의 현손 홍의가 와서 발문을 청하여, 그 시말을 기록하고 아울러 공이 지은 절구 한 수를 가지고 나에게 주면서 화답할 것을 부탁하였다. 누차 말하여 그치지 않으니, 그 뜻이 애틋하였다. 아! 소백이 쉬었던 감당나무는 시인이 자르지 말라고 읊었고, 공명의 사당 앞의 잣나무는 후인이 아끼는 마음을 가졌다.[147] 이는 어찌 그 물건을 보고 그 사람을 생각하고, 그 사람을 생각하고서 그 덕을 사모하는 경우가 아니겠는가? 저 감정이 없는 한 그루 나무도 오히려 또 읊어서 길이 전하여 오래될수록 시들지 않는데, 하물며 이 명이 새겨진 검은 충신의 손 안에 있던 물건으로, 국가를 흥하게 하고 하늘에 맹세한 정성과 흉악한 적을 제거하고 복수하는 뜻이 자구 사이에 늠름하게 서려있어, 후세에 보는 자들이 애호하고 감탄하며 칭송하니, 어찌 감당나무나 늙은 잣나무에 그칠 뿐이겠는가? 게다가 나도 깊은 감회가 있었다. 임진년부터 금년에 이르기까지 꼭 재차 2갑자가 되었다. 인심은 해이해지고 선비의 기풍은 점차 쇠미해졌으니, 춘추대의가 거의 없어져버렸다. 지사의 통한이 마땅히 다시금 어떠하겠는가? 무릇 공의 자손된 자가 만약 능히 우리 공이 반드시 복수하려던 의기를 체득하고, 우리 공의 눈감지 못하는 뜻을 계승하여, 이 검으로 하여금 먼지 쌓인 갑에 던져서 매몰되게 하지 않는다면 조상에게 부끄럽지 않다고 할 수 있을 것이다. 어찌 이것을 힘쓰지 않아서야 되겠는가! 애오라지 이것을 가지고 이군에게 말해주고, 이어서 전운에 차운하여 평소에 흠모하던 회포를 대략 폈다.

---

147 『詩經』「國風」《召南》〈甘棠〉: 召伯이 南國을 循行하며 文王의 政令을 펼 때 감당나무 아래에 집을 지었는데, 사람들이 그 덕을 사모하여 감당나무를 베거나 꺾지 말라고 노래하였다. 杜甫는 成都 피난시절 지은 〈蜀相〉에서 제갈량을 추모하면서 錦官城 밖의 잣나무만 빽빽하다고 읊었다.

勳業擎天重　훈공의 업적은 하늘을 떠받칠 정도로 컸고[148]
精忠貫日高　정밀한 충정은 높은 해를 뚫었네
生平景慕意　내 평생 경모하는 뜻으로
流涕撫雙刀　눈물 흘리며 쌍검을 어루만지네[149]

또, 兪莘煥(1801~1859)의 〈李忠武公雙劍銘〉은 충무공의 9세손 李完熙[150]와 함께 충무공의 사당을 방문하여, 쌍검을 직접 拜觀하고서 銘을 지은 것인데, 그 명에는 충무공의 검이 내뿜는 위용과 함께 이에 격동된 유신환 자신의 감흥이 잘 드러나 있다.

> 간장과 막야, 용천과 태아로다. 앞에든 아래로든 상관없이 휘두르면 소나 말마저 자른다. 아아! 사물과 사람이 유유상종 하는구나. 내가 이 검

---

148 勳業擎天重 :擎天浴日의 큰 공로, 즉 나라를 지탱시킨 큰 공로를 의미함.

149 『損窩遺稿』卷12 跋 〈忠武公釼銘跋〉: 在昔龍蛇之歲, 島夷肆虐, 內而乘輿播越, 外而八路創殘, 國之不亡, 菫一髮耳. 于時忠武李公, 受任統制, 糾合舟師, 屢敗兇徒, 卒乃大捷于閑山之洋, 親冒矢石, 以身殉國. 使片舸隻帆, 不敢西向, 得全兩湖, 以基再造之業, 蔚爲中興第一功. 其視張睢陽·岳武穆, 無媿色矣. 公嘗得一雙長釼, 以'三尺誓天山河動色'·'一揮掃蕩血染山河'兩句, 作銘而分刻之, 以寓其憤慨之懷, 嗚呼偉哉. 公之孫弘毅, 來請跋語, 記其始末, 並與公所作一絶, 屬余和之. 累言不已, 其意勤矣. 噫, 召伯所之棠, 詩人有勿翦之詠, 孔明廟前之栢, 後人有愛惜之心. 豈不以覩其物而思其人, 思其人而慕其德也歟. 彼無情一樹木, 尙且謌詠而流傳, 愈久而不衰, 矧此銘釼, 爲忠臣手中之物, 而其許國誓天之誠, 除凶復讐之意, 凜凜於字句之間, 後之覽者, 愛護嗟賞, 豈止甘棠老栢而已哉. 抑吾有深感焉. 自壬辰至今年, 恰更二甲子矣. 人心狃安, 士氣寖衰, 麟經大義, 幾於晦蝕. 志士之痛, 當復如何. 凡爲公子孫者, 若能體我公必復之義, 繼我公不瞑之志, 毋使此釼棄擲埋沒於塵匣之中, 則可謂不忝乃祖矣. 盍於是勉之哉. 聊以此復李君, 仍次前韻, 略申平昔景仰之懷. '勳業擎天重 精忠貫日高 生平景慕意 流涕撫雙刀'

150 李完熙: 1813~1860. 1841년 선전관을 지냈으며, 1843년에 가선대부가 되었다가 방어사로 자헌대부에 증직되었고, 추후 병조판서를 역임.

이 화로에서 뛰지 않는다면, 또 장차 물 속에 빠져서 변화하여 용이 될 것을 알겠노라.[151]

중국의 명검인 간장과 막야, 용천과 태아에 버금가는 충무공의 쌍검은, 牛馬도 단칼에 베어버릴 정도의 偉容을 지니고 있다. 명검과 영웅이 서로 따라 만나서 위세를 떨쳤으니, 유신환은 이 검이 명검답게 만약 화로에서 뛰쳐나오지 않는다면, 또 장차 연평진의 龍이 된 용천·태아검처럼 강물 속으로 뛰어들어 변화할 것이라 예측한다.

다음으로 소개할 雙龍劍은 이순신 장군이 자주 패용했던 환도로 추정되며, 1910년을 마지막으로 사라졌다. 이 검 역시 귀중한 유물로서 역대로 숭앙의 대상이 되었다. 순조 대 반남 박씨의 대표적인 권세가였던 朴宗慶(1765~1817)의 『敦巖集』 6권의 「元戎劍記」에는 충무공이 사용한 쌍룡검을 兵曹判書 沈象奎(1766~1838)로부터 전해 받았다는 기록이 남겨져 있다. 이 쌍룡검에 새겨진 劍銘도, 이충무공 장검에 새겨진 검명과 마찬가지로 충무공의 작품일 가능성이 높다.

---

151 『鳳棲集』 卷3 〈李忠武公雙劒銘〉幷序: 李忠武之功, 在我朝五百年, 莫之與京. 微忠武, 吾其爲蜻蛉乎. 余覩野史, 李文成公, 聞公之名, 願一見之, 亟遣人致其意, 時文成爲兵曹判書, 公謝不往, 文成先乃往, 不賢而能如是乎, 方公之乘勝至南海也, 倭寇殄殲且盡, 公念平秀吉死, 國家不復苦兵矣. 而奸壬旁伺朝夕, 且岳侯我矣, 則自免冑中丸以死, 不智而能如是乎. 余以爲忠武之心, 早似武侯, 晚似子房, 其倏然而化者, 不亦冥冥之鴻耶. 夫惟其心之如此, 是以其功之如彼, 而世之言公者, 以公之功, 不以公之心, 其亦淺之爲知公乎. 忠武公祠堂, 有寶釼一雙, 與公相隨以成功者也. 公之九世孫完熙, 出示余, 脩丈餘, 其刃若新發於硎, 揮之, 風颯然, 使人如在閒山之下. 噫嘻. 忠武之功, 觀於是釼而可知也. 而忠武之心, 觀於是釼而不可知也. 銘曰: '干將兮莫耶 龍泉兮太阿 無前兮無下截 盤回兮斷牛馬 于嗟乎 物與人兮以類從也 吾知是釼之不躍於爐兮 又將見其墮水而化爲龍也'

병부상서 심두실 공이 나에게 검 한 자루를 주면서 말하기를, "이 검은 이충무공이 패용하던 것이오. 내가 간직한지 오래되었으나 나는 서생이라 쓸 데가 없으니, 상장군이 된 자에게나 어울리겠소."라 하였다. 나는 그 검을 받고 매우 기뻐하며 절하고, 그것을 뽑아보니 길이가 1장 남짓이었고, 아득하기가 끝이 없었다. 참으로 좋은 검이었다. 칼등에는 시가 있었다.[152]

鑄得雙龍劒　쌍룡검을 만드니
千秋氣尙雄　천추에 기상이 웅장하도다
盟山誓海意　산과 바다에 맹세한 뜻이 있으니
忠憤古今同　충성스런 의분은 고금에 같도다

신미년(1811, 순조 11) 10월 하순에 기술된 이 글을 통해서, 우리는 충무공의 쌍룡검이 현충사에 보존되지 못한 채 유전되다가 당대 권세가에게 입수되었음을 확인할 수 있다. 그 후 1910년 궁내부박물관에 소장되어있던 조선 유물에 대해 日帝가 조사 편찬한 서적인 『朝鮮美術大觀』에도 쌍룡검의 사진이 실려 있어서 이 무렵까지 이 두 자루검이 전해져 왔음을 알 수 있다.[153] 그러나 국내의 박물관에는 이 유

152 『敦巖集』 卷6 〈元戎劒記〉: 兵部尙書斗室沈公, 贈余一劒曰: "此李忠武之所佩也. 藏之久矣 我書生無所用 爲上將軍者 乃可耳" 余拜而喜甚 拔之長可丈餘 泯然無際 眞良劒也 脊有詩曰: …

153 『조선미술대관』에 실려 있는 설명문은 다음과 같다. '이 그림의 도검은 임진왜란의 수군을 통솔하여 우리 군대와 힘껏 싸웠던 명나라의 이순신이 늘 패용했던 것으로서, 왼쪽의 문자를 楷書로 새겨놓았다. 鑄得雙龍劒 千秋氣尙雄 盟山誓海意 忠憤古今同 상자에는 조각하여 이러한 일을 기록해놓았는데, 본 물건은 본래 한국제작의 물건이라고는 생각되지 않지만, 한국와 일본 역사상의 관계가 깊기 때문에 특별히 참고가 되게 그것을 적는다.(本圖の刀劍は壬辰の役水軍を率ひ我か軍と力戰せし明の李舜臣が常'に佩用せしものにて左の文字を楷書にて刻しあり

물이 소장되어 있지 않고, 행방도 묘연한 상태이다.[154]

이러한 도검 유물은 忠武公의 詩와 그 次韻詩 속에서 문학적으로 형상화되어 계속 등장하였다. 〈閑山島夜吟〉이 지어진 후 17세기 말에서 18세기 초 30인의 名士들이 총 33수의 차운시를 지었는데, 이 중 대부분의 작품은 忠武公 李舜臣의 4대손인 李弘毅가 직접 충무공의 유필을 지니고 당대의 權臣과 名士들을 찾아다니며 받았다. 『이충무공전서』의 《追和諸作》에 수록된 시는 모두 31수이며, 추가로 崔錫恒의 『損窩遺稿』에 실린 1수와 金榦의 『厚齋集』에 실린 1수를 합하면 전부 33수가 된다. 17세기 당대의 權臣과 名士들이 地位高下와 黨派를 막론하고 충무공과 그의 劍을 기리기 위해서 시를 지었다는 점은 특기할 만한 사실이다. 이 같은 次韻詩는 이충무공의 검이 상징하는 호국의 이미지를 17세기 조선의 사대부들이 어떠한 방식으로 문학적으로 형상화시켰는지를 보여주는 증거이다. 그 작자와 내용을 다음의 도표로 정리한다.

鑄得雙龍劒 千秋氣尙雄 盟山誓海意 忠憤古今同, 箱には彫刻にて此の事を記しあり, 本品は固より韓國制作のものとも思はれざれども, 韓國及び日本歷史上の關係深きが故に殊に參考として之を載す) 이 글에서는 이순신을 명나라의 장수라고 誤記했는데, 임난 당시 이순신이 조선과 명나라 연합함대를 지휘했기 때문에 이러한 표현을 쓴 것으로 보인다.

154 2001년 11월 23일자 〈한국일보〉 기사 참조. 이후 현재까지도 쌍룡검의 행방은 아직 밝혀지지 않고 있다. 2010년 7월 10일에 SBS에서 방영된 '그것이 알고싶다' : 〈잃어버린 쌍룡검을 찾아서 — 아델리아 홀 레코드의 진실〉편에서 쌍룡검을 추적하기 위해 각계각층의 전문가들에게 자문을 구해서 자료를 종합하였으나, 결국은 찾아내지 못하고 말았다.

【표 2】〈閑山島夜吟〉 차운시

	姓名	生沒年	次韻詩 內容	刀劍
1	洪處亮	1607~1683	충렬과 명성 칭송, 후손의 복수심과 撫劍	長刀
2	南龍翼	1628~1692	張巡·許遠과 절개 비교, 撫劍	龍刀
3	柳赫然	1616~1680	호령과 공명 칭송, 울부짖는 龍刀	龍刀
4	李柚	1618~1687	남북에서 종군, 보검에 마음을 의탁	寶刀
5	申翼相	1634~1697	공의 戰死와 훈업 칭송, 옷깃의 눈물과 龍刀의 울음	龍刀
6	李寅煥	1633~1699	精靈과 시 1節의 忠義, 匣裏刀	匣裏刀
7	任奎	1620~1687	충심과 기운 칭송, 괴물고래의 횡행과 撫劍	龍刀
8	趙持謙	1639~1685	찬란한 旌旗, 장군의 義氣 칭송, 시 1節과 撫劍	長刀
9	李喜龍	1639~1697	『南征錄』 중 공의 훈업 칭송, 英靈과 匣裏吼龍刀	龍刀
10	李寅賓	1625~1695	충무공의 戰死와 芳名, 寶唾와 霜刀	霜刀
11	尹拯	1629~1714	장순과 제갈공명에 비기는 名聲, 鉛刀의 부끄러움	鉛刀
12	李畬	1645~1718	공의 공훈 칭송, 한산도 秋夜意와 舊匣尙雙刀	雙刀
13	李濡	1645~1721	의기와 명성 칭송, 보국의 뜻이 담긴 匣中刀	匣中刀
14	趙相愚	1640~1718	戰艦과 虎帳의 정경, 雄心과 푸른 피에 젖은 霜刀	霜刀
15	李整	1642~1713	李正己와 公의 武功 비교, 大小刀에 남은 恨과 龍吟	大小刀
16	任弘望	1635~1715	吾鄕의 일을 말해주는 龍刀의 射氣	龍刀
17	兪集一	1653~1724	재빠른 적의 형세와 공의 기개, 가을밤의 撫劍	龍刀
18	閔鎭遠	1664~1736	공적과 명성 칭송, 공의 죽음 이후 慷慨撫腰刀	腰刀
19	宋徵殷	1652~1720	공훈과 명성·의기 칭송, 평소 사용하던 유물인 龍刀	龍刀
20	趙湜	1648~1714	기운과 명성 칭송, 노량의 달빛이 비추던 匣中刀	匣中刀
21	李三碩	1656~1710	公의 戰死와 공훈과 절의 칭송, 옷깃의 눈물과 龍刀	龍刀
22	呂必容	1655~1729	勳名과 節義 칭송, 聖君의 은혜받아 남아있는 옛 劍	舊時刀
23	吳命峻	1662~1727	제갈량과의 공훈 비교, 遺恨으로 밤마다 우는 龍刀	龍刀
24	任弘亮	1634~1707	忠武公과 詩 칭송, 功烈을 옛 龍刀에서 보다	龍刀
25			가을빛처럼 붉은 충절이 들어간 詩, 晟刀卽惣刀	惣刀
26			용천·태아검 고사, 千秋의 寶刀	寶刀
27			장군이 검을 뽑는 정경, 그 검을 大食刀와 비교	大食刀

28	李畯	1637~1701	명성과 충의 칭송, 文墨보다 大刀가 奇勳이 있음	大刀
29	金楺	1653~1719	한산도 앞바다의 정경과 英靈의 擊刀	擊刀
30	李聖肇	1663~1740	충렬과 위명 칭송, 괴물고래를 베던 匣中刀의 빛	匣中刀
31	李之綱	1601~1687	공적과 명성 칭송, 빛 토하는 匣中刀	匣中刀
32	金榦	1646~1732	김유신·을지문덕과 충무공과의 비교, 龍刀에 눈물뿌림	龍刀
33	崔錫恒	1654~1724	훈공과 충정 칭송, 撫劒하며 눈물 뿌림	雙刀

대부분의 〈한산도야음〉 차운시에서는 撫劒과 匣中刀, 그리고 龍吟이 특징적으로 보인다. 검을 어루만지는 행위인 撫劒을 통해 충무공을 그리워하며 눈물을 뿌리고, 동시에 왜적에 대한 적개심을 고취하는 시 속의 情緖는, 護國劒의 戰鬪적인 속성을 부각시키는 작용을 한다. 앞서 소개한 최석항의 시를 포함한 총 6편에서 이러한 撫劒의 實狀이 드러난다. 劒匣 속에 보관되어 지금은 쓰이지 않는 검인 匣中刀에는 충무공의 雄心과 遺恨이 응축되어 있다. 웅심은 주로 匣中刀가 토해내는 劒光으로, 유한은 울음소리로 대변된다. 총 7편에서 이와 같은 정서가 보이는데, 그 중 江襄監司를 지낸 李喜龍(1639~1697)의 시가 이러한 면을 부각시켜준다.

閱盡南征錄　『남정록』을 모두 읽어보니
公勳第一高　공의 훈업이 제일 높도다
英靈猶未泯　英靈이 아직도 사라지지 않아
匣裏吼龍刀　갑 속의 龍刀가 울부짖네

왜구를 평정한 기록인 『南征錄』들을 모두 읽어보니, 여러 장수 중에서 충무공의 훈업이 제일 높다. 그 英靈이 아직도 사라지지 않고 칼 안에 남아, 갑 속에서 龍刀가 울부짖는다. 이 시에서처럼 갑 속에서 나오지 못하거나, 다른 시에서처럼 임자 없이 허물어진 벽 위에 걸린 충무공의 오래된 龍刀는 밤마다 울음을 토해낸다.

號令山河動　호령에 산하가 떨었고
功名日月高　공명은 일월처럼 높도다
如今破壁上　지금은 허물어진 벽 위에
夜吼舊龍刀　밤마다 오래된 龍刀가 울부짖네

위의 작품은 三道水軍統制使와 工曹判書를 지낸 柳赫然(1616~1680)의 시이다. 劒의 울부짖음인 龍吟은, '대체로 사물은 평정함을 얻지 못하면 운다[大凡物不得其平則鳴]'라는 韓愈의 〈送孟東野序〉의 구절처럼 劒 스스로 자신에게 걸맞는 주인을 다시 만나지 못하여 현 세상에 쓰이지 못함을 한탄하는 한숨인 동시에, 龍의 자식인 睚眦[155]로서 지니고 있는 劒 자체의 怪獸的 屬性을 드러내는 咆哮이며, 또한 遺恨의 發露이기도 하다.

〈한산도야음〉 차운시에서 보이는 撫劒과 匣中刀·龍吟은, 비단 차운시뿐만 아니라 將帥의 戰鬪用 刀劍인 護國劒에 대한 문학 작품 속에서 자주 등장하며, 이는 바로 도검에 대한 문학적 형상화의 전형적인 양태이다. 이러한 特質을 종합적으로 보여준다는 점에서 볼 때,

155 睚眦: 龍生九子說에 나오는 용의 자식 중 피와 살육을 좋아하는 이무기로, 살인 무기로서의 검의 속성을 상징하는 괴물이다. 검의 도장구나 칼날에 자주 새겨지며, 도검에 대한 국내의 기존 연구에서는 蚩尤紋이나 鬼紋이라고 잘못 분석되기도 했었다. 이러한 오류를 一掃시킨 李碩宰의 「睚眦紋研究」(『學藝誌』 11 '朝鮮의 刀劍 特輯'號, 陸軍博物館, 2004)에서는 애자문 설명이 실제 유물 사진과 함께 상세하게 수록되어있다.

〈한산도야음〉 차운시들은 조선후기 護國劍의 특징을 전형적으로 드러내주는 사례가 된다.[156]

李舜臣의 劍은 조선시대의 사대부들에게 있어서 단순한 冷兵器가 아니라, 이순신 장군 자체를 상징하는 寶劍이었다. 忠烈과 義氣로 대표되는 장군의 雄心과 그 威勢, 그리고 못다 이룬 복수의 遺恨이 匣中의 龍刀 안에 그대로 녹아들어, 예전에 왜적의 검푸른 피에 젖었던 무시무시한 霜刀의 威容을 잃지 않고서 때로는 劍光으로, 때로는 龍吟으로 그 장렬한 기운을 표출한다. 이 검은 그 존재 자체만으로도, 사대부들이 文弱에 빠져 국가의 위기상황에 무딘 칼인 鉛刀나 다름없는 신세로 전락하는 것을 경계시키고, 胡亂으로 인해 人心과 士氣가 몰락하고 春秋大義가 없어진 세태에 대한 志士의 痛恨을 불러일으키는 단초가 되었다.[157]

이러한 충무공의 검에 담긴 忠義는 후일 공의 5세손이자 三道水

---

156 〈한산도야음〉 차운시 중 尹拯(1629~1714)의 序와 詩에서는 적의 침노를 받고도 치욕을 씻어내지 못하는 당시대의 文弱한 사대부들에 대해 '썩은 선비[腐儒]'라 개탄하면서, 무딘 칼[鉛刀]에 비유했다.

睢陽遺響遠	수양성의 전하는 명성 오래되어도
諸葛大名高	제갈승상처럼 큰 이름은 높아라
八哀思勁翮	팔애시의 굳센 깃털을 생각하지만
一割愧鉛刀	한 번 베려 해도 鉛刀가 부끄럽네

이 시에서 윤증은 安祿山의 난 때 睢陽城에서 고군분투한 唐나라의 張巡과 촉나라의 승상 제갈공명을 이순신에 견주면서, 杜甫의 八哀詩 중 〈贈司空王公思禮〉의 '사공은 동방의 고려 출신으로, 어릴 때부터 굳센 깃털 털고 닦았네[司空出東夷, 童稚刷勁翮]'라는 구절을 변용하여, 武藝와 勇力을 의미하는 굳센 깃털을 생각해도, 문약한 자신들이 무딘 칼이라서 부끄러울 뿐이라고 자탄하고 있다.

157 졸고 「〈閑山島夜吟〉 次韻詩의 刀劍意象에 관한 考察」에서 33수의 차운시에 대한 해석 및 분석을 완료하였다. 다만, 논문 본문 중 윤증 시의 해석 오류 수정은 상기 주156)을 참고할 것.

軍統制使를 지낸 忠愍公 李鳳祥(1676~1728)에게 그대로 遺傳되었다. 任弘亮(1634~1707)은 그의 〈한산도야음〉 차운시에서 충무공의 劍에 대해 당나라의 名臣인 李晟과 그 후손인 李愬가 劍으로 공을 세운 사적에 빗대어, 당시 宣傳官이었던 李鳳祥으로 하여금 충무공의 劍의 精神을 이어받도록 권하였다.

秋光入咳唾　가을빛은 시 속에 들어가니
忠義可爭高　충의는 높음을 다툴만하네
先烈知無忝　선열께 부끄러움을 끼치지 않았으니
晟刀卽愬刀　李晟의 칼이 곧 李愬의 칼이로다

李鳳祥은 그 뒤 忠淸道 兵馬節度使로 부임했다가 李麟佐의 亂(1728) 때 淸州城에서 적의 기습을 받고 항복을 권유받았을 때, "우리 집안에는 대대로 충의가 있는데, 어찌 너희 역적놈들을 따르겠느냐! 역적들아 빨리 나를 죽여라![我家世忠義, 豈從汝逆豎叛耶! 逆賊逆賊速殺我!][158]"라 외치며 장렬하게 순절한다.

(2) 崔希亮의 劍

逸翁 崔希亮(1560~1651)은 丁酉再亂 당시 興陽縣監으로 재직하면서 충무공 이순신 휘하에서 누차 공을 세웠던 武臣으로, 戰功으로 인해 武肅公이라는 諡號를 받았다. 그는 武臣임에도 불구하고『逸翁文集』을 저술할 만큼 문학에도 조예가 있어서, 진정 文武를 겸비한 사대부라 칭해질 만하다. 그러한 그의『逸翁文集』권1 중에서는

158『渼湖集』卷20 〈三忠傳〉.

劒에 대해 언급한 시가 총 9수 등장한다. 이 시들은 최희량이 老年에 지은 것으로, 胡亂으로 塗炭에 빠진 당시 朝鮮의 상황을 바라보는 늙은 武將의 심정이 잘 드러나고 있다.

〈亂後吟〉은 최희량이 젊은 시절 전공을 세웠던 일을 추억하며, 동쪽의 倭와 서쪽의 淸에 무릎 꿇은 조선의 세태를 痛恨에 찬 어조로 읊은 작품이다.

汗馬鳴長劒　汗血馬[159] 타고 장검을 울게 하여
恩深第一功　은혜 깊어 제일가는 공을 세웠네
東膝今西跪　동쪽에 무릎 꿇고 이제 서쪽에 무릎 꿇으니
何人起此翁　누가 이 늙은이 일으키랴[160]

검을 노래한 최희량의 시 전편에서는 悲憤慷慨의 정조가 보인다. 그의 국가와 임금에 대한 忠誠心과 외적을 무찌르겠다는 義氣는 비록 전장에서 말달리며 검을 휘두르던 젊은 시절과 같지만, 이미 노년이라 전투에 참가할 수 없기에 다만 분개하면서 시를 통해 자신의 심사를 표출할 수밖에 없었던 것이다. 그의 다른 작품인 〈言志〉 4수 중 3수에 나오는 古匣 속에서 우는 龍泉劒은[龍泉鳴古匣], 늙어버린 후에도 나라 걱정을 떨칠 수 없는 최희량의 愛國心과 義氣를 상징한다. 최희량의 검은 그의 시 속에서 古匣의 劒이나 古劒으로 표현되는데, 심정적으로 전장에 다시 나서서 검을 휘두르고 싶으나 老衰함

159 汗血馬: 돌을 밟으면 자국이 나고, 前肩髆部에서 피와 같은 땀을 흘리며, 하루에 1,000리를 달린다고 하는 西域의 名馬. 前漢 武帝 때 張騫의 서방 원정에 의하여 그 존재가 알려졌다.

160 『逸翁集』 〈亂後吟〉.

으로 인해 실제로는 그리 할 수 없기에 생기는 鬱憤이 오래된 劒 속에 응축되어 있으며, 때로는 이 검이 늙어버린 최희량 자신과도 同一視된다.

이러한 匣中劒과 古劒의 정서는 최희량의 詩 전반을 지배한다. 1636년(인조 14) 12월에 77세였던 최희량은 司憲府 監察이었던 아들 結이 임금을 호종하러 떠나는 길을 전송하면서 〈歎老〉 2수를 읊었는데, 그 중 1수에서는 고검을 어루만지며 조선에 닥친 풍전등화의 위기를 걱정하는 시적자아의 모습을 보였다.

三十東倭定　서른살에 동쪽 왜구 평정했는데
老衰北狄何　다 늙어 북쪽 오랑캐 어이하리
手摩一古劒　낡은 검 손에 들고 어루만지니
爲國淚成河　나라 위해 흘린 눈물 강을 이루네[161]

또 〈九十有感〉 2수 중 1수에서는 '노쇠해도 마음만은 더욱 장해, 옛 검이 검갑 속에서 우네[老衰心益壯 舊劒匣中鳴]'라 하여 역시 자신의 義氣를 갑 속에서 우는 검에 빗대어 노래하기도 했었다.

최희량의 匣中劒인 古劒이 울부짖으며 원하는 것은 무엇인가? 그것은 바로 적의 우두머리인 선우의 머리[單于首]이다. 〈老將歌〉에서 '젊은 시절 왜적을 평정했던 검으로 오랑캐의 간담을 놀라게 하고자 한[年少平倭劒 今令虜膽驚]' 최희량은, 그 직접적인 방법을 〈憤吟〉과 〈憤請和〉 2수 중 1수에서 '斬單于首'라는 표현을 써서 제시하고 있다. 선우는 원래 흉노족의 우두머리를 지칭하는 용어로, 引伸하여 북

161 『逸翁集』 〈歎老〉.

방 외적의 수장을 총칭하는 대명사로 사용되었으며, 최희량의 시에서 선우는 淸 太宗 홍타이치[皇太極]를 의미한다. 결국 〈老伏江湖〉에서, 최희량은 최종의 목표인 적장 선우의 머리를 꿈속에서 베어버린다.

三朝舊將年雖老　세 조정 섬긴 늙은 장수 나이는 많아도
爲國丹心寶劍寒　나라 위한 붉은 마음 보검은 서늘하네
夢中頻斬單于首　꿈속에서 자주 선우의 머리를 베니
身上戎衣血點班　몸에 걸친 융복엔 핏자국이 얼룩얼룩[162]

나라를 위한 붉은 마음이 담긴 서늘한 보검으로, 꿈에서나마 전투복인 戎服을 피로 물들이며 자주 선우를 斬殺하였던 최희량은, 친구 驪山 李元祥[163]의 挽詞에서 끝내 눈물을 쏟고 만다. 〈同年李驪山挽〉에서 그는 '변방을 안정시킬 계책을 세운들, 누가 칼 울리는 신하가 되랴[如畫安邊策, 誰爲鳴劍臣]'라 하여 노쇠한 몸이라서 전장에서 검을 휘둘러 칼날이 바람을 가르는 소리를 낼 수 없는 자신의 신세를 한탄하며, '평생 나라위해 흘린 눈물, 오늘 다시 수건을 적시네[平生憂國淚, 今日重沾巾]'라 하여 먼저 운명을 달리한 親友를 追念하고 있다. 최희량의 눈물은 단지 친구의 죽음만을 슬퍼하는 눈물이 아니라, 더 이상 검을 휘둘러 공을 세우지도 못하고 餘恨을 남긴 채 친구의 뒤를 따라 저승으로 가게 될 자신의 신세를 비통해하는 눈물이기도 하다.

162 『逸翁集』 〈老伏江湖〉.
163 驪山 李元祥: 未詳.

(3) 林慶業의 劍

忠愍公 林慶業 將軍(1594~1646)은 忠武公 李舜臣 장군과 아울러 난세의 영웅으로 길이 추앙받고 있다. 1636년 丙子胡亂 당시 淸의 침입에 맞서 그들의 수도인 瀋陽을 바로 공략하자는 대담한 작전[164]을 세우기도 했던 그는, 淸 太宗의 조카인 淸將을 격살하는 공을 세우며 장수의 기백을 떨쳤었다. 그가 강제적으로 淸軍의 明軍 공격에 파견되었을 당시에는 명군과 密通하여 淸軍의 작전을 방해하였고, 후일 이 사실이 발각되자 검 한 자루를 들고 明나라로 도피하여 捲土重來를 꾀하기도 했었다.

후일 임경업은 淸에게 잡혀서 조선으로 송환되었다가 金自點의 흉계로 인해 역적으로 몰려 杖殺당한 뒤에, 1697년(숙종 23)에 이르러서야 숙종의 명에 의해 정식으로 復官이 되었다.[165] 정조 대에는 그의 傳과 行狀, 遺文 등을 담은『林忠愍公實記』가 왕명에 의해 편찬되었으며, 이와 비슷한 성격의 작품인『必東錄』외에도 수많은 임경업 관련 저작들이 大明義理論과 北伐論의 영향을 받아 출간되었다.

이러한 한문학 작품들 속에서, 임경업의 劍은 護國劍의 상징으로

---

164 瀋陽 攻略의 내용은『林忠愍公實記』卷1「遺文」〈與柳琳書〉에 설명되어 있다. 병사 5천을 거느리고 심양으로 진군하여, 요해처에 복병을 배치하고 심양에서 나오는 자들을 기습하는 작전을 펴서 汗의 주의를 돌리면 淸軍이 朝鮮에 대한 포위를 풀고 회군할 것이니, 그 때 5천 병사를 우회해서 철수시키면 군이 전투를 하지 않아도 大事를 平定할 수 있다고 임경업은 주장하였다. 하지만 당시 節度使의 반대로 이 계획은 실행되지 못하였다.

165『임충민공실기』권2에 수록된 御製詩에서 숙종은 '나라의 기둥인 기이한 재주한 임씨에게 있어, 풍진의 세상 검은 3尋이었네[柱國奇才有一林 風塵天地釼三尋]'라 하여 임경업 장군을 칭송하기도 했었다. 尋은 길이 단위로 8尺을 의미하는데, 釼三尋은 시적 비유일 뿐 실제 임장군 검의 규격과는 상관이 없다.

서 그 입수과정에서부터 신이한 내력을 지닌다. 다음 글은 研經齋 成海應(1760~1839)이 지은 〈林將軍劍銘〉과 이에 대한 序文이다. 서문에는 임경업이 두 자루 검을 얻게 된 경위가 설명되어 있으며, 劍銘에는 장군의 업적 중 특징적인 부분이 기술되어 있다.

> 임경업 장군이 일찍이 소농권관이 되어 백두산에 들어갔다가, 어떤 요물들이 안개 속에서 싸우는 것을 보고 둘 다 베어죽이니, 바로 두 마리의 교룡이 한 덩이의 철을 다투던 것이었다. 그 철로 두 자루의 검을 만드니, 한 자루는 길고 한 자루는 짧았는데, 장군이 늘 차고 다녔다. 명을 짓는다.[166]

滿洲窺我	만주가 우리를 엿보니
將軍佩此劍而鎭西方	장군이 이 검을 차고 서방을 평정하였네
孔耿侵我	공경이 우리를 침노하니
將軍佩此劍而虜幾創	장군이 이 검을 차고 오랑캐를 몇이나 꿰뚫었나
椵島殺帥	가도에서 장수를 죽이니
將軍佩此劍而息寇攘	장군이 이 검을 차고 도적의 창궐을 막았네
隣嘖交織	사방에서 비방이 교차하니
將軍佩此劍而海于航	장군이 이 검을 차고 배타고 바다 건넜네
鋩寒色正	칼날은 서늘하고 날빛은 바르니
忠義以之張	충의가 떨친 것이라네

서문에 의하면, 임장군은 27세인 1620년(광해 12)에 咸鏡南道 三水

166 『研經齋全集』 卷15 《銘》 〈林將軍劍銘〉: 林將軍慶業嘗爲小農權管, 入白頭山, 見有物鬪於霧中. 並殲之, 乃兩蛟爭一塊鐵也. 用鑄二劍, 一長一短. 將軍嘗佩之. 銘曰: …

지역의 小農堡 權管이 되어 백두산에 들어가, 우연히 요물들을 격퇴하고 한 덩이 철을 얻어 두 자루의 劒을 제작하게 된다.[167]

이어지는 劒銘에서는 검을 만든 이후 임경업의 행적들이 나오는데, '만주가 우리를 엿보니 장군이 이 검을 차고 서방을 평정하였네'라는 구절은 병자호란 당시 임경업이 의주 지역을 무사히 보존한 사실과, 淸軍의 장수 要䴅가 騎兵 300을 거느리고 압록강을 건널 때 이를 격퇴시킨 공적을 의미한다.

'공경이 우리를 침노하니'에서 孔耿은 명나라 장수였던 孔有德과 耿仲明을 지칭하는데, 1633년(인조 11) 당시 임경업 장군이 淸北防禦使로 근무 중 명나라 장수 중 孔有德과 耿仲明이 牛家庄에서 반란을 일으키자, 장군이 명나라 군대와 挾擊하여 敗退시켰던 사실을 말한다. 장군은 이 공으로 명나라 황제에게서 厚賞, 金花와 함께 總兵벼슬을 하사받기도 했었다.

椵島에서 장수가 죽었다는 구절은 1630년(인조 8) 임경업이 平壤

167 이와 흡사한 내용이 『임충민공실기』 권4에 실린 龜溪 白鳳爽의 〈大明忠義林公傳〉에서 보인다. '경신년에는 삼수의 소농권관으로 임명되어, 특별히 군량과 군기를 비축하여, 절충장군으로 가자되었다. 소농보에 큰 연못이 있어서 장군이 노상 연못가에 나가 노닐었는데, 갑자기 큰 뱀이 긴 물건을 입에 물고 나와 살피기에, 장군이 바로 입었던 옷을 벗어서 그 앞에 던지니, 뱀이 놀라고 의심하여 물 속으로 숨어 들어갔다. 수 일 뒤에 天氣가 명랑하고 상서로운 구름이 응결하기에 장군이 그 곳에 가서 보니, 큰 뱀이 짧은 물건을 입에 물고 있었다. 또 옷을 벗어서 던지자, 뱀이 물건을 옷 위에 두고는 갑자기 홀연히 보이지 않으니, 그것은 단검이었다.[庚申拜三水小農權管, 以別備軍粮軍器, 加資折衝將軍. 小農堡有大池, 將軍常出遊池邊, 忽有大蛇口含長物, 出視之, 將軍卽脫所着衣, 投其前, 蛇卽驚疑, 隱入水中. 數日後, 天氣明朗, 瑞雲凝結, 將軍往視之, 則大蛇口含短物. 又解衣投之, 蛇以物置衣上, 因忽不見, 乃短劒也]' 卷5의 年譜에도 거의 동일한 글이 있는데, 말미에 '스스로 율시 한 수를 지어 그 검에 銘했다[自製一律銘其劒(銘見第一卷)]'라는 부분이 첨가되어 있다.

中軍으로 재직할 당시, 椵島에 주둔한 明나라 都督 劉興治가 반역하여 欽差摠兵 陳繼盛을 참살하고 반란을 획책하자, 그 준동을 막았다는 것을 의미한다.

'사방에서 비방이 교차하니 장군이 이 검을 차고 배타고 바다 건넜네'라는 구절은 임경업 장군이 명나라 군대와 비밀리에 내통하였던 행적이 淸軍에게 발각되자, 장군이 배를 타고 피신하여 명나라로 망명했던 일을 말하고 있다.

위에 언급된 임경업 장군의 두 자루 劒 중, 한 자루는 龍泉劒이고 다른 한 자루는 秋蓮刀였다. 용천검은 6.25 전쟁을 거치면서 망실되었고,[168] 추련도는 다행히 보존되어서 충주 충렬사에 소장 중이다. 이 중 용천검에 대해서는 문헌적으로 〈검명〉에 관한 기록이 남아있는 반면, 추련도는 유물 자체와 그 검신에 새겨진 〈검명〉만 남아있을 뿐 이에 대한 구체적인 기록은 현존하지 않는다.

그러면 우선 용천검과 추련도의 검명에 대해 알아보도록 한다.『林忠愍公實記』에 수록된 林慶業의 龍泉劒 〈劒銘〉은 다음과 같다.

三尺龍泉萬卷書　석자 용천검에 만권의 책이니
皇天生我意何如　하늘이 나를 낳은 뜻이 무언가
山東宰相山西將　산동의 재상에 산서의 장수라 하지만
彼丈夫兮我丈夫　저들이 대장부라면 나도 대장부다[169]

168 현재 충민공 임경업 장군의 제사를 모시고 있는 종손 林昊奎의 2010년 증언에 의하면, 어린 시절 용천검을 직접 목도했었으며, 1950년 당시 피난 중에 용천검이 유실되었다고 한다.

169 『林忠愍公實記』 卷1 「遺文」 〈劒銘〉.

이 검명은 위에서 언급했듯이 임경업이 뱀에게서 용천검을 얻게 되자 그 자리에서 지은 작품으로 전해진다. 석자 용천검과 만권의 책은 임경업의 文武兼全을 의미한다. 몸에는 용천검을 지니고 머릿속에는 만권의 책에 해당하는 지식을 습득한 임경업 장군은, 하늘이 자신을 낳은 뜻이 무엇인지를 자문해본다. 중국의 산동지방은 재상으로, 산서지방은 장수로 유명하지만, 저들이 대장부라면 임경업 자신도 그에 못지않은 대장부임을 劍銘에 명시하고 있다. 임경업의 검명은 문무를 겸하여 갖춘 스스로에 대한 자부심을 드러내는 자존적인 성격을 가짐과 동시에, 중국의 영웅들에 버금가는 진정한 대장부가 되기 위하여 자기 자신의 마음을 다잡는 수신적 성격도 아울러 지니고 있다.

다음으로, 秋蓮刀[170]와 그 劍銘에 대해서 알아보도록 한다. 현재 충주시 단월동 충렬사 유물전시관에 보관되어 있는 충청북도 유형문화재 제300호인 추련도[171]에는 다음과 같은 검명이 새겨져 있다.

---

170 秋蓮刀는 원래 조선시대에 일반적으로 秋蓮劍이라 호칭되었으나, 2009년 시도유형문화재 제300호로 지정 당시 遺物名이 '추련도'로 등재되었기에, 이 책에서는 혼동을 피하기 위해서 추련도라는 용어를 그대로 사용하였다.

171 이 추련도는 칼과 칼집 모두 관리상태가 양호하며, 근래 들어서 2005년 7월부터 9월까지 이 검에 대한 화학적 보존처리가 실시되었다. 제원은 총길이 101.4cm, 폭 6cm, 칼날길이는 86.7cm이며, 도신은 철, 손잡이와 칼집은 목재, 목재를 고정시키는 流蘇穴 장식은 황동과 동으로 되어 있다. 칼코등이는 철판으로 제작되어 있으며, 그 위에 주석·납으로 합금하여 도금하였다. 도신 좌우측면에는 劍銘이 남아있으며, 劍匣은 後代에 제작한 것이다. 추련도는 일반적인 조선시대의 군용 예도에 비해서 손잡이가 두껍고 짧으며 칼날이 긴 특성이 있어서, 군용으로 대량생산된 도검이 아닌 임장군 個人 專用으로 제작된 私製 片手刀劍임을 추정케 한다. 그리고 임장군이 제작과정에서 자신의 의지를 담은 검명을 劍身에 새기도록 지시한 것으로 보인다.

時呼時來否再來　때여 때여 다시 오지 않나니[172]
一生一死都在筵　한번 살고 한번 죽는 것은 여기 있네
平生丈夫報國心　장부 한평생 나라에 바친 마음
三尺秋蓮磨十年　삼척 추련도를 십년 갈았네

추련도 검명에서 보이는 임경업 장군의 心狀은, 목숨을 바쳐야 하는 전투상황에 대해 자신의 검을 떨칠 수 있는 일생일대의 기회로 인식하고, 죽음을 무릅쓰고 자신의 위치를 지키겠다는 다짐이다. 장부 한평생을 나라에 바친 마음으로 삼척 추련도를 십년간 갈았다는 표현은, 中唐 詩人 賈島의 詩 〈劍客〉 중 '十年磨一劍'이라는 구절에서 차용한 것으로, 이 검명에서는 국가를 위태롭게 하는 外敵들을 베어버리기 위해 장군이 평소 武備를 게을리 하지 않았음을 의미한다.

이러한 임장군의 검은 실제 전장에서 어떤 武勇을 발휘하였는가? 다음은 惠寰 李用休(1708~1782)의 〈讀林將軍遺事志感〉[173] 중 제4수이다.

昔在丙子歲　옛날 병자년에
有若林英伯　林英伯같은 이 있었기에
金猛將要𪐴　金나라 猛將 要𪐴를
一刀如瓜断　단칼에 오이 자르듯 하였네[174]

172 時呼時來否再來는 원래 『史記』 「淮陰侯列傳」 중 蒯通의 말인 "지금과 같은 좋은 때는 다시 오지 않나니[時乎時乎不再來]"에서 차용한 어구인데, 검명에서는 乎가 呼와 來로 뒤바뀌어있으며 不도 否로 되어있다. 그리고 검명의 "一生一死都在筵"에서 '筵'은 '焉'의 誤記로 의심된다.

173 『임충민공실기』에는 제목이 〈林忠愍遺事志感〉으로 나와 있다.

174 『必東錄』 〈讀林將軍遺事志感〉.

金나라 猛將 要𩥇[175]는 淸 太宗의 조카였는데, 그가 300기의 기병을 이끌고 압록강을 건너려고 할 때, 임경업 장군이 이를 추격하여 요퇴를 비롯한 태반의 기병을 격살하고 잡혀가던 조선 백성 120여명을 구출하였으며, 말 60여 필을 노획했었다. 임경업의 경우 전투의 특별한 공적이 다만 공유덕과 경중명을 축출한 것과 요퇴를 격퇴한 것 외에는 없었기 때문에, 검을 휘두른 武勇에 관한 칭송은 거의 이 두 가지 戰功에 국한된다. 그리고 간혹 임경업이 淸의 추격을 피해 도피 중에 승려의 복장으로 商船에 올랐다가 검을 뽑아들고 이를 탈취하여 명나라로 망명했던 사실을 언급하면서, 이 劒을 임경업의 굴하지 않는 尊周大義 정신의 상징으로 간주하는 시각도 있었다.[176]

劒을 임경업 장군의 정신과 義氣에 연결시키는 관점은 文正公 宋時烈이 임경업의 傳에서 기술한바, '조정이 나에게 정예 포수 4만 명만 준다면, 장차 저 오랑캐들을 진격해서 섬멸하고, 압록강물에 검을 씻고 돌아올 것이다[朝廷與我, 精砲四萬, 則將往殲彼虜, 洗劒鴨水而歸耳]'라는 구절에서도 확연히 드러난다. 洗劒의 劒은 淸軍의 피가 얼룩진 검이다. 심양 공략의 命이 떨어지면 검을 휘둘러 오랑캐들을 쓸어버리고, 그 피에 젖은 검을 압록강에서 씻겠다는 임경업의 말은, 추련도 검명에서 보이는 '때여 때여 다시 오지 않나니, 한번 살고 한번 죽는 것은 여기 있네'라는 다짐과 일맥상통한다. 목숨을 걸고 검을 휘두를 수 있는 기회를 얻고자 심양 공략을 간청했던 임경업의 義氣는, 곧 존주대의의 정신에서 우러나온 것이다.

175 淸의 이전 국호가 後金이었기에, 상기 시에서 요퇴를 金나라 맹장이라 한 것이다.

176 이 부분은 『임충민공실기』에서 누차 언급되고 있으나, 劒으로 이룬 직접적인 功績과는 상관없는 부분이므로 이에 대한 자세한 설명을 생략한다.

심양 공략이 좌절된 뒤 비록 임경업이 추후에 전공을 많이 세우지는 못했지만, 이는 단지 기회가 주어지지 않아서였을 뿐이었다는 시각은 『임충민공실기』의 〈純祖丙子(行於家廟)〉 중 '경에게 尺劍이 있었어도 시험해볼 곳이 없었네[卿有尺劍, 無地可試]'라는 문장에서도 분명히 확인된다. 尹行恁이 언급했던 것처럼 '劍氣가 무지개처럼 뻗치는 갑 중의 검[匣中長劍, 氣指如虹]'[177]을 지니고 있으면서도 그 검을 써야할 상황에 제대로 쓸 수 없었던 임경업은, 결국 '한 손으로 검을 잡고 조각배로 항해하여[隻手提劍, 一葦航海]'[178] 명나라로 망명하게 된다. 그러나 끝내 그 검을 검답게 쓰지 못하고 淸의 포로가 된 후 귀국하여 凶臣 김자점의 간계에 의해 誅殺을 당하게 된 임경업은, 絶命의 순간 '天下의 大事가 아직 정해지지 않았으니, 나를 죽여서는 아니된다![天下事未定, 不可殺我矣]'[179]라고 외친다. 그는 淸이 완전히 중국을 평정하지 못했기 때문에 아직 자신의 劍으로 천하의 尊周를 회복하고 패전의 치욕을 씻을 수 있는 여지가 있는데도, 원통하게 죽음을 당해야 하는 울분을 포효한 것이다.

억울한 죽음으로 인한 임경업 장군의 원혼은, 成夢良(1673~?)이 〈林將軍舊墟〉[180]에서 '파도소리 발해를 울리고 劍氣는 하늘을 쏘았네[波聲咽渤海, 劍氣射天衢]'라 읊은 것처럼 발해마저도 울게 하고, 그의 쓰이지 못하고 남겨진 검이 劍氣를 하늘로 쏘도록 한다. 여기에서 劍은 임경업의 義氣가 서린 怨恨을 담고 있기에, 주인의 손을 떠

177 『林忠愍公實記』 卷2 〈正宗戊午(行於顯忠祠)〉.
178 『林忠愍公實記』 卷2 〈今上庚辰(行於墓所)〉.
179 『林忠愍公實記』 卷3 傳, 文正公 宋時烈 撰.
180 『林忠愍公實記』 卷2.

난 후에도 계속 劍光을 하늘로 쏘아올릴 수밖에 없었다.

19세기 麗韓九大家의 한 사람으로 칭해졌던 寧齋 李建昌(1852~1898)의 문집인 『明美堂全集』 권6에 수록된 〈延平行〉[181]에서는, 延坪島와 관련된 임경업의 일화를 소개하고 있다. 그 시에서 '달천장군은 진정 용자라서, 검 한 자루 들고 천하를 노려보았네[達川將軍眞勇者, 手持一劍睨天下]'라 하였는데, 達川將軍이라는 표현은 임경업의 출생지가 원래 原州市 富論面 蓀谷里 坪村이나, 당시 忠州 達川으로 잘못 알려져 있었기에 誤記된 것이다. '手持一劍睨天下'라는 구절은, 일취월장하는 淸의 강대함에 잠식되어가는 천하를 분노에 차서 검을 들고 노려보는 임경업 장군의 모습을 형용하고 있다. 이 검은 바로 임경업이 애용하던 용천검과 추련도였으며, 검이 상징하는 장군의 의기와 울분에 대한 사대부의 인식이 19세기까지도 면면히 이어져서 이건창의 시에서도 드러난 것이다.

(4) 南延年의 劍

忠壯公 玄岩 南延年(1653~1728)은 1727년 淸州營將兼討捕使로서 청주 지역에 부임하였다가, 1728년(영조 4) 李麟佐의 亂 때 반란

---

181 임경업 장군이 사대부들 사이에서 尊明排淸의 化身인 동시에 北伐論을 高揚시키는 悲劇的 英雄으로 인식된 반면, 민중의 구전설화에서는 生業을 돕는 福神으로 때때로 추앙받기도 했었다. 〈延平行〉에서는 임경업 장군이 중국으로 갈 때 연평도를 지나면서 조기를 잡았다고 해서, 장군의 義氣에 감동한 海神이 해마다 연평도 근해에다 조기를 몰아다 준다는 전설을 소개하고 있기도 하다. (정종대, 『한국 한시 속의 삶과 의식』, 새문사, 2005, 733~734쪽) 연평도뿐만 아니라 중국 망명과 관련된 해안 지역의 일련의 설화에서도, 임경업은 식수가 나는 곳과 조기가 많이 잡히는 지역을 알려준 生業과 관련된 영웅으로 추앙된다. (박경남, 「임경업 영웅상의 실체와 그 의미」, 『고전문학연구』 23집, 2003, 218쪽)

군의 기습으로 포로가 되자, 회유를 거부하여 끝내 적에게 斬殺당한 氣槪있는 武將이었다.

> 이듬해(1728) 3월 15일에 이인좌가 거병하여 청주로 잠입하니, 때마침 하늘에서 눈이 내렸다. 한밤중이 되어 청주의 군영이 혼란스러워져, 공이 그 소리를 듣고 놀라 일어나 검을 잡았는데, 적당들이 이미 침문의 안에까지 들어왔다. 공이 꾸짖기를: "너희 간적들이 감히 변란을 일으켰느냐!"라 하며 검으로 적을 내리치다가, 적에게 사로잡혀 觀德堂으로 끌려갔다. 이인좌가 병사들을 늘어세우고 당상에 앉아서, 공을 협박하여 무릎을 꿇리게 하였다. 공이 꼿꼿이 서서 눈을 부릅뜨고 크게 꾸짖기를: "나는 세 조정을 섬긴 옛 신하로 이곳의 장수로 부임하였으니, 지금 나이가 70이 넘었다. 어찌 한 번 죽는걸 아까워하여 너에게 굽히겠느냐? 내 목은 벨 수 있어도, 내 무릎은 끝내 굽힐 수 없으리라." 적들이 크게 노하여 더욱 급박하게 공을 위협하였고, 심지어 칼을 뽑아 공의 두 무릎을 내리치기도 하였다. 공은 오히려 무릎을 꿇지 않고, "이 개새끼들아. 얼른 내 목을 베어라!"라 하며 꾸짖기를 그치지 않았다. 다음날 이른 새벽에 드디어 살해당하였다. 당시 나이 76세였다.[182]

영조는 이 소식을 듣고 남연년에게 兵曹判書를 특별히 증직하고 忠壯이라는 시호를 내렸으며, 후일 '세찬 바람이 불어야 군센 풀을 알 수 있다[疾風知勁草]'는 『後漢書』 「王覇傳」의 故事를 인용하여

---

182 『南忠壯公詩稿』 〈行狀〉: 明年三月十五日, 麟佐擧兵入清州, 會天雨雪. 夜將半, 淸州軍亂, 公聞之, 驚起按劒, 賊已入寢門之內. 公罵曰: "爾姦賊, 敢爲變邪!", 以劒擊賊, 爲所執賊, 牽去至觀德堂. 麟佐陳兵坐堂上. 脅公使跪, 公平立瞋目大罵曰: "吾以三朝舊臣, 來爲鎭帥, 年今七十餘矣. 豈愛一死, 而屈於汝乎? 吾頭可斬, 吾膝終不可屈." 賊大怒脅公益急, 至拔劒擊公兩膝. 猶不跪曰: "狗鼠輩, 速斬吾頭!", 罵不絶聲. 明日昧爽遂見殺. 時年七十六.

공을 칭송하였다. 또 다산 정약용은 그의 시 〈悲西原〉에서 '河北에 어찌 일찍이 義士 있었던가. 節義 다한 이는 오직 하나 남연년뿐[河北何曾有義士, 盡節唯一南延年]'이라 하여 안록산의 난 때 河北 24개 郡이 모두 무너졌으나 平原太守 顏眞卿(709~785)이 적병을 토벌하였던 고사를 언급하면서, 적의 칼날 앞에서도 굴하지 않은 남연년의 의로움을 이와 비견해서 찬양하기도 하였다. 남연년은 비록 평생동안 戰亂을 겪지 않았기에 오래도록 武官職에 있어도 큰 공이 없었으나, 老年에 맞닥뜨리게 된 반란군의 칼날 앞에서 자신의 安危를 돌보지 않고 가열차게 적을 꾸짖는 勇猛을 보여, 비록 逆徒의 凶劒에 幽明을 달리 하게 되었지만 마침내 千古의 忠臣으로 그 이름을 남겼다.[183]

충장공 남연년의 遺稿를 모은 『南忠壯公詩稿』에는 검에 관한 시 11수가 전해온다. 그 중 〈次朴郎韻〉은 1709년(숙종 35)경 平安道의 理山郡守로 재직 당시에 지은 작품으로 추정되는데, 僻地에서 벼슬살이하는 자신의 신세를 칼을 울리는 검객[鳴劒客]에 비유하고 있다.

曾向騷壇已破盟	일찍이 시단을 향해 이미 맹세를 깨뜨렸으니
從今四友謝交情	이제부터 문방사우들과 사귀는 정을 접으려하네
愁聽蜀魄添鄕思	두견새소리 근심스레 듣노라니 고향생각 간절하고
喜得隋珠覺夜明	수나라 구슬[184]을 기쁘게 얻으니 밤에도 빛남을 깨닫네
身世自憐鳴劒客	신세는 명검객을 스스로 슬퍼하고

183 『記聞叢話』와 『溪西野談』에 남연년의 의로운 죽음과 輓詩에 대한 일화가 남아 있다.

184 『莊子』 「讓王」에 나오는 夜光珠인 隋侯之珠를 의미한다.

文章每勸讀書生　문장은 매양 독서생을 권면하네
荒年別有如傷痛　흉년이라 특별히 가슴 아픈 일이란
哀此西民餒在耕　애달파라 이 서쪽 백성들 밭 갈면서 굶주림이[185]

鳴劍客은 원래 戰國時代 齊나라 薛땅의 권력자 孟嘗君의 賓客이었던 馮驩을 의미한다. 풍환은 맹상군이 자신의 능력을 몰라주고 제대로 대우해주지 않자 매번 검을 두드리며 불평이 담긴 노래를 하였는데, 후일 引伸하여 임금에게 재능이 알려지지 않아서 좋은 벼슬에 발탁되지 못한 逸士를 지칭하는 용어로 사용되었다. 남연년은 비록 당시 일사는 아니었지만, 조선의 최북단 지역인 평안도의 군수 지위가 자신의 마음을 채우지는 못하였기에, 명검객인 자신의 신세를 가련하다고 표현하였다. 그의 다른 시 〈漫吟〉에서도 '칼 두드리며 높이 노래하는 세모의 하늘[擊劍高歌歲暮天]'이라는 구절이 보이는데, 이어지는 '南征과 北伐은 남아의 일이니, 옥섬돌 앞에서 성공을 고해야 하리[南征北伐男兒事, 告厥成功玉陛前]'라는 부분은, 남연년의 鳴劍, 즉 擊劍高歌가 단순히 낮은 지위에 대한 불평이 아닌, 남정과 북벌로 공적을 세워 임금에게 성공을 고하고자하는 武臣다운 氣概의 발로임을 알 수 있게 한다.

조정에서 중용되지 못하여 재능을 마음껏 발휘할 수 없는 자신의 처지에 대한 한탄은 남연년의 다른 시들에서도 계속적으로 드러난다. 〈次虞候令公韻〉에서는 '용천검 한 자루 뉘라서 휘두르랴, 번쩍이는 서늘한 빛 햇빛에 빛나네[龍泉一劍爲誰揮, 閃鑠寒光映日輝]'라 하였는데, 여기에서의 용천검은 남연년 자신의 숨겨진 재능을 뜻한다. 〈次

185 『南忠壯公詩稿』〈次朴郎韻〉.

韻贈人〉에서 연나라의 형가와 조나라의 예양처럼 검술로 유명한 장사를 불러와서 검을 어루만지며 비장한 노래를 듣던[招來燕趙士, 撫劍聽悲歌] 남연년은, 이제까지 국가를 위해 아무런 공이 없었으나 충성의 마음을 변치 않을 것임을 스스로에게 맹세한다. 여기에서의 撫劍은, 그의 또 다른 시인 〈劍〉에서 그 성격이 더욱 명확히 드러난다.

十年磨一劍　십년 동안 한 자루 검을 갈아내도
天下無風塵　천하에 風塵이 없구나
欲作周防物　두루 방비하는 기물로 삼고자 하였는데
咨嗟撫爾頻　탄식하며 너를 자주 쓰다듬네[186]

이 시는 賈島의 시 〈劍客〉의 첫 구절인 '十年磨一劍'을 차용하였다. 십년이나 걸려서 검 한 자루를 갈았어도, 평화로운 시절이라 천하에 먼지바람이 이는 變亂이 없었다. 자신의 검을 외적의 침입으로부터 국가를 두루 방어하는 기물로 삼고자 하였으나 결국 검을 사용할 곳이 없었던 남연년은, 앞서의 시처럼 탄식하며 검을 쓰다듬을 뿐이다. 〈寄贈趙生〉에서도 그는 '늙어갈수록 한갓 감개한 정만 남아, 이오 땅의 한 자루 검 아직 울리지 못했네[老大徒然感慨情, 伊吾一劍未曾鳴]'라 하며 伊吾産 寶劍[187] 한 자루를 지니고 있었으나 노년이 되도록 큰 전투가 없었기에, 전장에서 아직 그 검을 울게 할 공적은 세우지 못한 자신의 처지를 한탄하면서 中樞府와 左鎭營에서 근무했던 지난날을 돌아보며, 헛된 명성에 집착하지 않고 國事에 임해

186 『南忠壯公詩稿』〈劍〉.

187 伊吾는 西域인 新疆에 속한 하미[哈密] 지역의 漢나라 때 명칭인데, 寶劍의 産地로 유명한 곳이다.

정성을 다할 것을 다짐한다. 상기 남연년의 시에서 나타나는 劍은, 남연년의 재능을 상징하는 기물임과 동시에, 세상에서 제대로 쓰이지 못하는 남연년 자신의 모습을 투영하기도 한다. 그의 다른 시 〈漫吟〉에서 보이는, 무지개빛을 갑 속에 감춘 고검[古劍虹藏匣]은, 바로 이러한 점들을 함축적으로 지니고 있는 것이다. 〈漫吟〉에서 병법을 얘기하자니 '거친 마음 요동치고, 나라를 걱정하매 한 조각 마음 분명하던[談兵麤膽掉, 憂國寸心明]' 남연년은, 〈次龍宮宰韻 感興〉에서도 마찬가지로 憂國의 丹心으로 병법을 이야기하며 백발을 빛낸다. 그는 이 시에서 慶尙道 醴泉지역인 龍宮의 수령에게 삼척검을 얻어 평생의 심정을 검에 부치고자 한다. 이 심정은, 비록 국가에 의해 그 재능을 인정받지 못했으나 끝까지 충성을 변치 않겠다는 신념을 고수하고자 하는 남연년의 결심 그 자체이다. 이러한 결심은 남연년의 시 속에서 수도 없이 劍에 담기게 되고, 결국 남연년과 劍이 同一化되는 결과를 초래한다.

남연년의 시에 나타난 劍과 撫劍의 형상은, 때로는 위와 다른 모습으로 표현되기도 한다. 다음은 〈次朴郎韻〉과 비슷한 시기에 지어진 〈寧邊使君見示佩劍爲之賦〉이다.

相逢意氣拔龍刀	서로 만나 의기에 겨워 용도를 뽑으니
閃閃寒光照鬢毛	번쩍이는 서늘한 빛 귀밑머리 비추네
手撫時時多感慨	때때로 어루만지며 감개에 겨우니
將軍猶有少年豪	장군은 아직도 젊은 시절 호기가 남았네[188]

188 『南忠壯公詩稿』〈寧邊使君見示佩劍爲之賦〉.

남연년은 평안도 寧邊의 사또가 칼집에서 뽑아서 보여주는 龍刀를 보고 이 시를 썼다. 영변 사또는 아직도 청년 시절의 호기가 남아서, 때때로 이 검을 어루만지며[手撫時時] 감개에 겨워한다. 여기서 보이는 撫劍의 情操는 앞서 이충무공을 노래한 차운시에 나타난 외적에 대한 적개심이 가득 찬 정조나, 重用되지 못한 신세에 대한 自嘆의 정조와는 달리, 豪俠처럼 패기를 간직했던 젊은 날을 그리워하는 무장의 감회를 담고 있다.

秩至西樞府	품계는 중추부에 이르렀고
官兼北幕賓	관직은 북평사를 겸하였다네
海山隨處對	바다와 산은 가는 곳마다 마주보이고
鷗鳥坐來親	갈매기는 좌석 곁으로 가까이 다가오네
撫劍心猶壯	검을 어루만지니 마음은 오히려 장대해지고
彈弓氣欲伸	활을 당기니 기개를 떨치고 싶네
如聞壇改築	단을 다시 쌓았다는 소식이 들리니
擬試據鞍身	안장에 한 번 몸을 기대보고자 하네[189]

이 시에서의 撫劍은 앞서의 시들과는 또 다른 정서를 지니고 있다. 이 撫劍은 외적에 대한 적개심과 분노를 상징하는 행위거나 추억에 대한 감회의 표현, 혹은 자신의 재능에 대한 한탄이 아니라, 撫劍을 통해서 武臣으로서의 마음 속 雄志를 다잡으려는 修身的인 성격을 지닌다.

---

189 『南忠壯公詩稿』〈述懷〉.

2) 遊俠詩와 邊塞詩의 刀劍

遊俠의 氣風인 俠氣가 드러나는 遊俠詩는, 예로부터 武의 강함을 숭상했던 시인들에 의해 끊임없이 노래되어왔다. '士는 자신을 제대로 알아주는 이를 위해서 죽는다[士爲知己者死]'라는 자객 豫讓의 말처럼, 유협적 기질을 지닌 선비는 자신을 검에 빗대어 자신을 제대로 알아주고 자신의 가치를 평가해줄 수 있는 聖君이나 知音을 시 속에서 칭송하고 갈구한다.

遊俠詩는 人物, 身邊事物, 活動時代 및 空間, 遊俠的 精神과 行動이라는 네 가지 주요 구성요소를 지니고 있는데, 그 중 刀劍은 신변사물에 포함된다. 유협시 중 도검을 주변사물로 한 경우에는 도검의 意象이 시 속에서 두드러지는데, 17세기의 朝鮮詩壇에서 유협시의 작가층이 급격히 증가하게 되면서, 도검도 그 안에서 중요한 소재로 아울러 각광을 받게 된다.[190]

西浦 金萬重(1637~1692)의 〈觀黃昌舞〉[191]는 신라의 소년 협객인 황창랑의 검무를 읊은 劍舞詩이면서, 동시에 遊俠詩의 성격을 포함하고 있는 작품이다.

---

190 林濬哲, 「遊俠詩의 類型的 傳統과 17世紀 朝鮮詩壇의 遊俠詩」(『漢文教育研究』 卷26, 韓國漢文教育學會, 2006) 참조. 임준철은 「朝鮮中期 漢詩에서의 典型 意象의 繼承과 美感의 擴充(Ⅰ)―邊塞風·遊俠風 意象을 중심으로」(『韓國漢文學研究』 35집, 한국한문학회, 2005)와 기타 논문에서도 遊俠과 劍의 意象에 주목하는 경향을 보였다. 그의 연구성과는 최근 출간된 『朝鮮中期 漢詩 意象 研究』(일지사, 2010)에 대부분 집약되어있다. 박희병은 「조선후기 民間의 遊俠崇尙과 遊俠傳의 成立」(『韓國古典人物傳研究』, 한길사, 1992)에서 민간의 유협숭상이 散文化되어 傳으로 나타나는 양상을 보여주었다.

191 『西浦集』 卷2 〈觀黃昌舞〉.

繁絃欲停催撾鼓	번다한 현악 멈추고 북치는 것 재촉하니
翠眉女兒黃昌舞	파란 눈썹의 여아 황창무를 추네
短後之衣頭虎毛	단후의에 호랑이털 모자를 쓰니
頗似木蘭行負羽	자못 목란이 화살통 지고 출정 가는 듯
長袖洋洋拂地起	긴 소매 넘실넘실 땅을 떨치고 일어나는데
欻驚腰下秋蓮吐	갑자기 놀랍게도 허리 아래로 추련검을 토해내네
左盤右旋勢轉急	좌로 소용돌이쳤다 우로 되돌아오며 기세가 빠르게 도는데
風雨颯颯雷霆怒	비바람이 숙숙 천둥이 노하네
弓彎舞袖眞嫌俗	허리를 뒤로 굽히고 춤추는 소매 참으로 혐오스런 풍속이나
公孫劒器何足數	공손대랑의 칼춤을 어찌 헤아릴 수 있으랴
吾聞海東昔三分	내가 들으니 해동이 옛날 셋으로 나뉘어
日尋干戈相侵侮	날마다 干戈를 찾아 서로 侵侮하였네
惠文好劒風俗成	武官이 검을 좋아하는 풍속이 성하였는데
黃昌十四勇如虎	황창은 열네 살 용기가 범과 같았네
洗國深羞報君王	나라의 깊은 수치 씻어내고 임금 은혜 갚아서
功成身死名萬古	공을 이루고 몸은 죽으니 만고에 이름났도다
項莊鴻門謾掉箾	항장은 홍문연에서 부질없이 箾를 흔들었고
荊卿遺恨在銅柱	형가의 남은 한은 銅柱에 있네
舞陽色變秦王宮	진무양의 안색은 秦王의 궁에서 변하였나니
唉彼竪子非爾伍	아! 저 더벅머리 아이 너의 짝이 아니었네
聖代昇平文敎敷	聖代에는 태평하여 文敎를 펴니
故國遺民齊變魯	고국의 유민 齊를 魯로 바꾸었네
庠序絃誦達四境	서당에서 글 읽는 소리 사방에 닿았고
巍峩章甫委蛇步	우뚝한 장보관 쓴 선비들 줄지어 걸어가네
烈士風聲久寂寞	열사의 소문이 오래도록 적막하나
賴有此舞傳樂府	이 춤에 힘입어 악부에나마 전하네

奉化賓舘開勝宴	봉화의 賓舘에서 성대한 잔치를 열었으니
北客初看毛髮豎	북쪽 손님이 처음 보고 머리털 곤두섰네
願見北地傳介子	원컨대 北地郡의 傳介子를 보고 싶지만
杜陵老儒心良苦	杜陵 늙은 선비 마음이 참으로 쓰라리다네
如今鬚眉男子且巾幗	지금 풍채 좋은 남자들조차 巾幗을 썼으니
嗚呼黃昌之舞竟何補	아아! 황창무가 끝내 무슨 도움이 되겠는가?

충분히 전투에 활용할 수 있는 腕力을 지닌 風采 좋은 남자들도 검을 들지 않고 儒者의 巾幗을 쓰고 있을 정도로 武風이 퇴색되어버린 당대 현실을 개탄한 김만중은, 신라의 少年 遊俠인 황창과 項莊·荊卿·傅介子와 같은 중국의 英雄 俠客들과의 비교를 통해서 우리도 중국에 뒤지지 않는 俠의 풍조가 과거에는 있었음을 밝혔다. 이러한 俠氣가 사라진 지금의 세태는 기녀들이 추는 황창무를 보는 김만중의 마음을 쓰라리게 할 따름이었다.

松溪 李麟奇(1549~1631)는 〈次入燕大風韻〉에서 보검을 자주 어루만지는 행위를 통해 마음이 더욱 장렬해짐을 말하고 있다.

寶刀頻撫心猶壯	寶劒을 자주 어루만져 마음이야 씩씩한데
往事潛思意轉悲	지난 일 가만히 생각하니 뜻은 더욱 슬퍼지네[192]

이인기의 검을 어루만지는 행위는 武力을 희구한다는 원초적인 의미를 지니고 있다. 보검은 여기서 이인기의 義氣를 증폭시켜주는 촉매제가 된다. 往事는 정묘호란으로 인한 조선의 굴욕을 의미하는데, 이인기는 이를 떠올리며 협객처럼 비장한 마음을 품는다.

192 『槿墨』 仁312 〈次入燕大風韻〉.

金終男(1563~1618)의 〈贈月沙赴京奏事〉는 주청하는 일로 연경에 가게 된 생질 月沙 李廷龜(1564~1635)에게 1604년(선조 37) 3월에 준 시이다.

朝家有急賢者勞	조정에 급한 일이 있으면 어진이가 수고로운 법
五載一身再入京	5년 만에 혼자서 다시 북경에 들어가네
鴨水西流薊門遠	압록강은 서쪽으로 흐르고 薊門은 먼데
一劍勇往身何輕	검 한 자루로 용감히 가니 몸은 어찌 그리 날렵한가[193]

나라를 안정시킬 수 있는 瑚璉 같은 인재인 이정귀는, 임무를 품고 5년 만에 다시 연경으로 향한다. 압록강이 서쪽으로 흐르고 계문은 멀리 있는데, 검 한 자루라는 최소의 武裝을 한 상태로 행차를 하는 이정귀의 발걸음은 마치 당나라의 遊俠少年처럼 날렵하다. 검 한 자루를 들고 가볍게 몸을 움직이는 유협 이미지는 때로는 신선과도 같은 느낌으로 다가오기도 하며, 이러한 점은 1620년(광해 12) 2월 상순에 지어진 鶴泉 成汝學(1557~?)의 시에서도 나타나고 있다.

□是君旣稟仙骨	그대는 신선 같은 골격을 타고나
解乘公溥出塵寰	공직을 버리고 속세를 벗어나
還從督府辭丹棨	도리어 幕府에서 붉은 부절을 사양하고
却向明州陟翠巒	다시금 明州 향하여 푸른 산봉우리 오르네
想把枯笻試雙屐	생각건대, 마른 지팡이에 두 짝 나막신을 신고
幾携長劍倚孱顔	몇 번이나 장검을 들고 험한 산에 올랐던가
卷中麗句移佳景	시권 속 좋은 구절은 아름다운 경치를 옮겨놓았고

193 『槿墨』 仁388 〈贈月沙赴京奏事〉.

幕下威聲懾醜蠻　막부 아래 위엄과 명성 오랑캐를 두렵게 하네[194]

玉骨仙風을 떠올리게 하는 풍모를 지닌 隱逸之士는 속세의 공직을 마다하고 明州의 험한 산을 오른다. 장검 한 자루와 지팡이, 나막신을 갖춘 은자의 행색은 어찌 보면 劍俠에 가깝지만, 험준한 산을 오르는 모습은 오히려 劍仙을 떠올리게 한다.

東溟 金世濂(1593~1646)의 〈두어 편의 시로 청구에 화답함[數詩和靑丘]〉은 평소 자신의 뜻을 펴지 못한 채 사냥으로 소일하던 劍俠이, 변경에 외적의 침입이 닥치게 되자 戰鬪를 통해 戰功을 세워 褒賞을 받게 되는 과정을 그리고 있다.

一朝不自得　하루 아침도 뜻대로 되지 않아서
擊劍事游俠　격검으로 유협을 일삼았다네
二弓揷彫服　두 자루 활은 彫服에 꽂고
白馬幽幷獵　백마타고 유주·병주로 사냥갔다네
三邊方未和　세 변방이 바야흐로 화친 못하여
虜騎犯障堞　오랑캐 기병이 성벽을 범했네
四校莫敢先　사교도 감히 먼저 나서지 못했고
衆將歸我捷　뭇 장수도 나에게 大捷을 돌렸네
五日不解甲　5일을 갑옷도 벗지 못하고
短兵晝夜接　밤낮으로 短兵이 맞부딪혔네
六部爭叩額　六部는 다투어 이마를 조아리고
龍庭已震慴　龍庭도 이미 놀라 떨었거늘
七擒不足道　七擒은 말하기도 부족하니
天子賞金牒　천자가 금첩을 상내렸다네

194 『槿墨』 仁426.

八珍縱歡宴　팔진미는 환영잔치에 진설되고
少妾嬌紅頰　少妾은 붉은 뺨이 교태롭다네
九族生光華　九族은 빛나는 英華가 생겨나고
賓僕盡敦恊　賓僕은 모두 도탑게 화합하네
十載始還鄕　십 년 만에 비로소 고향에 돌아오니
百事唯心悏　온갖 일이 마음대로 들어맞도다[195]

세상 일이 뜻대로 되지 않자 일상적으로 칼싸움을 하고, 화려한 조복에 두 자루 활을 지낸 채로 백마에 올라 중국대륙의 幽州와 幷州를 누비며 사냥을 다니던 시적 자아는, 변방에서 오랑캐 기병에 의해 분란이 일어나자 바로 전장으로 향한다. 적의 위세에 눌려 사방의 部隊인 四校도 감히 先攻을 못하고 여러 장수들도 패배가 두려워 大捷을 떠넘기는 상황에서, 短兵器로 5일간 밤낮을 가리지 않고 싸워 적을 제압하자 六部도 모두 머리를 조아리고, 흉노족의 祭天儀式 祭壇이 있던 雁門山 龍庭의 선우도 겁을 내어 떨 정도였다. 시적 자아가 諸葛孔明이 南蠻王 孟獲을 자유자재로 생포하고 놓아주었던 七縱七擒의 고사도 무색하게 할 정도의 큰 전공을 세운 터라, 황제에게서 특별히 金牒을 하사받는다. 八珍味가 진설된 환영잔치에서 아리따운 소첩을 낀 시적 자아는, 일가친척이 모두 영화롭고 종복들까지 화합하여 10년 만의 귀향에 더할 나위 없이 모든 것이 만족스럽다. 이 시에서 시적 자아는 하루도 뜻대로 되는 일 없었던 불만족스러운 생활을 戰功을 통해 일거에 刷新하면서 행복하고도 만족스러운 삶을 쟁취하게 되는데, 그러한 전공을 세울 수 있었던 저변에는 劒을 휘두르

195 『東溟集』 卷4 〈數詩和靑丘〉.

고 활을 쏘았던 유협시절의 경험이 있었다. 상기 시 첫 부분의 '격검으로 유협을 일삼았다네[擊劒事游俠]'라는 구절은 劒과 游俠의 俠行이 불가분의 관계임을 의미한다.

1620년(광해 12) 늦봄에 지어진 柳命立(1600~1647)의 〈次秋山韻 奉贈李評事榮伯〉을 보면, 평사 이영백(1594~?)에게 주어진 임무가 남아로서 만나기 힘든 좋은 기회이니, 앞서 소개한 〈송맹동야서〉의 구절처럼 평정함을 얻지 못하여 울부짖는 雄劒을 이용하여 武威를 떨쳐 변방을 평정하라고 장려하고 있다.

駐馬河橋落照明	말을 멈춘 河橋에는 석양빛 밝은데
少年豪氣重橫行	소년들의 豪氣는 거듭 막힘없이 내달리네
參籌自有胸中甲	책략에 참여함에 마음속에 갑옷 간직하고
制敵何煩塞下兵	적을 제압함에 변방의 군사들로 무에 그리 번거롭나
此正男兒難得會	이것은 남아가 만나기 힘든 기회이니
肯教雄劒不平鳴	雄劒으로 하여금 不平의 울음 울게 하랴
戍樓羌篴梅花曲	戍樓에서 부는 羌篴의 梅花曲 들으면
應惱天涯遠別情	그래도 하늘 끝 멀리 이별한 정에 괴로웁겠지[196]

塞下兵과 갑옷·雄劒·戍樓·羌篴의 梅花曲 등의 시어들은 통해서 외적과 대치한 北塞의 분위기를 드러내는 이 작품은, 도입부에서 少年豪氣라는 시어를 내세워 일견 유협적인 풍미를 보이다가 邊塞詩적인 意象을 특징적으로 나타낸다.

武愍公 野堂 柳赫然(1616~1680)은 오랜 세월 軍幕에서 함께 근무했던 제2차 羅禪征伐의 名將 申瀏에 대한 輓詞에서 다음과 같이 읊었다.

196 『槿墨』 義308 〈次秋山韻 奉贈李評事榮伯〉.

曾入籌司共作郞　일찍이 비변사에 함께 있었고
晩同戎事騁沙場　만년에는 함께 전투하며 사막을 말달렸지
心雄白首猶看劒　마음만 웅장한 白首 나이에도 오히려 검을 쳐다보다가
志在黃龍痛飮觴　발해지역에 둔 뜻을 滿醉로 달래었네
鐵鉞關防今寂寞　鐵鉞의 직분으로 지키던 관방 지금은 적막하나
弓箕家業後榮昌　대를 잇는 가업에 후손이 번창하네
老夫爲國堪垂涕　老夫는 나라위해 눈물 참지만
更得何人守四方　다시금 누굴 얻어 사방을 지키랴[197]

1658년(효종 9) 羅禪征伐 당시 淸의 요청으로 함경도의 조총병 200여 명을 거느리고 참전해서, 淸軍과 연합하여 黑龍江에서 러시아 군대와 격돌, 적의 船隊 10척을 불태우고 1척을 패주시켰으며 敵將 이하 270여명을 사살하는 大勝을 거둔 名將인 鳳下 申瀏(1619~1680)는, 당시 李浣과 柳赫然과 함께 三大將이라 일컬어졌었으며 효종이 추진하던 北伐計劃의 中樞가 되는 인물이었다. 그는 효종 사후 경상좌도와 황해도의 병마절도사·삼도수군통제사 등의 軍 要職을 역임하였는데, 1679년(숙종 5)에 許堅(?~1680)이 유부녀인 次玉을 강제로 납치·겁탈한 사건을 左捕盜大將인 具鎰(1620~1695)이 조사했을 때, 右捕盜大將의 직분에 있던 신류가 구일과 함께 허견의 부친인 영의정 許積(1610~1680)을 공격하려고 허견의 죄를 꾸몄다는 누명을 뒤집어써서 삭탈관직 당하고 還鄕한 후, 1680년(숙종 6) 1월 疾患으로 인하여 사망하였다.[198]

---

197 『統相公實紀』卷2《輓詞》. 여기에 실린 신류의 안타까운 죽음을 추모한 輓詞 중 유혁연의 작품을 포함한 총 7수에서 劒의 意象을 노래하였다.

198 신류가 누명을 쓰게 된 사건의 장본인은 허견과 그의 부친 허적이다. 그런데 결국 허견의 逆謀가 들통나서 허견은 1680년 4월에 凌遲處死를 당하였고 허적도

유혁연의 신류에 대한 만사에는 같은 軍陣에 몸담았던 동료에 대한 우정과 그리움의 심사가 묻어난다. 변새시의 풍취가 가득한 이 시에서 유혁연은 늘그막에도 雄心을 잃지 않는 看劍의 意象을 노래하면서 遼東征伐의 꿈을 痛飮으로 달랠 수밖에 없었던 신류의 모습을 그리고 있는데, 이러한 친구 신류의 모습은 곧 삼대장의 하나였으나 결국 宿願이었던 遼東 進軍이 좌절되어 노년이 되도록 武威를 떨치지 못한 스스로의 신세를 한탄하는 유혁연 자신의 모습이기도 하다. 제2차 나선정벌 당시 적을 大破했던 한 시대의 英雄이, 실제로는 무죄임에도 불구하고 억울하게 죄에 연루되어 파직당하고 말년에 낙향하여 초라한 죽음을 맞이해야 했던 현실은 유혁연의 눈가에 눈물이 어리게끔 한다. 비록 공은 무장답게 눈물을 참지만, 신류에 비길만한 인물이 누가 있겠는가라는 질문을 통해 자신의 애통한 심사를 드러내었다.

文臣이면서도 북방 六鎭을 개척한 愛國名將인 金宗瑞(1383~1453)의 時調를 漢詩化시킨 耳溪 洪良浩(1724~1802)의 〈掛劍〉은, 18세기 조선의 대외 관계에서 가장 큰 논란거리가 되었던 백두산정계비 사건을 환기시키는 작품으로, 백두산에 대한 민족적인 문제의식을 보여주는 朝鮮風의 漢詩이다.

掛劍白頭山石	백두산 돌에 칼 걸고
飮馬黑龍江水	흑룡강물로 말 먹이리라
東家腐儒莫笑我	동방의 썩은 선비들아 우리 비웃지 마라
男兒事業當知此	男兒의 事業 응당 이와 같아야 하리
他日麟閣圖形後	다른 날 功세워 기린각에 형상이 그려지면,

동년 5월에 賜死되었다. 이로 인하여 일어난 庚申換局 때문에 南人들은 완전히 몰락하였고, 유혁연도 이에 연좌되어 유배 후 동년 9월에 사형을 당하게 된다.

角巾騎牛去訪爾　處士로 소 타고 그대 찾아가리라[199]

홍양호는 시조의 長白山과 豆滿江을 각각 白頭山과 黑龍江으로 바꾸고, 시조에는 없는 '男兒事業'이나 '他日麟閣圖形後'와 같은 표현들을 첨가하여 백두산 정계로 인해 淸에게 빼앗긴 강역을 회복하고자 하는 마음을 은연중에 드러내고 있다.[200] 보통 漢詩에 있어서 掛劍은 季札掛劍의 고사를 상징하는 시어로 자주 사용되지만, 위 시에서는 백두산에 칼을 거는 행위인 掛劒 자체가 백두산이 조선의 영역임을 의미하는 상징성을 지닌다. 이 때문에 홍양호는 이러한 상징적 의미를 가진 〈괘검〉을 위 시의 제목으로 선택한 것이다.

홍양호의 또 다른 변새시 〈臨溟大捷歌〉는 임진왜란 당시 北關 지방에서 활약한 鄭文孚(1565~1624)와 義兵을 일으킨 3인을 노래한 작품이다. 모두 674字 95句로, 여타 한시에 비해서 길이가 긴 이 시 속에서는 왜적을 물리친 劍의 意象이 표현되어있다.

陳雲初霽白楡社　당산나무 서낭당에 戰雲이 처음 걷히고
血刃淨洗靑海水　맑은 동해물에 피묻은 칼 씻었도다
朔方二十有三州　북방이라 스물 세 고을
寸地皆還我疆理　한치 땅도 모두 회복하였다네

大敗한 왜군 부대가 넋이 나가 대성통곡하는 倭將과 함께 마천령

199 『北塞雜謠』〈掛劒〉. (진재교, 〈耳溪 洪良浩論〉『朝鮮後期 漢詩作家論』2, 117쪽. 解釋 참조)

200 진재교, 〈耳溪 洪良浩論〉『朝鮮後期 漢詩作家論』2, 117~119쪽, 〈洪良浩의 北塞雜謠〉, 『韓國의 古典을 읽는다』3, 274~275쪽 참조.

을 넘어 퇴각하는 장면이 나오는 앞부분과 이어지는 상기 구절은, 의병의 승리를 칭송하는 시적 분위기의 절정을 이룬다. 정문부의 형상과 북관 의병들의 생동하는 모습이 직접 그려지지는 않았지만, 이 시에 묘사된 피에 젖은 칼을 맑은 바닷물에 씻는 행위는 왜적에 대한 승리 그 자체를 상징한다. 북방 23 고을의 한 치 땅도 왜적에게 빼앗기지 않고 모두 회복한 자부심은 바로 승리의 血刃으로 인해 생겨날 수 있었다.[201] 옛 격전지를 지나가다가 이러한 정문부의 행적에 격동된 홍양호는, 변방에 휘몰아치는 삭풍소리를 들으면서 '검을 두드리며 격렬하게 노래한다.[彈劍歌聲激烈]'

위에 소개한 유협시와 변새시는, 도검문학의 구성요소 중 유협과 변새의 의상이 자주 드러난다는 점을 상기시켜준다. 본절에서는 한시만을 간추려 일람했지만, 다른 문체로 창작된 여타 도검문학작품들도 유협과 변새의 의상을 지닌 경우가 다수 존재했었다.

3) 劍舞詩의 詩的 形象

古來 劍舞의 기본적인 목적은 劍을 이용한 무예수련과 살생에 있었다. 황창랑이 검무를 통해 백제왕을 암살한 것을 보아도 알 수 있듯이 황창랑의 검무는 애초 그 수련목적 자체부터가 살인을 통한 복수를 위한 것이었다. 休翁 沈光世(1577~1624)의 『海東樂府』〈黃昌郎〉에서는 부친의 죽음에 대한 복수가 황창랑 고사의 근저에 깔려있는 암살의 중점적 원인임을 보여준다.

---

201 진재교, 『耳溪 洪良浩 文學 研究』, 350~351쪽 번역·해석 참조.

신라 사람인데 그 아비가 백제에 죽임 당하였다. 황창은 10여 세에 검무를 배웠는데 백제의 저자에서 춤을 추어, 왕이 듣고서 그를 보니 드디어 왕을 찔러죽이고는 더불어 같이 죽었다. 지금의 경주에 이 춤이 전습된다.[202]

十餘學劒舞　　십여 세에 검무를 배웠으니
觀者傾一市　　보는 자들이 온 저자를 기울인 듯
兒心豈無以　　아이의 마음이라도 어찌 까닭이 없을까
報仇輕一死　　원수 갚고자 한 번 죽음을 가벼이 여겼네
回首笑古人　　고개 돌려 옛 사람을 비웃으니
舞陽眞竪子　　진무양은 진정 애송이였구나

‘십여 세에 검무를 배웠으니[十餘學劒舞]’는 어린 나이에 검무를 배웠음을 의미하고, ‘보는 자들이 온 저자를 기울인 듯[觀者傾一市]’은 백제 저자에서 검무를 공연하는 황창랑을 보기 위해 상당히 많은 인원이 몰려들었음을 빗댄 표현이다. ‘아이의 마음이라도 어찌 까닭이 없을까[兒心豈無以]’는 부친과 나라의 원수인 백제의 汾西王을 격살하려 했던 황창랑의 결의를, ‘원수 갚고자 한 번 죽음을 가벼이 여겼네[報仇輕一死]’는 복수를 위해 죽음을 두려워하지 않았던 황창랑의 비장한 태도를 보여주고 있다. ‘고개 돌려 옛 사람을 비웃으니, 진무양은 진정 애송이였구나[回首笑古人, 舞陽眞竪子]’라는 표현은 형가와 함께 진시황제를 암살하려 했던 소년협객 진무양이 진의 궁성에서 벌벌 떨면서 겁먹은 모습을 보였기 때문에, 황창랑이 옛 사람인 진무양을 용기가 부족한 애송이에 불과했다고 고개를 돌려 비웃었음을 의

202 『海東樂府』〈黃昌郎〉: 新羅人, 其父死於百濟. 黃昌年十餘學劒舞, 舞於百濟市, 王聞而見之, 遂刺王, 與之同死. 至今慶州, 傳習此舞….

미한다. 이 부분에서 유명한 진무양의 고사를 원용한 것은 겁 없이 복수를 성공한 황창랑의 의거가 훨씬 더 주목할 만하다는 점을 부각시키기 위한 일종의 의도적인 장치이다.

조선 한시에서 나타나는 검무의 성격은[203] 황창랑에 대한 검무시 속의 武적인 성향이 강한 황창무에서 기녀에 대한 검무시 속의 藝적인 성향이 강한 검무로 변화된다.[204] 조선시대에 전승된 검무의 목적성도 古來 劍舞가 가졌던 무술수련의 성격을 벗어나 연회 때 공연하기 위한 공연무용으로서의 성격으로 전환된다. 그리고 그 전승의미도 살생을 위한 무술로서의 전승이 아닌 기예로서의 전승이라는 의미로 변환된다. 무술로서의 검무전승은 주로 검무를 배우기를 원하는 자가 직접 검객을 만나서 전수받는 식으로 이루어졌을 뿐,[205] 일종의 체계성을 갖춘 교육기관을 통해서 전래되지는 않았다.[206] 하지만 기예로

203 황창랑 검무시와 기녀 검무시의 개념과 실상에 대해서는 拙稿「朝鮮朝 劍舞詩의 一硏究」 참고.

204 조선조 劍舞가 藝적인 성향으로 변모되어가는 과정에서도,『燕轅日錄』에 기록된 〈馬上劍舞〉의 경우에는 상무적인 성격이 매우 강했었다. 기녀 蘭蕙가 복식을 갖추고 말에 올라 박차고 달리면서 추는 쌍검무는 무사의 마상쌍검과 마찬가지로 화려하면서도 실전적인 동작을 보여준다.

205『雪橋漫錄』의 〈劍女〉 속에서 검녀는 검객을 만나서 5년간 사사받고 뛰어난 검술실력을 가지게 된다. 유한준의『自著』권27 〈劍客記聞〉 중 '爲人好擊劍 乃遂從善劍人學劍 學劍三年而劍術通'이라는 구절도 역시 검술을 개인적으로 수년간 사사받고 뛰어난 검술 실력을 가지게 되는 사실을 엿볼 수 있다. 물론 검술이 반드시 검무와 일맥상통하는 것은 아니지만 황창랑의 검무가 가지는 무술적 성격을 고려해 볼 때 무술로서의 검무도 비슷한 과정을 통해서 전수되었으리라는 점을 짐작해 볼 수 있다.

206 兵營에서 무술이 계속적으로 전수되기는 했지만, 劍舞가 兵營武術의 한 종류로 정식으로 자리잡지는 못했었다. 비록『조선왕조실록』인조 1년(1623) 3월 18일조에서 인조가 김류·이귀 등을 인견하여 군병 위로연의 결과를 들을 때 김류와 이귀가 위로연의 유흥을 돋구기 위해 將士들로 하여금 검무를 추게 하였다는 기

서의 검무전승은 고려시대부터 각 고장마다 있었던 教坊을 통해서 기녀 간에 직접적으로 이루어졌고 그 교육내용의 자세한 실체는 일종의 교방문화보고서라고 할 수 있는 『教坊歌謠』와 조선말기 궁중무를 기록한 舞譜의 일종인 『呈才舞圖笏記』 등에 서술되어 있다.[207]

이러한 기녀의 검무에 대한 검무시는 주로 18~19세기 동안 집중적으로 창작되었는데,[208] 연회에 참석한 사대부가 검무를 목도하고 즉석에서 지은 시가 대부분이다. 鶴巖 趙文命(1680~1732)은 〈洛山寺梨花亭 月夜觀劍舞〉[209]에서 다음과 같이 노래하며 검무 속의 도검 意象을 문학적으로 형상화하였다.

蒼凉老木蔚藍天	쓸쓸한 老木은 울창하여 하늘을 가리고
海濶佳人倚劍前	바다는 넓은데 미인은 칼 앞에 기댔네
渺渺飛回漳水月	아득하게 漳水에 비친 달을 날아돌다가
輕輕踏破洛波烟	가볍게 洛水의 파도와 안개를 밟아 깨뜨리네
劃來星宿奔騰落	갑자기 다가오던 별자리 내달리듯 오르락내리락

록이 있기는 하지만 조선시대 군사훈련교본이었던 『武藝諸譜』나 『武藝諸譜飜譯續集』, 『武藝圖譜通志』 중 어느 책에도 검무가 정식 과목으로서 수련되었다는 증거는 없다. 다만 本國劍·提督劍·銳刀·倭刀·雙劍 등 도검을 사용하는 다양한 검술이 수련되었을 뿐이다.

207 『教坊歌謠』에 나타나 있는 기녀에 대한 교육내용은 歌曲·樂器·呈才·판소리·雜戲·雜徭·短歌 등인데 이 중에 歌舞와 관련된 부분들이 특히 강조되어 수록되어 있고, 『呈才舞圖笏記』에는 각종 舞譜가 자세하게 수록되어 있다. 우리는 이를 통해 조선시대 기녀들이 어떠한 형태로 검무를 전승받고 공연했었는지를 유추해 볼 수 있다. (성무경 역, 『教坊歌謠』, 보고사, 2002)

208 졸고 「조선조 검무시의 일연구」에서는 〈작가별 검무시 분포표〉를 통해 15세기부터 19세기 사이에 창작된 검무시 작품 54수를 시대순·작가별로 분류하였고, 이후 이지양에 의해 추가로 몇몇 검무시가 발굴되었다.

209 『鶴巖集』 冊1.

閃處魚龍辟易旋　번쩍이는 곳의 어룡은 미친 듯 도네
舞罷愀然脫錦褶　춤 끝나자 낯빛 바꾸고 비단겹옷 벗으니
座中依舊一嬋娟　座中의 미인 한 명 옛날과 변함없네

낙산사 이화정 옆의 쓸쓸한 老木은 울창하여 하늘을 가리고, 이화정에서 보이는 바다는 넓은데 미인은 칼 앞에 기댄다. 기녀가 검무를 추기 시작하자, 그녀의 춤추는 걸음걸이는 아득하게 漳水에 비친 달을 날아돌다가 가볍게 洛水의 파도와 안개를 밟아 깨뜨리는 듯하다. 갑자기 다가오던 별자리 내달리듯 오르락내리락 하고, 번쩍이는 곳의 어룡은 미친 듯 돈다는 부분은 검무 속에서 나타나는 도검의 의상이다. 검을 휘두르면서 춤을 추자 劍光이 빛나는 모습을 그와 같이 표현한 것이다. 춤을 끝낸 기녀는 검무를 추며 짓던 무사의 표정을 원래 미인의 낯빛으로 바꾸고 검무 의상인 비단 겹옷을 벗어버리자, 원래의 아리따운 모습으로 돌아온다.

또 晉菴 李天輔(1698~1761)는 〈夜觀劍舞〉[210]에서 그가 본 검무의 실상을 다음과 같이 노래하였다.

短袂戎裝掩翠裳　짧은 옷소매와 戎裝은 비취색 치마를 감쌌고
佳人劍舞政軒昂　미인의 검무는 실로 당당하네
寒光匝席搖星斗　차가운 빛 자리 돌며 斗星을 흔들고
急勢生風鬪雪霜　급한 기세에 바람 생겨 눈서리와 다투네
顧影自驚秋鶻捷　그림자 돌아보다 秋鶻이 빠른 듯하여 스스로 놀라고
回身欲與海雲翔　몸 돌려 바다의 구름과 더불고자 하네
關河近接燕南路　關河가 근접한 연나라 남쪽길

210 『晉菴集』 卷2.

俠氣依然在女娘　俠氣는 의연하게 아가씨에게 있네

이 시에서는 짧은 소매와 戎裝에 어우러진 비취색 치마라는 검무 복장의 특색을 먼저 소개한다. 무사의 복장에 여인의 치마가 혼합된 검무의 복식은 妓女劍舞가 지니는 意象을 드러내주는데, 실로 당당한 자태이다. 기녀가 검무를 추며 회전하자 斗星을 흔들듯 劍身의 차가운 빛이 자리를 도니, 그 급한 기세에 치마가 펄럭이며 바람이 생겨 번쩍이는 검광과 다투듯 어울린다는 것은 검무 속에서 드러나는 刀劍의 意象에 대한 형용이다. 그림자 돌아보다 秋鶻이 빠른 듯하여 스스로 놀라는 것은 검무의 동작 중 제비가 보금자리에 돌아가는 모습인 燕歸巢를 형용함이고, 몸돌려 바다의 구름과 더불고자 한다는 것은 계속적으로 몸을 회전시키며 검무를 추는 筵風擡를 의미한다. 關河가 근접한 연나라 남쪽길은 중국의 형가를 떠올리게 하는데, 현재 그의 俠氣는 의연하게 검무를 추는 아가씨에게 있다. 이 협기는 바로 조선후기 사대부들이 추구하던 武風을 상징하는 단어이며, 이는 도검의 意象과 결합되어 劍舞姬와 劍俠을 동일시하게끔 하는 요인이 된다.[211]

검무시 중에는 이처럼 검무 자체의 形象에 주목한 작품들도 많지만, 한편 고대에 비해 武風이 사라진 현실에 대한 강한 개탄과 비판을 담은 작품들도 다수 창작되었다. 陶谷 李宜顯(1669~1745)의 〈觀劍舞有感 次杜甫舞劍器行韻〉[212]에서는 劍舞姬의 검무에 주목하여

211 崔成愛의 「18·19세기 使行錄에 표현된 劍舞'俠'의 특징 연구」(成均館大學校 大學院, 博士學位論文, 2010)에서 검무희의 검무가 지니는 俠의 성격과 특징에 대해서 집중적으로 논하였다.

212 『陶谷集』 卷3.

생동감과 활력이 넘치는 다른 검무시에 비해, 어느 정도 비장함과 비애감이 느껴진다.

公孫已遠黃昌死	공손대랑은 이미 멀어졌고 황창랑은 죽었는데
誰向妓坊傳異方	누가 기방으로 향하여 기이한 방법을 전하였는가
西來我屢見此舞	서쪽에서 내가 여러 번 와서 이 춤을 보는데
對之不覺增激昂	그것을 대하니 모르는새 격앙됨을 더하였네
初疑驥騄絶塵驤	처음에는 천리마의 속도가 뛰어남이 짐작되었고
復似鸞鵠凌雲翔	다시 보니 봉황새가 구름을 능멸하는 것 같네
撤空眩晃星宿亂	공중을 당기는 현란한 빛은 별처럼 어지럽고
渾體閃倏霜雪光	혼연한 본체의 번쩍임 어느새 눈서리 빛
依然壯士頭虎毛	예전과 다름없는 장사 호랑이털 모자를 썼는데
不復態色矜艶芳	다시는 태도와 색이 요염함을 자랑하지 않더라
一前一却互肉薄	한 번 나아가고 물러서며 서로 육박하는데
作氣鼓勇神飛揚	기운내서 용맹을 고동치니 神技를 떨치네
此技不廢良有意	이 재주 폐해지지 않음은 진실로 뜻이 있는데
緬遡往事心內傷	지난 일 거슬러보니 마음 속이 아프네
我東雖曰蕞爾國	우리 동방은 비록 조그만 나라라 말하지만
果敢驍猛稱第一	과감함과 날래고 맹렬함은 제일이라 칭해지네
挫師百萬不足言	백만군사를 꺾음은 말하기도 부족하고
秉義又能尊周室	義를 잡고 또 주나라 왕실을 높일 수 있었네
自從乾坤一反覆	하늘과 땅을 한 번 반복함으로부터
委靡不振至今日	쇠퇴함을 떨치지 못하고 오늘날에 이르렀네
奉使此來感憤多	奉使가 이곳에 오니 감회와 울분이 많은데
易水寒風更蕭瑟	역수의 차가운 바람은 다시금 쓸쓸하구나
羅時意氣可復見	신라 때의 의기를 다시 볼 수 있으니
撫劒悲歌涕自出	검을 쓰다듬으며 슬픈 노래하는데 눈물이 절로 나네

吾輩何曾異髯婦　우리들이 어찌 일찍이 수염난 부인과 다르겠는가
但向燕路驅車疾　다만 연행길을 향하여 수레만 빨리 몰아대네

위 시에서 속도가 뛰어난 천리마와 구름을 능멸하는 봉황새는 검무의 형용이다. 별처럼 어지럽게 공중을 당기는 현란한 빛은 劍光인데, 이는 혼연하게 본체를 번쩍이다가 어느새 눈서리 빛으로 변화한다. 호랑이털 모자를 쓴 기녀는 예전과 다름없는 장사의 모습으로, 본래의 요염함은 찾아볼 수 없다. 검무를 추는 두 기녀가 한 번 나아가고 물러서며 서로 육박하는데, 기운내서 용맹을 고동치며 신기를 떨친다. 이러한 광경을 보던 이의현은 어느새 슬픔에 잠긴다. 과감하면서도 날래고 맹렬한 조상들의 武風이 쇠퇴해져버린 당시 조선의 현실을 떠올리며 화려한 검무를 울분에 찬 시각으로 바라볼 수밖에 없는 작자의 비애는, '髯婦'라는 자조 섞인 시어로 나타난다. 검무를 공연하는 妓房의 기녀는 남성적인 위용을 강하게 표출하는 데 비해 이의현 자신은 오히려 지나치게 위축되어, 그의 심상이 남성적 자아에서 여성적 자아로 전이된 듯한 느낌마저 주고 있다. 이는 정묘호란과 병자호란 후 의기가 꺾여져버린 조선 문사들의 심정을 극명하게 드러내어 주는 부분이라 할 수 있겠다.

조선후기에는 妓女에 의해 演戱된 황창무와 기녀 검무 외에도, 軍營에서 武人들에 의해 劍舞가 추어지기도 했었다. 이러한 검무는 비록 황창무와 기녀 검무처럼 어떠한 계통과 체계를 지니고 전습된 무용은 아니었으나, 무인 자신의 무예 실력을 증명하는 방법인 동시에 興趣를 몸으로 드러내는 방도로 표현되었다. 이러한 무인의 검무는 沈能淑(1782~1840)이 쓴 〈卓文漢紀實〉의 주인공인 탁문한이 한양

의 무인집안 출신으로 검무에 능했다는 기록과, 柳本學의 〈金光澤傳〉에 나오는 武士 金體乾과 그의 아들 金光澤이 검무의 달인이었다는 기록 등에서 그 실상이 확인된다.[213] 또 무사들의 위용을 노래한 思悼世子(1735~1762)의 詩인 〈三杯拔劍舞龍泉〉[214]에서는, "군령으로 석 잔 들이키니 무사들이 안개처럼 모여, 용천검 뽑아 영롱하게 춤추네. 자리에서 보는 자는 모두 놀라 뒷걸음질치니, 초나라의 熊菟요 주나라의 호랑이라. 처음에는 가을하늘의 뛰어난 송골매 같더니, 다시 보니 강 속에서 싸우는 신룡과 같더라[軍令三杯士如霧, 拔劍龍泉玲瓏舞. 座上觀者皆辟易, 楚之熊菟周之虎. 始如俊鶻盤秋空 更似神龍鬪江中]"라는 구절에서 軍門에 있는 무사들이 下賜酒를 마시고 칼집에서 검을 빼어 검무를 추는 정경을 보여주고 있다. 이는 직접 무술을 익히고 군대 조련용 무예교본인 『武藝新譜』편찬에도 깊이 관여했던 사도세자의 상무적인 면모[215]를 잘 드러내어 주는 시인

213 안대회, 『조선의 프로페셔널』, 187쪽 ; 안대회, 『秋齋紀異』〈卓班頭〉 해제 참조.

214 『凌虛關漫稿』 卷1 〈三杯拔劍舞龍泉〉: 四海淸平宇宙窄 草澤多小英豪客 根荄雨露皆君賜 執金吾郎一朝擢 未央殿裏肅恩命 葡萄宮前談雄略 簇立勇夫兒孫列 雪花裲襠爭嘖嘖 上林秋色射飛鴈 講武宮殿穿柳葉 節鼓鼕鼕報疊中 錦袍加身威名爀 北漠匈奴反未已 天子授鉞靑冥夕 元帥斗印橫腰左 烏號金箭紛裝束 鳳翅銀盔映朝日 魚鱗鎖甲爭春雪 風聲高撼朔方城 是時元戎方啓行 魏其武安來祖席 酒氣花香爭送迎 軍令三杯士如霧 拔劍龍泉玲瓏舞 座上觀者皆辟易 楚之熊菟周之虎 始如俊鶻盤秋空 更似神龍鬪江中 隴首胡笳動地來 諜道匈奴夜戰廻 男兒意氣重然諾 許身明光何磊落 蜂屯鶴勢漭無邊 紅兜錯莫黃楡烟 輕騎提出勑勒也 夕陽飮馬長城下 大字煌煌捷書飛 一夜腥塵色上微 擊鐙歌唱好回還 長安花鳥春未闌 龍顔喜色上八彩 侍臣簪笏呼南山 太平宴賜上林苑 期門將士午睡閒

215 사도세자는 평소 무기를 좋아하여, 궁 안에 비밀리에 지하 무기고를 만들고 喪杖 모양의 지팡이검을 제작하여 가지고 다니기도 하였다. 후일 이것이 부친인 영조에게 발각되어, 반역을 꾀했다는 명목으로 인해 뒤주에 갇혀 非命橫死하는 참화를 입게 된다.

동시에, 군영에 소속된 조선 무사의 검무가 어떠한 상황에서 추어졌는지를 보여주는 증거라 하겠다.

4) 復讐와 懲罰의 象徵

刀劍은 때때로 복수와 징벌의 상징으로 한문학 속에서 등장한다. 특히 조선후기의 野談에서 우리는 復讐譚·懲罰譚을 자주 확인할 수 있는데, 본절에서는 이에 대해 논해보고자 한다.

『記聞叢話』에는 호랑이를 검술로 베어 죽인 이덕재 이야기가 실려 있다. 三淵 金昌翕의 사위인 李德載(1683~1739)는 설악산 암자에서 김창흡과 친분이 있는 승려를 습격하여 해친 食人虎를, 김창흡의 만류에도 불구하고 열에닐곱 살의 어린 나이로 홀로 몰래 추적한다. 이덕재는 결국 호랑이를 산꼭대기에서 맞닥뜨려 베어 승려의 죽음에 대한 복수를 하고야 만다. '이덕재는 남다른 용력이 있고, 검술에 능하였기 때문이다[盖李公有絶人之力, 而善劒術故也]'라는 구절은, 힘과 검술이 있으면 사람이 호랑이도 능히 제압할 수 있다고 생각했던 당시대인들의 관념을 반영하고 있다. 이덕재의 용맹에 관한 위와 같은 일화는, 1728년(영조 4) 李麟佐의 亂 때 총융사 張鵬翼의 종사관으로 근무하면서 적장 李培를 포획하여 功을 세웠던 그의 실제 행적으로 인해 더욱 빛을 발한다.

『記聞叢話』 중 南冥 曺植(1501~1572)의 보검에 관한 일화도 우리의 흥미를 끈다. 조식이 젊은 시절 준마·보검·미인을 좋아하였는데, 강원도 산골짜기에서 미인 계집종을 만나 그녀의 옛 주인의 妻인 淫女와 간통자인 惡僧을 斬殺하고, 깨달은 바 있어 준마를 놓아주고

검을 부러뜨린 뒤에 학문에 매진하여 대학자가 되었다는 이야기이다. 桐溪 鄭蘊에 대해서도 『記聞叢話』에 이와 비슷한 야담이 전한다.

『溪西野談』과 『記聞叢話』에 실려있는 塘山 李遇芳(?~?)의 복수에 관한 일화는 실제 벌어졌던 사건으로, 조선후기에 孝를 상징하는 이야기로 널리 회자되었다. 1728년(영조 4) 居昌 座首 李述源(1679~1728)은 鄭希亮(?~1728)의 반란군에 의해 붙잡혀 반군에 협력하라는 위협을 당하였으나, 이에 불응하고 逆徒를 꾸짖다가 참살당하였다. 그의 아들 이우방이 벼슬없이 白衣로 군사를 일으켜 싸우다가, 밤에 언덕에서 반란군에게 정희량을 잡아오면 죄를 용서하겠다고 외치니, 고을의 교리들이 정희량을 결박하여 진중으로 왔다. 주위 사람들이 정희량을 상급부대로 올려보내고자 하자, 이우방은 '아버지를 죽인 원수와 어찌 한시라도 함께 하늘을 이겠는가?[殺父之讐, 吾何可一時共戴天乎?]'라 하고 劒으로 정희량의 배를 가르고 간을 꺼내 부친의 관 앞에 놓고 장례를 행하였다. 이러한 행동이 비록 逆賊의 首魁를 처리하는 데 있어서 公的인 正義보다 私的인 復讐를 앞세운 것이었으나, 孝를 무엇보다도 중시하였던 조선에서는 희량을 즉시 죽인 것이 孝와 忠을 함께 이룬 행동으로서 칭송받아 마땅하다고 간주되었기에, 이우방은 충신이자 효자라는 이유로 여러 관직에 임명되고 추후 계속적인 조정의 배려를 받게 된다.

『松泉筆譚』에 나오는 任自强 이야기는 惡奴들을 懲罰하는 義俠의 전형적인 모습을 보여준다. 그는 수십 명의 노비들에게 한 처자가 납치되어 가는 것을 목격하고는, 중과부적임에도 아랑곳하지 않고 목숨을 걸고 달려들어 그 처자를 구해내고, 노비들이 그녀의 가족을 몰살하고 그녀까지 납치하려 했음을 듣고는 관아에 보고하여 이를 해결하도록 하여 그녀의 원수를 갚아준다. 그리고는 보답하려는 처자에게 자신의 성명도 말해주지 않고 홀쩍 사라지는 의연함을 보인다.

> 새벽녘에 충주 근처로 들어서는데 마침 길에서 수십 명이 가마 한 채를 에워싸고 가는 것을 목격하였다. 가마 안에서는 어떤 여자가 부르짖으며 하늘에 호소하는 소리가 울려 나왔다. 임자강이 말을 멈추고 얼핏 살펴보니 가마를 떠메고 좇아가는 자들은 모두 머리가 온통 흐트러진 무뢰배들이었다. 가마가 가는 대로 가만히 들어보니 울며 호소하는 소리가 더욱 급하여 필시 저들 무리들이 도적 무리임을 알 수 있었다. 임자강은 저 가마 속의 여자를 구하자고 동행하는 이들과 의논하였으나 동행하는 이들은 중과부적이라 어렵다고 생각하였다. 그러자 임자강은, "대장부가 의로운 일에 죽는 것은 또한 유쾌한 일이다."라 하면서 칼을 뽑아들고 부르짖으며 앞장서 나가니 다른 두 협객들도 떨치고 나서, 함께 힘을 합쳐 때리고 차고 하였다. 저들 수십 명은 마침내 기가 여지없이 꺾여서 길가에 가마를 버리고 흩어져 달아났다.[216]

惡奴들이 패거리를 지어 모시는 주인을 죽이고 부녀자를 습격하여 납치하는 악행을 저지르자, 兵曹의 서리였던 임자강은 이를 저지하고 징벌하는 데 목숨을 걸고 적극적으로 개입한다. 임자강이 검을 들고 수십 명의 악한들과 대적할 수 있었던 것은 단순히 그의 용력이 뛰어났기 때문만은 아니다. 그의 용력보다는 중과부적임을 뻔히 알면

---

216 『松泉筆譚』 403話: 曉入忠州地, 於道, 適見數十人擁去一轎子. 轎中有婦女呼泣籲天之聲, 任停馬微察, 則擔轎從行者, 皆是蓬頭無賴之流. 遠遠竊聽, 泣訴愈急, 必知其從者之爲賊. 任爲言同行, 欲擊之, 行者, 以衆寡難敵, 危之. 任慷慨曰: "丈夫事於義, 亦快事.", 乃手劍大呼, 身先當前, 二人奮迅協力. 且搏且蹴, 數十輩, 投轎路左, 披靡潰散. (진재교 편역, 〈任自强傳〉, 『알아주지 않는 삶』, 태학사, 2005. 번역 참조)

서도 정의를 행하기 위해 목숨을 거는 그의 義氣를 먼저 평가해야 한다. 임자강은 싸움을 만류하는 동료들에게 "대장부가 정의로운 일을 하는 것도, 또한 장쾌한 일이다.[丈夫事於義, 亦快事]"라는 한 마디를 던지고는 검을 들고 기합을 넣으며 부녀자를 납치해가는 악당들에게 달려든다. 이는 자신의 목숨을 걸고 義를 실현하려는 義人의 義勇精神을 보여주는 좋은 실례이다.

상기 언급한 조선시대 야담에 나타난 의인의 義勇을 살펴보면서 우리가 발견할 수 있었던 점은, 의인들이 자신의 목숨을 걸고 악을 징벌했다는 것이다. 승려, 노비, 폭력배, 귀신들의 악행을 의인은 자신의 武를 바탕으로 하여 처단한다.

위의 여러 이야기에 나타나는 악행의 피해자들은 분명히 약자들이다. 용력을 부리는 악인의 악행에 자신의 몸 하나도 제대로 지킬 수 없는, 그래서 피해를 입고도 어찌할 수 없는 나약한 사람들. 의인은 이들을 위해 악을 징벌하는 '懲罰者' 노릇을 했던 것이다. 그리고 이러한 이야기를 읽었던 당시대 독자들은 의인의 악인에 대한 懲罰譚을 통해 통쾌함과 즐거움을 동시에 느낄 수 있었다.

징벌담과 관련해서 靑城 成大中(1732~1812)의 『靑城雜記』에 실린 西厓 柳成龍(1542~1607)과 충무공 이순신의 첫 만남에 관한 일화를 추가로 소개한다. 유성룡이 弘文館의 관리로 있을 때 歸省을 위해 배를 타고 한강을 건너는데, 평복 차림의 어느 무인이 홀로 말을 끌고 배에 올랐다. 그런데 어느 술주정꾼이 그 무인인 길손이 자기보다 먼저 배에 오른 것에 화를 내며 거침없이 욕을 해대는 상황에서, 배에 탄 다른 사람들이 분개하여 길손을 대신해서 싸우려고까지 하는데도 길손은 머리를 숙이고 채찍을 늘어뜨린 채 강을 다 건너도록 아무 것도 듣지 못한 척 한다. 유성룡은 그 모습을 보면서 속으로 그를 나약한 사람이라고 생각한다.

> 배가 나루터에 닿자 길손이 말을 몰고 먼저 내려 말의 뱃대끈을 바짝 조이고 있었는데, 술주정꾼이 계속 욕지거리를 하면서 뒤따라 내렸다. 알고 보니 대갓집 하인이었다. 길손이 왼손으로는 말고삐를 잡은 채로 오른손으로 주정부리는 하인을 움켜잡았는데, 맹호가 토끼를 후려치듯 민첩하였다. 그는 칼을 뽑아 하인의 목을 베어 강물에 던져 넣고는 낯빛도 변하지 않고 말에 올라 곧장 떠나 어느새 사라져 버렸다.[217]

배에 탔던 다른 사람들은 이를 보고 경악하였는데, 유성룡만은 길손의 이러한 행동을 기특하게 여겨 "이 사람은 대장감이다.[此大將材也]"라고 감탄했다고 한다. 그 길손이 바로 후일 충무공이 된 이순신이었으며, 이순신과 유성룡의 인연은 이 일에서 시작되었다고 한다. 이순신은 이 일화에서 술에 취해 위아래를 모르고 날뛰는 대갓집 하인을 무인답게 단칼에 斬하여 징벌하는 과단성을 보여준다.

이외에도 복수와 징벌에 관한 특이한 작품으로는 『송천필담』 제388화에 나오는 竹南 吳竣(1587~1666)의 아홉 살 손자 이야기가 있다. 악랄한 종복들의 저주로 인해 자신의 일가족이 괴질로 사망한 내역과 자신마저도 암살하려는 계획을 우연히 측간에서 엿듣게 된 손자는, 외조부인 柳承旨에게 부탁하여 노복과 겸인 10여 명을 빌려서, 집안 종 17명을 포박하여 수구문 밖 소나무숲으로 가서 나무에 결박

217 『靑城雜記』 卷5 《醒言》: …及舟泊, 客鞭馬先下, 加束其鞅, 醉者不輟詈而繼下, 乃貴家隸也. 客左執馬轡, 右攫醉隸, 捷如猛虎之搏兎. 拔劒斬之, 擲其首於江, 而面不改色, 上馬徑去, 倏忽不見.…

하도록 한 다음, 노복 일행을 돌려보내고 나서 묶인 종복들을 모조리 匕首로 죽여 버린다. 현종은 그 손자를 엄벌로 다스리려고 하였으나, 당시 尤庵 宋時烈이 獻議해서 효도의 중함을 강조하였기에 겨우 구제하였다. 그 손자는 吳光運의 祖父였던 吳始鳳(1641～1675)이며, 그 비수는 18세기 당시까지도 承旨 吳大益(1729～1803)의 집안에 전해져왔다고 한다. 오시봉이 오대익의 生曾祖父[218]였기 때문에, 오대익이 이 비수를 물려받게 된 것으로 보인다. 『송천필담』의 저자 심재는 이 비수를 본 사람에게서 이러한 이야기를 전해 들었다고 한다.

위 이야기의 경우 오시봉의 부친 吳挺漢(1614～1647)의 사망년도를 따져보면 앞뒤가 얼추 들어맞는 듯하지만, 현종이 1659년부터 재위했었기에 오시봉이 9살이던 시점과 연도가 맞지 않는 점, 오시봉의 외조부 이름이 잘못 기술된 점,[219] 그리고 『조선왕조실록』과 『승정원일기』에 전혀 관련 기록이 없다는 점을 미루어 볼 때, 과연 오시봉의 복수가 실제로 벌어졌던 사건이 맞는지에 대해서는 의문의 여지가 있다.

또 이덕무의 〈銀愛傳〉은 야담이 아니라 실제 사건을 입전한 작품이지만, 칼을 사용한 女人 懲罰譚이라는 특이한 성격을 지니기에 본 절에서 이야기하도록 하겠다. 정조 때의 강진 여인인 金銀愛는 2년 동안 고의로 자신에 대한 거짓 소문을 퍼트린 안씨 노파를 부엌칼로 18번 찔러 살해한다. 정조 임금은 자신의 명예를 위해 살인을 저질러 사형을 당하게 된 김은애의 처지를 불쌍히 여겨, 형조에 명하여 이를

218 生曾祖父는 자신이 다른 집안에 입양된 경우에, 입양된 집안의 증조부가 아닌 실제 혈연의 증조부를 지칭하는 용어이다.

219 오시봉의 외조부가 『송천필담』에는 柳承旨로 되어있으나, 실제로는 縣監을 지낸 宋之渾이었다. 아마도 이야기의 전승과정에서 와전된 것으로 보인다.

논의하게 한 후 비답을 내려 김은애의 사형을 면하게 한다. 정조는 처녀가 음란하다는 모함을 받아 살인을 한 행적은 司馬遷의 『史記』 「刺客列傳」에 나오는 자객 攝政의 누이 攝榮의 의협적인 행동에 버금간다고 평가하면서, 김은애를 용서하지 않으면 어떻게 세상의 가르침을 바로 세우겠냐고 신하들에게 말한다. 이와 같은 정조의 주장은, 절개와 명예를 지키기 위한 여인의 살인행위가 당시대에 있어서 어떠한 의미를 지니고 있었는가 하는 점을 보여준다. 비록 살인죄를 저질렀기에 法에 따라 사형을 받아야 함이 마땅하지만, 법보다는 義를 더 중시했던 당시대의 관념이 김은애의 사형을 면하게끔 한 것이다. 이 이야기에서 김은애의 칼은 비록 부엌칼이었지만 사대부의 義劍과 마찬가지로 義를 행하기 위해서 惡人을 징벌하였기에, 女俠의 義劍으로 평가받아도 손색이 없다.

추가로, 복수와 관련된 여협 이야기를 두 편 더 살펴보도록 하자. 『雪橋漫錄』에 나오는 야담인 〈劍女〉에서는 古來 검무의 기본적인 목적이 무예수련과 살생에 있었다는 사실을 잘 드러내고 있다. 지난날의 행적을 숨기고 3년간 蘇凝天(1704~1760)의 소실 노릇을 했던 여인은, 어느 날 갑자기 소응천에게 옛 주인의 복수를 위해서 검을 잡았던 자신의 과거를 고백하고 이별을 고하면서, 소응천 앞에서 자신이 숨겨왔던 검술 재주를 이별의 정표로서 펼쳐 보인다.

> 술이 거나해지자 푸른 털수건·붉은 비단상의·황색 수장식 띠·흰 비단바지·얼룩무소가죽신과 함께 서릿발이 서리는 蓮花劍 한 쌍을 꺼냈다. 여자의 치마저고리를 훌렁 벗어던지고 가뿐한 옷으로 갈아입더니 두 번 절하고 일어섰다. 사뿐히 움직이는 것이 물찬 제비 같더니 별안간 공

> 중으로 칼이 날자 몸이 따라 치솟아 칼을 옆구리에 끼었다. 처음에는 사방으로 흩어져 꽃잎이 지며 얼음이 부서지고, 중간에는 둥글게 모여서 눈이 녹고 번개가 번쩍이더니, 끝에는 훨훨 비상하여 고니처럼 높이 오르고 학처럼 날아서 사람이 보이지 않는데 칼을 볼 수 있으랴! 다만 한 가닥 하얀 빛이 동쪽을 치고 서쪽에 부딪히며, 남쪽에서 번뜩이고, 북쪽에서 번뜩하여 휙휙 바람이 나고 싸늘한 빛이 하늘에 서리었다. 이윽고 부르짖는 외마디 소리와 함께 휙하고 뜰에 선 나무가 베어지더니 칼이 던져지고 사람이 우뚝 섰다. 나머지 빛과 못다한 기운이 차갑게 사람을 싸고 돌았다.[220]

검녀가 펼치는 검술은 바로 검무를 형용한 것이다. 비록 3년이지만 검녀 자신을 의탁했던 지아비에게 이제까지 드러내지 않았던 자신의 검무를 보임으로 해서 그녀는 그 동안 숨겨왔던 과거와 신분적 한계로 인해 비상한 재주를 숨길 수밖에 없었던 여인의 情恨, 그리고 자신을 포용할 그릇이 못되는 소응천에 대한 애증과 원망을 한꺼번에 쏟아내고 있다. 여기서 술에 취한 여인의 검무는 화려할수록 오히려 더 애잔함을 준다. 그리고 외마디 기합과 함께 나무를 베어버리고 칼을 던져버리는 여인의 자태는 情을 베어버리고 낭군의 곁을 떠나겠다는 검녀의 단호한 의지와 외로움을 상징한다.[221]

---

220 『雪橋漫錄』 卷5 「漫錄」6 〈劍女〉: 旣酣暢而發其裝, 靑氈巾·紅錦衣·黃繡帶·白綾袴·班犀鞾, 皎然蓮花劍一雙. 渾脫女襦裳, 而改服單束, 再拜而起. 翩然若輕燕, 而目㪚然騰劍, 竦身挾之. 始也四撒, 花零氷碎, 中焉團結, 雪滾電鑠, 末乃翱翔, 鵠與鶴翥, 旣不可見人, 而亦無由見劍. 秖見一段白光, 撞東觸西, 閃南掣北, 而颯颯生風, 寒色凍天. 俄叫一聲, 砉然割庭柯, 而劍擲人立. 餘光剩氣, 冷遍於人.

221 拙稿 「朝鮮朝 劍舞詩의 一硏究」, 21~23쪽 참조, 성균관대학교 한국한문학전공 석사학위논문, 2004.

한편, 任邁(1711~1779)의 『雜記古談』 중 〈女俠〉에서는, 숙종 때 인물인 丁時翰(1625~1707)이 만난 쌍둥이 여검객에 관한 일화가 소개되어 있다. 원주 시골마을에 은거하고 있던 정시한은, 자신을 방문한 두 젊은이를 맞아들여 젊은이들의 요청에 따라 술을 대접하고 초당에서 함께 잠이 든다. 그런데 한밤중에 정시한이 어렴풋이 잠에서 깨니, 두 젊은이의 행색이 간편하게 바뀌어 있고 손에 서릿발 칼날을 놀리며 서로 술잔을 나누고 있었다. 정시한이 일어나 그 연유를 묻자, 놀라서 칼을 던지고 엎드린 두 젊은이는 바로 자신들의 사연에 대해 이실직고를 한다. 둘은 본시 쌍둥이 자매로, 친모가 산후탈로 세상을 떠난 후 계모 밑에서 자랐는데, 계모가 이웃 교생과 정분이 나서 자매의 부친을 독살하고 다른 고을로 도주를 하였다. 이웃 아주머니의 손에 자란 자매는, 경주의 검술가를 찾아가 10년간 검술을 배운 다음 남장을 하고 원수들의 종적을 찾다가, 서울에 살던 원수들의 행적을 발견하고 수년간 기다린다. 그 이후, 시골로 낙향하는 원수들을 좇아서 충주와 원주까지 따라오게 된 것이다. 사정을 들은 정시한이, 건장한 사내 종 몇을 시켜서 도움을 줄까 했으나, 두 자매는 이를 정중히 거절하고 원수를 갚으러 나간다. 아침이 되어 정시한이 종에게 앞마을 객주집에 무슨 일이 있었는가 알아오게 하자, 돌아온 종이 원수들의 죽음을 고한다. 임매는 이 자매에게 기특한 점이 네 가지 있다고 평하면서, 첫째 검술의 재주, 둘째 형가나 섭정 같은 자객의 용맹, 셋째 변복을 하고 10여 년간 원수를 찾아다닌 행적, 넷째 부친의 원수를 갚은 의리를 지적하였다.

이상 언급한 여러 이야기들 속에서는 복수와 징벌의 상징인 刀劍의 意象이 뚜렷하게 드러나고 있다. 그런데 여기에서 나타나는 도검의 의상은 복수자나 징벌자의 의로운 행위와 결합되어, 단순한 살인무기에서 올바른 義를 행하는 劍인 義劍적인 성격으로 탈바꿈하게 된다. 復讐譚과 懲罰譚의 刀劍은 義人의 義勇을 부각시켜주는 소재인 義劍으로서 그 존재 의미를 지니게 되는 것이다.

2. 古董 趣味와 古劍·日本刀

1) 古劍 趣味와 그 形象

而已广 張混(1759~1828)은 깨끗한 물건[淸供] 80종 중에 두 번째 것으로 古劍을 꼽았고, 청아한 일[淸課] 34가지 중에서 劍을 감상하는 일을 그 중 하나로 언급하기도 했었다.[222] 이는 고동 취미 중 하나인 古劍의 收集과 刀劍 鑑賞이 조선후기에 자리 잡았음을 의미한다.

이러한 古劍 收集과 刀劍 鑑賞 趣向은 조선후기의 刀劍文學 속에 그대로 반영되어 나타난다. 硏經齋 成海應(1760~1839)의 문집인 『硏經齋全集』 卷15에는 독특하게도 古劍에 대한 劍銘이 10편이나 실려 있는데, 이는 18세기 사대부의 도검에 대한 관심도를 반영하는 현상으로 볼 수 있다. 그 제목은 〈家中古劍銘〉, 〈兪摠管劍銘〉, 〈李貞翼劍銘〉, 〈林將軍劍銘〉, 〈崔將軍劍銘〉, 〈南氏短劍銘〉, 〈李提督劍銘〉, 〈斫石劍銘〉, 〈忠貞劍銘〉, 〈六稜劍銘〉 등이다. 〈家中古劍銘〉은 성해응의 조상 藏谷 成俊耉(1574~1633)가 중국 장수 毛文龍으로부터 선물로 받은 雙劍에 대한 銘이고, 〈兪摠管劍銘〉은 사육

222 안대회, 『고전산문산책』, 휴머니스트, 2008, 542~543쪽 참조.

신 중 하나인 兪應孚(?~1456)의 옛 집터 근처에서 나온 古劒에 대한 銘이며, 〈李貞翼劒銘〉은 貞翼公 李浣(1602~1674)이 忠貞公 洪茂績(1577~1656)으로부터 홍무적의 집안에 소장되어있던 古劒을 선물 받은 사실과 그 검에 대한 銘을 아울러 기록한 작품이다. 〈林將軍劒銘〉은 임경업의 검에 대한 劒銘이며, 〈崔將軍劒銘〉은 임진왜란 때 진주성 전투를 지휘한 崔慶會(1532~1593)의 劒銘이다. 〈南氏短劒銘〉은 춘성부원군 남이웅의 집안에 내려오는 日本刀에 대한 劒銘이고, 〈李提督劒銘〉은 임진왜란 때 조선을 구하러 온 명나라 장수 이여송의 검명이며, 〈斫石劒銘〉은 武愍公 柳赫然(1616~1680)이 제작했던 검에 대한 劒銘이다. 〈忠貞劒銘〉은 忠貞이라는 銘이 새겨져있는 일본도에 대한 劒銘이며, 〈六稜劒銘〉은 성해응의 지인인 尹聖兪(?~?)의 집안에 소장된 劒의 형태를 지닌 정체불명의 무기에 대한 劒銘이다. 여기에서는 앞서 언급한 〈임장군검명〉과 〈최장군검명〉은 생략하고, 나머지 劒銘과 序에 대해서 살펴보도록 하겠다.

> 선조 관찰공께서는 崇禎년간에 兩西管餉使가 되었는데, 忠信으로 일을 처리하여 椵島 사람들의 마음을 얻었다. 丁卯年(1627)에 贊劃使가 되어 毛文龍과 일찍이 中江에서 회합한 일이 있었는데, 문룡이 검 두 자루를 관찰공께 주었다. 관찰공께서 海西 감영에 있을 때 창고에 불이 나자, 시종하는 사람에게 명하여 검으로 그 자물쇠를 찍게 하였다. 자물쇠는 바로 끊어졌고 칼날에는 약간 흠이 생겼다. 후에 용렬한 대장장이가 그 칼을 벼리다가 방도를 잃어서, 다시는 접때의 날카로움이 없었다. 다른 한 자루는 난 중에 잃어버렸다. 명을 짓는다.[223]

223 『硏經齋全集』 卷15 〈家中古劒銘〉: 先祖觀察公崇禎中, 爲兩西管餉使, 以忠信得椵島人之心. 丁卯爲贊劃使毛文龍嘗會於中江, 文龍以劒二口贈觀察公. 觀

天將劒　天將의 劒을
先祖服　先祖께서 차셨네
餘百年　100년이 넘도록
廢拂拭　갈고 닦지 않아서
鋩刃鈍　칼날은 무디어지고
塵土蝕　塵土에서 삭았네

이 글에서의 觀察公은 성해응의 조상인 藏谷 成俊耉(1574~1633)이다. 1627년 성준구가 贊劃使가 되어 명나라 장수 毛文龍과 中江에서 회합했을 때, 모문룡으로부터 검 두 자루를 선물받았다. 이후 성준구가 황해도 감영에서 근무하던 1631년경 창고에 화재가 나자 그 중 한 자루로 창고의 자물쇠를 찍어 끊어버렸는데, 이로 인한 칼날의 흠을 수리하다가 재주 없는 대장장이의 실수로 날이 망가져버렸다. 그리고 다른 한 자루는 胡亂 중에 亡失되었다. 검명에서는 모문룡의 검을 성준구가 패용했었으나, 100년이 넘는 세월 동안 후손들에게 전수되면서 관리가 제대로 안되어 칼날이 망가지고 먼지 속에서 잠식되어 감을 쓸쓸한 어조로 읊고 있다.

> 영종 병인년(영조 22, 1746)에, 할아버지 府君께서 포천고을의 인사들을 이끌고 포천현 남쪽 막곡리 충목공 유응부의 遺墟에 비석을 세웠다. 몇 년 후 그 고장 사람들이 그 부근의 땅을 파다가 병장기를 많이 얻었는데, 모두 녹슬고 부식되어 사용할 수 없었다. 그 중 검 한 자루가 우리 집에 있다. 명을 짓는다.[224]

察公在海西營, 庫失火, 命侍者以劒斫其鑰鎖. 卽斷而劒微缺. 後庸工治之失其方, 不復如向時之利矣. 其一失於亂. 銘曰: …

224 『硏經齋全集』 卷15 〈兪摠管劒銘〉: 英宗丙寅, 王考府君, 倡鄕中人士, 竪碑于

香積之麓　　향적산 기슭은
摠管攸宅　　유총관의 집이었다네
摠管之沒也劒埋地　　총관이 죽자 검도 땅에 묻혔고
摠管之伸也劒出世　　총관이 신원되자 검도 세상에 나왔네
劒其有知乎　　검이 아마도 앎이 있었던 것인가
惜乎劒失其利　　애석하도다. 검이 그 날카로움을 잃어
不能發斗牛之光氣　　두성과 우성까지 뻗치는 光氣를 쏘지 못함이여

1746년(영조 22) 성해응의 할아버지인 成孝基(1701～?)가 포천에 은거할 당시 포천고을의 인사들과 함께 충목공 유응부의 遺墟에 忠穆壇을 세웠고, 몇 년 후에 그 부근에서 병장기가 많이 출토되었는데, 그 중 한 자루 검이 성해응의 집안에 소장되고 있음을 밝힌 글이다. 검명에서는 향적산 기슭에 있던 유응부의 집터에 그가 죽자 검도 땅에 묻히고, 그가 신원되자 검도 출토되어 마치 검이 知力이 있는 것처럼 유응부와 운수를 함께 했음을 밝히고 있다. 그리고 검이 녹슬어 용천이나 태아검처럼 두성과 우성 사이로 光氣를 쏘지 못함을 안타까워한다.

> 정익공 이완이 효종임금의 뼈에 사무친 부탁을 받았는데, 춘추의 의리에 깊은 식견이 있었다. 홍무적공이 집안에 전해내려온 고검을 그에게 주면서, "이는 천지의 지극히 강건한 기운이 모인 것이라네."라 하였다. 정익이 늘 그것을 차고 다녔다. 명을 짓는다.[225]

抱川縣南漢谷里兪忠穆之墟. 後幾年村人發其傍近地, 多得兵器, 而皆消蝕不可用. 劒一在余家. 銘曰: …

225 『硏經齋全集』 卷15 〈李貞翼劒銘〉: 李貞翼受孝廟心膂之托, 深於春秋之義. 洪公茂績以家傳古劒贈之曰, "此天地至剛之氣也." 貞翼常服之. 銘曰: …

仁義以爲鐔　　인의로 코등이를 삼고
忠信以爲鍔　　충신으로 칼날을 삼네
捨貞翼而曷之服　　정익이 아니라면 그 누가 차겠는가?

이 글은 효종임금의 북벌계획에서 중추적인 역할을 담당했던 貞翼公 李浣(1602~1674)이 忠貞公 洪茂績(1577~1656)으로부터 소장한 古劒을 선물받은 내력을 설명하고 있다. 명에서는 이 검이 仁義로 칼날과 칼손잡이 사이에 끼우는 손을 보호하는 쇠테인 코등이를 삼고 忠信으로 칼날을 삼았으니, 이완이야말로 이 검에 적합한 인물이라 결론짓고 있다.

춘성부원군 남이웅이 18살 때 왜적에게 사로잡힌 일이 있었다. 공이 왜적이 잠든 틈을 타서 몰래 그 보검을 풀어서 달아나 고향으로 돌아왔다. 배를 타고 명나라 조정에 조회갈 때, 검을 차고 갔는데 바람과 파도의 우환이 없었다. 그 아들이 효종을 모시며 심양의 관사에서 인질이 되었는데, 그 검을 차고 가니 8년 동안 탈이 없었다. 그 손자가 임금의 명령으로 울릉도에 들어갔는데, 또 검을 차고 가니 끝내 탈이 없었다. 명을 짓는다.[226]

尙書佩　　상서가 차니
蛟螭伏　　교룡이 복종하고
郡守佩　　군수군이 차니
災沴息　　재앙이 사라지며

226『研經齋全集』卷15〈南氏短劒銘〉: 南春城以雄年十八, 爲倭所獲. 公間倭睡, 潛解其寶劒而走免及歸. 航海朝京, 佩而行, 無風濤患. 其子侍孝廟, 質于瀋舘, 佩而行, 八年無恙. 其孫以王事入鬱陵島, 又佩而行, 卒得無恙. 銘曰: …

萬戶佩　　만호군이 차니
海舶利　　바닷길이 순탄하네
適然耶　　우연인가
抑劒之助也　아니면 검의 도움인가?
其異矣哉　　거 참 기이하다

이는 春城府院君 南以雄(1575~1648)이 일본도를 소장하게 된 내력과, 그 검이 아들과 손자에게 전수된 행적을 설명한 글이다. 이 일본도는 남씨 가문에서 3대에 걸쳐 護身을 해주는 寶劒의 역할을 하였으니, 참으로 기이하다고 검명에서 평하였다. 원래 남씨 집안의 일본도는, 품질 자체가 특별한 보검은 아니었으나 소장자 때문에 유명해진 검으로, 성해응의 글 외에도 趙龜命(1693~1737)과 李種徽(1731~1797), 앞서 소개한 이규경의 글에서 계속적으로 언급되었다. 춘성부원군의 일본도를 소재로 하여 창작된 기타 작품들은 뒤에서 자세히 논하도록 하겠다.

제독 이여송이 왜적을 정벌하러 우리나라에 왔는데, 통진의 금씨여자가 모시게 되었다. 금씨여자가 태기가 있었는데, 제독이 검을 주며 떠나며 말하기를, '아들을 낳으면 천근이라 이름붙이는 것이 좋겠소.'라 하였다. 내가 일찍이 제독의 후손 이원으로부터 들었으니, 그 이야기가 믿을 만 하다. 또 그 검을 보니 검면에 핏자국이 있었다. 검은 지금도 이씨 집안에 있다. 명을 짓는다.[227]

227 『研經齋全集』 卷15 〈李提督劒銘〉: 李提督如松征倭而東至, 以通津琴氏姬侍焉. 琴姬有身, 提督贈劒而行曰: '生子可名天根.' 余嘗從提督後孫源聞之, 其傳信也. 又見其劒, 劒面有釁. 劒今在李氏家. 銘曰: …

少師有姬　소사의 여인은
曰維琴氏　그 성은 금씨라네
琴之材矣　거문고의 재질인데
徵以劒乎　검으로써 징험하였네
天根之嶷　천근이 헌걸차서
七尺其軀　그 몸은 칠척 장신이었네
縱釁中坼　비록 핏자국이 중간을 갈랐으나
蜿蜒其痕　그 흔적이 꿈틀꿈틀하였네
不綉不澁　얼룩도 없고 녹슬지도 않아서
垂于後昆　후손에게 전해주었네
余徵斯言也　내 이 말을 징험하노니
維總管源　바로 총관 이원이로다.

임진왜란 당시 명나라 원군의 지휘관이었던 이여송 제독의 검이 조선의 자손들에게 전해지게 된 배경을 설명한 글이다. 이러한 검의 내력은 성해응이 이여송의 5세손인 總管 李源에게서 직접 들었기에, 그 신빙성이 더해진다.[228]

무민공 유혁연은 금군의 말발굽에서 벗겨낸 편자를 모아서 오줌통 속에 몇 달 동안 담가 검을 제작하였는데, 길이가 한 자 남짓이었다. 일찍이 다듬잇돌 하나를 쪼개니, 즉시 쩍하고 중간이 갈라졌다. 무민공이 검면에 斫石이라 쓰고 그대로 새겼다. 무민공은 본디 글씨를 잘 썼는데, 지금의 경조부 현판이 바로 그가 쓴 것이다. 각 영의 사명·순시 등의 깃발에 붙은 글자도 모두 그의 글씨를 규범으로 하여 모방한 것이다. 검은 지금 죽하 김치규의 집안에 있다. 명을 짓는다.[229]

228 『송천필담』 제37화에 이여송가의 가족과 후손에 관한 간략한 기록이 보인다.

猗武愍何揭揭	아아! 무민공은 어찌 그리 훤칠하신가
製寶劒矢北伐	보검을 만들어 북벌을 맹세하셨네
功未擧身先蹶	공로가 아직 거행되지 않았으나 몸이 먼저 엎어져
劒獨存如新發	검만 홀로 남았으니 새로 숫돌질한 듯 했네

武愍公 野堂 柳赫然(1616～1680)은 말발굽의 편자를 모아서 한 자 남짓 길이의 검을 제작하였는데, 다듬잇돌을 가를 정도로 성능이 좋았다. 그는 劒身에 자신이 직접 '돌을 자르다[斫石]'라고 쓰고 이를 工人에게 새기도록 하였다. 유혁연은 글씨로도 유명했었는데, 이는 그가 墨竹으로 뛰어났던 岫雲 柳德章(1675～1756)의 祖父라는 사실을 유념해볼 때 흥미로운 사실이다. 성해응은 이 글을 쓸 당시 검이 竹下 金稚圭(?～?)의 집안에 있다고 하여, 古劒의 현재 소장자도 아울러 밝혔다. 검명에서는 무민공 유혁연이 북벌을 맹세하며 검을 만들었으나, 공로를 세우기도 전에 사망하여 홀로 남은 검만 새 검처럼 금방 숫돌질한 듯 번쩍였다고 하였는데, 이 검은 앞서 살펴본 무장들의 시에서처럼 이루지 못한 북벌에 대한 유혁연의 恨을 담고 있다 하겠다.

安興의 鎭卒들은 매양 서풍이 불 때가 되면 성가퀴에 기대어 멀리 바라보곤 하였다. 어떤 병졸이 일찍이 궤짝 하나가 바다에 떠와서 파도에 부딪혀 모래톱에 나와 걸쳐있는 것을 보고 즉시 열어보았더니, 그 속에 구리쟁반 하나·은허리띠 하나·검 한 자루가 있었다. 병졸이 구리쟁반과

229 『研經齋全集』 卷15 〈斫石劒銘〉: 柳武愍赫然, 鳩禁軍馬蹄脫鐵, 浸之溲中幾月而製劒, 長一尺餘. 嘗斫一碪石, 卽劃然中分. 武愍書劒面曰斫石而刻之. 武愍故善筆, 今之京兆府, 卽其所寫. 各營司命巡視等旗所貼字, 皆範其筆而倣之. 劒今在竹下金稚圭家. 銘曰: …

은허리띠는 깨뜨려 송도의 상인에게 팔고, 검은 쓸데가 없어서 늘 섬 뒷산을 찍어대며 지초를 캐기도 하고 또 물고기를 잡으면 그 배를 가르기도 하였는데, 정밀하고 날카롭기가 비할 데가 없었다. 죽하 김치규가 검 한 자루와 바꾸었는데, 검면을 보니 忠貞이라는 글자가 새겨져 있었다. 왜도검록을 살펴보니 충정이라는 것은 그 보검에 글자를 새긴 사람이었다. 그 칼은 손톱 위에 올려놓아도 기울어지지 않았고 칼날을 말면 멍석처럼 말렸으며, 당기면 활시위와 같이 되었다. 지금은 參判 金相休에게 있다. 명을 짓는다.

寶劍之鑄	보검을 주조할 때
必合銅鐵錫	동과 철과 주석을 반드시 섞었으니
剛柔敵調均得	강함과 유함이 잘 맞아 고르게 되어야
而後精利可服	그 정밀하고 날카로움이 차고 다닐 만하다네
是故閱其刃	이 때문에 그 날을 살펴보면
必有微紅色	반드시 은은한 붉은 빛이 도는 것이리[230]

이 글은 안흥의 진졸이 바닷가에서 모래톱에서 발견한 왜국의 유물 중에 있었던 충정검에 관한 글이다. 진졸이 보검인 줄 모르고 이 검을 잡용으로 쓰다가, 죽하 김치규가 검 한 자루와 이 검을 교환하였다. 劍面에 忠貞[231]이라는 銘이 있었고, 칼날이 유연하여 말거나

230 『硏經齋全集』 卷15 〈忠貞劍銘〉: 安興鎭卒每當西風起, 憑堞而瞭望. 一卒嘗見一几浮海而至, 爲風濤所激, 出置沙觜, 卽啓視之, 中有銅盤一銀帶一劍一. 卒壞其銅與銀, 售之松都商人, 劍則無所用, 常斫島後山採芝草, 又捕魚刳其腹, 精利無比. 竹下金稚圭以一劍易之, 視釼面刻忠貞字. 閱倭刀劍錄, 忠貞者其寶劍所刻. 置之爪甲上而不傾, 卷之則如席, 伸之則如絃. 今在金參判相休. 銘曰: '寶劍之鑄, 必合銅鐵錫, 剛柔敵調均得, 而後精利可服. 是故閱其刃, 必有微紅色.'

231 타다사다[忠貞]는 아즈치모모야마[安土桃山]시대(1568~1600)에 일본의 이즈모[出雲] 지방에서 살았던 도검장인으로, 그의 일본도는 일본에서 제작시기를 따졌

당길 수도 있었다. 성해응이 생존 중이던 당시에는 金相休(1757~1827)가 소장하고 있었다.

> 윤성유의 집안에 오래된 검 한 자루가 있었는데, 어디서부터 유래된 것인지를 알지 못하였다. 여섯모에 칼끝은 둔하였고 또 코등이가 있었다. 성유의 집안이 가난하여 그것을 팔고자 하자 당시의 무신이 곧바로 집어서 그것을 보았는데, 끝내 그 용도를 몰라서 팔리지 않았다. 어떤 이는 '簡'일 것이라 하였다. 명을 짓는다.[232]

古之人鑄於用武之際	옛날 사람은 무기를 쓰는 즈음에 주조를 하였고
今之人藏於却馬之世	지금 사람은 兵馬를 물리치는 세상에 소장하네
不患其不知用	그 용도를 모르는 것을 근심하지 말고
患其知用也	쓰임을 아는 것을 근심해야하리

윤성유의 집안에 소장된 검은 육각의 모를 가졌으며 칼끝은 둔하였고 코등이가 있었는데, 일반적인 검과는 모양새가 달랐다. 윤성유가 그것을 팔고자 하였으나, 당시의 무신이 관심을 가졌다가 용도를 몰라서 구매하지 않았었다. 어떤 이는 이에 대해 簡일 것이라 하였다는데, 簡은 바로 鐵簡이라는 타격무기이다. 형태가 검과 비슷한 쇠몽둥이로, 현재에도 유물이 많이 남아있다. 성해응은 명에서 그 무기의 용도를 모르는 것을 근심하기보다는, 살인무기로서의 쓰임을 안다는

을 때 末古刀(寬正~文祿年間, 1460~1596年 사이의 劍)에 속하며, 上作으로 평가받고 있다. (『圖解日本刀事典』 156쪽; 『趣味の日本刀』 212쪽 참조)

232 『研經齋全集』 卷15 〈六稜劍銘〉: 尹聖兪家有古劍一, 不知其所自來. 六稜而首鈍, 且有鐔. 聖兪家貧欲賣之, 當時武臣輒取觀之, 竟不知其爲用而不售之. 或曰簡也. 銘曰: …

사실 자체를 근심해야 할 것이라고 하였다.

앞서 〈검책문〉과 여타 도검문학 작품에 대한 설명에서 언급하였듯이, 조선의 사대부들은 도검 자체의 성능보다는 사용자의 義氣와 武勇에 따라 검의 존재에 의미를 부여하고 그 가치를 평가했었다. 성해응도 그의 글 속에서 도검에 대한 당시대의 관점을 반영하여, 도검의 소유자에 대한 설명을 통해 그들이 소유했던 古劒의 의미를 되새기고, 그가 창작한 劒銘을 통해 고검의 진정한 가치를 문학적으로 형상화하고자 했었다.

다음으로, 성해응의 고검에 대한 검명 외에 조선후기의 고검에 관한 다른 기록들을 살펴보도록 하겠다. 潛谷 金堉(1580～1658)의 〈寶劒志〉[233]는, 부친 金興宇(1564～1594)가 김육이 태어난 해인 1580년(선조 13)에 族人을 시켜 海州에서 정련하여 만든 한 자 길이의 劒에 관한 이야기이다. 김육이 임진년 난리 때 13살의 나이로 이 검을 차고 수천 리 길을 숨어 다녔는데도 다행히 잃어버리지 않았고, 先君의 死後 매번 검을 어루만지며 슬픈 감상에 젖었으며, 먼 길을 나설 때에는 巾箱에 넣어두고 떠났다. 1627년(인조 5) 9월에 김육은 체찰사의 막부에 종사하여 군사를 점고하라는 명을 받고 湖西左道와 嶺南을 순행한 후, 이듬해 봄에 조정으로 돌아와 行裝을 살피다가 검이 사라진 것을 발견하고 스스로 자책하며 속만 썩인다. 그러다가 몇 달 뒤에 從者가 그 검을 훔쳐 숨겼다는 소식을 우연히 알게 된 김육이, 종자를 曉諭하여 劒의 행방을 물어보니 명나라 군대가 주둔한 椵島에 팔게 하였다고 하였다. 김육이 그를 시켜 속히 검을 회수하게 하

233 『潛谷遺稿』 卷9 「雜著」 《跋》 〈寶劒志〉.

면서 이미 팔렸으면 값을 두 배로 치르고 사겠다고 하였는데, 마침 아직 팔리지 않았기에 종자가 드디어 가지고 돌아오자, 김육은 검을 어루만지며 죽었다가 다시 살아난 사람과 상봉하듯 기뻐하면서도 슬퍼한다. 병자년(1636, 인조 14)에 김육이 冬至使가 되어 중국에 조회하러 가게 되었는데, 바다를 건너 무사히 갈 수 있을지 보장하기가 어려워서 큰아들 金佐命(1616~1671)에게 칼을 맡기고서 떠났다. 이 해에 병란이 갑자기 일어났는데, 김좌명이 이 칼을 차고 江都로 들어가서 또다시 다행히도 잃어버리지 않게 되었다. 임진년의 난리로부터 몇 차례의 병화를 겪으면서 부친의 유품을 전부 잃어버렸는데 오직 이 검 하나만은 아직도 남아 있으니, 이것이야말로 보배라고 김육은 이야기한다. 그와 아들이 차고 다니면서 보전하여, 김육 자신과 더불어 60년을 함께 하고서 3대나 전해져 온 보물이 되었으니, 이는 하늘의 운수요 사람의 힘으로는 할 수 없는 것이라고 김육은 결론 내린다. 김육은 이 검이 계속 남아있기를 빌면서, 하늘을 믿으면서 오직 자신의 정성과 공경을 다하리라 다짐한다. 이러한 내용을 담고 있는 〈보검지〉는 춘성부원군 집안에 4대째 내려온 일본도에 대한 글인 〈남씨단검명〉에 비견되는 내용을 담고 있는데, 〈보검지〉와 〈남씨단검명〉 모두 조선후기에 대를 이어 도검을 소장하는 풍습이 사대부 가문에 있었고, 해를 넘기면서 후손에게 물려주는 검의 의미가 더욱 강해져서 도검 자체의 품질과는 상관없이 선조의 유품인 古劍을 寶劍으로 인식하는 풍토가 생겨났음을 보여주는 작품들이다.

이와 관련해서, 조상으로부터 물려받은 검에 대한 다른 기록도 살펴보도록 하자. 李萬運(1736~1820)의 〈家藏小刀記〉에서는 자신의 5代祖 李元禎(1622~1680)의 칼이 증손자인 할아버지 李允中(1686~

1706)에게 증여된 내력을 설명하고 있다.

> 이는 곧 오대조의 부인이신 정경부인 이씨께서 할아버님께 내려주신 것이다. 할아버님께서는 병인년(1686)에 태어나셨는데, 어머님이 안고 이씨에게 보이자 이씨께서 기이하게 여기며 말하기를, “이 아이는 반드시 이조판서의 지위에 오를 것이다.”라 하시고, 판서공께서 쓰시던 錦貝 갓끈과 차고 다니시던 칼을 내려주셨다. 할아버님께서는 어려서 뛰어난 재주가 있으셔서, 보는 사람들이 크게 될 것이라 여겼는데, 불행히도 병술년(1706)에 돌아가셨으니 나이가 겨우 21세였다. 할아버님의 옥그릇 같은 아름다운 자질이 마침내 여기에 그쳤다. 이씨의 감식안이 탁월하셨으나 그 말이 징험되지 못하였으니, 어찌 하늘의 뜻이 아니겠는가! 갓끈은 도둑이 훔쳐가서, 오직 칼만 남아있을 따름이다. 이것으로 小記를 지었으니, 뒤따르는 후세 자손들이 우리 집안의 靑氈인 옛 물건을 알고 지키도록 말했을 뿐이다.[234]

1680년 庚申大黜陟에 연루되어 杖殺당한 이조판서 이원정의 칼은, 그의 부인에 의해 증손자 이윤중에게 증여되었고, 이윤중의 요절 이후에는 그의 손자 이만운에게까지 전해져 내려온다. 이원정의 경우 사후 1689년에 伸寃이 되었으나, 그의 아들인 李漢命(1651～1687)이 부친의 죽음에 충격을 받아 병을 얻어 부친이 신원되기 직전 37세의 이른 나이에 사망하였고, 이한명이 죽기 1년 전에 태어난 손자 이윤

---

234 『默軒先生文集』 卷7 「記」 〈家藏小刀記〉: 此乃五代祖妣貞敬夫人李氏所賜祖考府君之刀也. 府君生于丙寅之歲, 姆抱見於李氏, 李氏奇之曰: “此兒必居冢宰公地位.” 賜以冢宰公錦貝之纓及所佩刀. 府君幼有儁才, 見之者無不期之以遠大, 不幸歿於丙戌之歲, 享年纔二十一. 以府君瑰器美質 °竟止於斯. 以李氏鑑識卓越, 其言不驗, 豈非天哉. 纓則失於偸盜, 惟刀在耳. 玆爲小記, 俾後世子孫知爲吾家靑氈舊物而保守之云爾.

중도 결국 21살의 나이로 단명하였다. 이윤중의 손자인 이만운은, 비범한 자질이 있었으나 일찍 생을 마쳐서 아무런 업적도 이루지 못한 조부에 대한 안타까움을, 집안에 내려온 칼에 관한 기문을 통해 표현하였던 것이다.[235]

凌壺 李麟祥(1710~1760)의 〈冶隱劍〉[236]은 고려의 名賢인 冶隱 吉再(1353~1419)의 검에 대한 詩이다. 九谷道人에 의해 벽에 걸린 야은검은 1자 남짓의 칼날을 지녔는데, 밝은 햇빛이 내리쬐는 날에도 서슬퍼런 칼날은 그림자도 없는 듯하고, 무지개를 끊을 듯 검광이 허공을 비추니 검의 기운이 탄식하는 듯하다. 길재의 소유품이었던 이 검은, 코등이 가운데 자잘하게 金烏山을 지칭하는 金烏와 주인의 號인 冶隱을 새겨놓았다. 금오산의 옛 구름은 칼날의 녹이 되어 피어나고, 금오산의 푸른 대나무는 맑은 검광이 되어 퍼진다. 썩은 선비와 간신들과 친할 수 없는 길재는 이 검으로 가시나무를 베고 띠풀을 자르며 산 속에 은거한다. 길재가 비록 조선이 건국된 후 출사하여 洪範을 아뢰지는 않았어도, 정종과 세종은 그가 살던 마을마저 공경했었다. 절개가 굳은 길재가 조선의 신하라 스스로를 일컬으며 글을 올렸다는 이야기는 의심스러운 사적이라 믿을 것이 못되지만, 사건의 진실을 劍에게 물어도 劍은 말이 없으니 이인상은 길게 탄식할 뿐이다. 이인상이 이 검을 어떻게 접하게 되었는지는 未詳이지만, 그가 검을 직접

---

235 졸고 「朝鮮後期의 刀劍贈與에 대한 考察」(2014) 13~14쪽 참조.

236 『凌壺集』 卷2 〈冶隱劍〉: 九谷道人壁上劍, 孤鋒烱烱一尺餘. 爀日倒輝寒無影, 斷虹照空氣黯噓. 此劍乃是高麗鑄, 傳自門下吉注書. 鐔心細鏤金烏字, 重鏤冶隱標公廬. 烏山古雲浸繡花, 烏山碧竹淸光舒. 腐夫佞臣那得親, 剪莿誅茅宜山居. 公是麗臣秉史筆, 國亡身存意何如. 嘉賓未聞陳洪範, 聖主猶式商容閭. 稱臣獻章傳疑史, 問劍不言一長歔.

보고나서 검의 길이와 코등이의 銘에 대해 언급한 점은 古劍인 야은검이 18세기까지는 실제 유물로서 존재했었다는 사실을 방증한다. 이인상은 劍仙을 그린 그림인 〈劍仙圖〉[237]의 작가이기도 한데, 이처럼 고려시대의 고검인 야은검에 대한 애정과 관심을 시로 나타내었다.

文無子 李鈺(1760~1815)의 〈曺將軍劍〉은 임진왜란 당시 경상남도 三岐의 板峙村에 살았던 曺將軍에 대한 글이다. 그는 남명 조식의 후손으로, 임진왜란을 당하여 말 위에서 검을 휘두르며 왜적을 참살하였다. 그러나 거느린 병력이 많지 않았기에 멀리까지 나아가 싸울 수 없었고, 이 때문에 그 전공이 다른 의병장들에 미치지 못하였음을 이옥은 한탄하였다. 장군의 사후 200년이 된 후에도 장군의 검은 녹도 슬지 않아 당시 사람들이 보검이라 稱道하였다고 한다. 이옥은 단순히 그 기물의 전함이 사람보다 나아서가 아니라, 그 검이 조장군으로 인해 명성이 높아졌다고 평가하였다.

다음에 소개할 汾厓 申晸(1628~1687)의 7言古詩 〈古劍引〉은, 그가 소장한 古董 雙劍에 관한 작품이다.

我有匣中雙蛟龍　나에게 상자 속에 교룡검 한 쌍이 있으니
祕訣初傳白猿公　비결은 백원공으로부터 처음 전해졌네
越砥新磨鸊鵜淬　월나라 숫돌로 새로 갈고 벽제기름으로 담금질하니
晶光夜夜騰晴空　밝은 빛이 밤마다 맑은 하늘로 오르네
曼胡之纓短後衣　만호의 갓끈에 단후의 입고서
白日高歌燕市中　밝은 대낮 연나라 저자에서 소리높여 노래하네
荊卿小兒未解術　형가와 풋내기는 비술을 알지 못해

237 이인상의 〈劍仙圖〉는 현재 國立中央博物館에 소장되어 있다. 2009년 3월에는 檀園 金弘道의 〈劍仙圖〉가 아이옥션 고미술경매시장에 나오기도 했었다.

一擲謾倚秦王宮　단번에 속임수에 의지하여 진왕궁에 들어갔네
千里風塵不留行　풍진 가득한 천리길을 머물지 않고 떠나니
嗚呼四海誰其雄　오호라! 사해에 누가 그 영웅인가!
嗚呼四海誰其雄　오호라! 사해에 누가 그 영웅인가![238]

신정은 교룡검 한 쌍을 사용하는 기법이, 무공이 뛰어난 월나라 처녀와 검술을 겨루던 중국의 전설 속 원숭이인 白猿公[239]에게서 나왔다고 했다. 칼날을 월나라 숫돌로 갈고 방청유인 벽제기름으로 담금질하니, 용천검과 태아검처럼 맑은 빛을 밤마다 하늘로 내쏜다. 荊軻는 만호 갓끈에 단후의를 입고서 대낮에 연나라 저자에서 노래하다가, 풋내기 소년장수인 秦舞陽과 함께 속임수에 의지하여 진나라 왕궁에 들어가서 秦始皇을 암살하려 하였다. 형가가 연나라 태자 단과 이별할 때 뒤도 돌아보지 않고 풍진 가득한 천리길을 떠나니, 세상에 그와 같은 영웅이 또 누가 있겠는가? 형가에 의탁하여 俠氣를 부쳐 검을 노래한 신정은, 술김에 쌍검을 아이들에게 장난삼아 주며 또 시를 짓는다.

先生貧甚四壁空　선생이 몹시 가난하여 네 벽이 비었는데
匣裏猶有雙蛟龍　상자 속에 아직도 한 쌍의 교룡이 들어있네
金鐶錯落雪鍔明　금코등이 또렷하고 눈같은 칼날 빛나는데
衝霄寶氣成長虹　하늘을 찌르는 보배로운 기운 긴 무지개 이루었네
掛壁由來歲月深　벽에 건 이래로 세월은 깊어가는데
吾今老矣成何功　나는 이제 늙었으니 무슨 공을 이루랴?

238『汾厓遺稿』卷2「萊山錄」2〈古劍引〉.

239『吳越春秋』卷5「句踐陰謀外傳」.

付與兒曹事明主　아이들에게 주노니 밝은 임금을 섬겨서
提携萬里追群雄　만리길 차고 다니며 군웅을 따르거라
嗚呼此劒倘有用　오호라! 이 검이 혹시 쓰임이 있다면
一擧可以平西戎　일거에 서융을 평정할 수 있으리라[240]

이미 늙어버린 신정은 이 검으로 공을 세울 수 없으니, 아이들에게 이 검을 가지고 明君을 섬겨서 검을 차고 群雄을 따르라고 한다. 그러면서 그는 이 검이 만약 제대로 쓰인다면 단번에 서쪽 오랑캐를 쓸어버릴 수 있을 것이라 하였는데, 西戎은 실은 淸의 滿洲族(女眞族)을 의미하고 있으며, 이 구절에서는 아직까지 사그라들지 않은 北伐의 意志와 이를 이루지 못하는 恨이 은연중에 배어나오고 있다.

이제까지 언급하였듯이, 조선후기의 고검은 사대부들의 고동 수집 및 감상의 대상이었으며, 그 증거는 상기 설명한 작품들 외에도 여러 도검문학작품들 속에서 끊임없이 발견되고 있다. 이러한 역사적 일면을 생각하면서 도검문학을 대할 때, 우리는 조선시대 도검이 당시대 사대부들에게 있어서 어떤 의미를 지닌 물건이었는가 하는 점을 다시금 마음 속에 되새겨볼 수 있다.

2) 日本刀의 玩賞 現象

조선후기의 日本刀는 조선의 사대부에게 중국의 전통 보검에 버금가는 名劒으로 인식되었고, 골동수집의 대상으로서 각광을 받기도 했었다. 임진왜란 때 노획된 일본도는 물론이고 倭館이나 倭國 商人

---

240 『汾厓遺稿』 卷6 「卯酉錄」 〈醉中以雙劒戲贈少子〉.

을 통해서 암암리에 거래된 일본도도 명검으로 인식되어 조선의 도검 문화와 도검문학에 적지 않은 영향을 끼쳤다.

徐直修(1735~1811)의 『矗川堂稿』에는 그가 어느 고을의 객점에서 우연히 발견한 골동품 고급 일본도를 즉시 구매하게 된 경위가 실려 있다.

> 꿈에서 바다에 뜬 달이 영롱하더니 검으로 변하는 것을 보았다. 다음 날 아침 우연히 어느 고을 객점을 지날 때 검이 벽에 걸려있었는데, 바로 내가 평소 좋아하면서도 얻지 못하던 것이었다. 드디어 기뻐하며 그 값을 치르고 샀다.
>
> 神物塵間合有時　진토 사이 신물이 합쳐짐은 때가 있어
> 照心千里夢先期　천리길에 알아줌을 꿈에서 먼저 기약하네
> 忽驚海月窓前出　바다에 달이 창 앞에 떠오름이 놀랍더니
> 換作秋蓮匣裏垂　추련검으로 변하여 갑 속에 드리웠네
> 三尺光鋩牛斗射　삼척의 칼날 두우성을 밝게 쏘고
> 百年藏用鬼神知　100년의 갈무리와 쓰임을 귀신이 알리라
> 泉堂納峀愁孤寐　천당에서 동굴에 들여 홀로 잠듦이 근심이라
> 欲和淵明詠俠詩　도연명의 유협시에 화답하고 싶네
>
> 검을 읊었다. 그 손잡이에 글이 있는데, '히젠국[肥前國]에 사는 오우미[近江] 다이슈[太守] 다이죠우[大椽: 大掾의 誤記] 후지와라 타다히로'[藤原忠廣]였다. 또, '寬永 18년(1641년) 8월 吉日'이라 하였다.
>
> 誰家神物賣城市　어느 집 신물이기에 성시에서 팔리나
> 碧篆雙行在柄中　푸른 전서 두 줄이 칼자루에 있네

八月近江前太守　팔월이라 근강의 전 태수는
百年藤國古良工　백년 등국의 솜씨 좋은 옛 장인이라
星文夜壁疑翻雪　밤벽의 별무늬는 눈이 몰아칠 듯
水氣秋空欲起虹　가을하늘 물기운은 무지개가 일어날 듯
提出他時將報主　다른 때에 뽑히어 임금 은혜 보답코자
白鵬長尾照丹忠　흰 붕새의 긴 꼬리에 붉은 충심 비치네[241]

이 글은 서직수가 일본의 劍工인 후지와라 타다히로[藤原忠廣: ふじわら ただひろ]가 만든 일본도를 얻고서 그 감회를 기술한 작품이다. 1641년에 제작된 이 검은, 마치 소설과도 같은 우연으로 인해 평소 명검을 원하던 서직수의 손에 들어가게 된다. 위의 기록 중, '大椽'은 官名인 다이죠우[大掾]의 誤記이다. 寬永 18년은 후지와라 타다히로의 나이 29살 때로, 그는 그 해 오우미다이죠우[近江大掾]에 봉해졌다. 상기 검의 劍銘과 거의 흡사한 '肥前國住近江大掾藤原忠廣'이라는 銘의 도검은 지금도 일본에 남아있다.[242]

이러한 일본도의 수집 및 완상에 필요한 일본도 관련 전문지식은 18세기에 성호 이익에 의해서 구체적으로 정리되었다. 그리고 동계

---

241 『蠹川堂稿』: 夢見海月玲瓏, 變而爲劒. 翌朝偶到村店有劒掛壁 卽余平生所好而不可得者也. 遂欣然償其直. '神物塵間合有時 照心千里夢先期 忽驚海月窓前出 換作秋蓮匣裏垂 三尺光鋩牛斗射 百年藏用鬼神知 泉堂納凿愁孤寐 欲和淵明詠俠詩' 賦劒. 其柄有書曰: '肥前國住近江太守大椽藤原忠廣'. 又曰: '寬永十八年八月吉日'. '誰家神物賣城市 碧篆雙行在柄中 八月近江前太守 百年藤國古良工 星文夜壁疑翻雪 水氣秋空欲起虹 提出他時將報主 白鵬長尾照丹忠'

242 이경화의 「초상화에 담지 못한 사대부의 삶: 이명기와 김홍도의 〈徐直修肖像〉」 151～156쪽에서는 서직수 초상이 그려진 〈十友圖〉에 묘사된 서직수의 일본도 마사무네[定宗]에 대해 설명하면서, 〈십우도〉를 제작할 당시에는 서직수가 그 칼을 실제로 소장했던 것은 아니고 그가 다만 좋아했던 물건이기에 그려놓았다는 점을 밝혔다.

조귀명은 춘성부원군 남이웅의 후손에게 전해 내려온 일본도의 유래와 그 의미에 대한 글을 남겼으며, 이종휘는 이 글을 읽고 꾼 꿈을 바탕으로 작품을 남기기도 했다. 아정 이덕무와 금릉 남공철, 담정 김려와 추사 김정희도 또한 일본도에 대한 詩文을 지었다. 본절에서는 이와 같은 일본도 완상 현상과 일본도의 문학적 형상화에 대해서 살펴볼 것이다.[243]

(1) 星湖의 〈日本刀歌〉와 〈更次日本刀歌〉

星湖 李瀷(1681~1763)은 그의 문집 속에서 일본도에 관한 여러 기록들을 남겨놓았다. 그 중에서 〈日本刀〉를 살펴보도록 하자.

> 眉叟는 白湖 林悌의 외손자이다. 백호가 일본 상인[賈客]에게 古劍 한 자루를 얻었는데, 나중에는 이 칼이 허씨에게로 돌아갔다. 내가 일찍이 이 칼을 보았는데, 눈빛처럼 흰 광채가 사람을 쏘았다. 한여름에 칼집에서 뽑아 벽에 걸어놓으면 칼끝에 이슬방울이 맺혀서 떨어진다 한다.
>
> 五行에서 金이 맨 으뜸이다. 금이란 水를 내기 때문에 해설자는, "금과 鐵을 불에 녹이면 물이 되는 까닭에 칼끝에 물이 맺힌다." 한다. 만약 그렇다면 세상에 滔滔히 흐르는 것은 모두 물인데, 이 모든 물은 어디에서 나는가? 지금 이 칼로써 징험해 보니, 금이 물을 낸다는 것을 과연 믿겠다. 추측컨대, 쇠붙이란 모두 불에 달궈서 만들어졌기 때문에 그 본성을 잃게 되지만, 오직 地四[244]의 참된 정수를 얻은 것만은 본성이 여전

243 본절은 졸고 「조선후기 士人의 日本刀 認識에 대한 考察」(『漢文學報』 20권, 2009)의 내용을 보완·작성하였다.

244 地四: 『周易』 「繫辭」上에 나오는 河圖·洛書의 數인 地四를 의미하며 서쪽을 상징한다.

> 히 남아있는 까닭에 그러한 것인가?
>
> 그렇다면 흙 속에서 물이 나는 것도 실은 土가 비로소 금의 정기를 양성하고 금은 또 水를 낳게 되는 현상이니, 이 금이 아니면 토가 어찌 수를 낼 수 있겠는가? 대개 돌도 흙에서 나니, 돌이란 즉 금 따위인 까닭에 빛깔이 희게 된다. 鐵도 반드시 沙石 사이에서 생산되니, 그 본질이 같은 것임을 알 수 있고, 물도 보면 대개 땅속 돌구멍에서 난다. 내가 지금 金이라고 하는 것은 黃金·黑鐵·白石을 모두 포함해 말한 것이다.[245]

성호 이익의 이 글은 眉叟 許穆(1595～1682)이 소장한 일본도의 유래와,[246] 일본도의 본질에 대한 五行적인 설명을 포함하고 있다. 白湖 林悌(1549～1587)가 일본 상인으로부터 입수한 일본도가 그의 사후 외손자인 허목에게 전해졌으며, 허목의 사후 이익이 직접 이 검을 목격하기도 했다. 한여름에 벽에 걸린 일본도 칼날에 이슬이 맺히는 현상은 과학적으로 볼 때 공기 중의 수증기가 응결된 것이나, 이익은 동양에서 우주만물을 설명하는 관념체계인 五行相生說에 입각해서 이러한 현상을 분석하였다.

그리고 〈倭刀〉에서는, 이익이 일본도에 대한 지대한 관심을 바탕

245 『星湖僿說』 卷5 「萬物門」 〈日本刀〉: 眉叟乃林白湖悌外孫. 白湖得一古劒於日本賈客, 後劒歸許氏. 余曾見之, 色白如雪, 光射人. 暑月拔鞘掛壁, 凝露滴其尖云. 夫五行, 首金. 金則生水 說者謂金鐵火鎔成水故云爾. 若然世之滔滔流者, 皆水. 此何從而生. 今以此劒驗之, 金之生水信矣, 意者銕皆火鍛, 失其本性, 惟其得地四眞精者, 本性猶在. 故然耶. 然則土中生水, 其實土始養成金精 金又生水, 非金則土何由生水. 盖石生於土, 石卽金類, 故色白 銕必產沙石之間 可見其性類也. 水又生於土中石竇, 余謂言金則黃金·黑銕·白石皆擧之耳.

246 『眉叟記言』 卷67 「自序續編」 〈劒(日本劒)〉에서 허목은 외조부인 임제가 검을 입수하게 된 경위와, 임난 당시 허목의 모친을 통해 검이 보존되어, 이후 이를 허씨 집안에 수장하게 된 내력을 설명하였다. 이에 대한 세부적인 내용은 졸고 「朝鮮後期의 刀劍贈與에 대한 考察」(2014) 22～24쪽을 참조할 것.

으로 일본도의 각부 형태와 특징을 설명해놓았음을 볼 수 있다.

일본 사람이 칼을 만드는데 칼날은 왼쪽으로 비스듬하게 하고 그 끝은 뾰족하게 하였다. 칼날이 무디면 다만 그 비스듬한 한쪽만 갈아도 칼날이 날카로워지는 까닭에 갈기가 쉽고 오래 쓸 수 있다. 그들은 칼을 제조할 때 강한 쇠는 왼쪽으로, 무른 쇠는 오른쪽으로 각각 붙여서 만들기 때문에 늘 날카롭고 잘 무디어지지 않는다는 것이다.

대개 칼이란 칼날이 너무 얇으면 쉽게 닳고, 등이 너무 두꺼우면 무겁기만 하고 또 쇠만 많이 허비되는 것이다. 그런데 왜도는 그 두꺼움과 얇음을 알맞게 하고 또 칼날도 한쪽으로 비스듬하게 하였으니, 뜻을 쓰기를 지극히 공교하게 한 것이다. 우리나라 사람은 왜도를 얻으면 반드시 그 뾰족한 한 면은 갈아 없애 버리니, 그 용도를 잃은 것이다. 우리나라에서는 칼을 제작하는데 쇠를 만드는 기술이 없다. 쇠는 부드럽기만 하고 강하지 않으며, 칼등은 너무 두껍고 칼날은 너무 얇기 때문에 망가지기 쉬운 것이다.

한 면에는 반드시 도랑처럼 골이 지게 만들게 되니, 이는 무슨 뜻인지 모르겠다. 추측컨대 옛날에는 무슨 물건을 만들면 반드시 그 工人의 이름을 새기는데 금을 입히기도 하고 은을 입히기도 하여 글자를 만들었다. 그릇 면에다 도랑처럼 골을 만들고 그 속에다 새긴 것은 오래 되어도 닳아 없어지지 않도록 한 것이었는데, 후세에 와서는 그 본뜻은 잃어버리고 도랑처럼 만드는 제도만 있어서 그렇게 만들었는가?

일본 사람은 모두 꽃을 새겨 만들기도 하고 딴 물형을 놓아 만들기도 하는데, 아무리 갈아도 없어지지 않는다. 꽃을 새긴 칼은 金絲礬을 이용하였기 때문에 그 꽃이 분명하게 나타나고 또 갈아 쓸수록 빛이 더욱 깨끗해진다. 그리고 꽃이 혹 검게 보이는 것은 모두 위조품이라고 한다. 이 금사반이란 것은 무슨 물건인지 알 수 없으나 지금 소위 白礬·綠礬 따위에 불과한 듯하다.

이는 비록 자질구레한 일이기는 하나, 무슨 물건을 쓰면서 그 이름이 무엇인지 모르는 것은 君子로서 부끄럽게 여기는 까닭에 기록해 둔다.[247]

片切刃造[かたきりはづくり]는 베기를 쉽게 하기 위해서 만드는 도신형태 중 하나이다. 도신의 한쪽 측면은 배가 있게 하고 다른 한쪽 측면은 배가 없는 平造로 만들면, 배가 없는 평조 부분이 베는 순간 칼날 표면적에 와닿는 저항력을 감소시켜서 더 잘 베어지게 하는 역할을 한다.[248] 그런데 그 다음 구절에서는 실제 일본도의 날 제조법 설명에 있어서 약간의 오류가 보인다. 강한 쇠(皮鐵: かわがね)로 바깥을 둘러싸고, 약한 쇠(心鐵: しんがね)는 안에 넣어 혼산마이(本三枚: ほんさんまい) 방식으로 鍛接(forge welding)하여 칼날을 제조하는 것이 원래 일본도의 내구성을 강화하기 위한 방법인데, 이익은 이에 대해서 강한 쇠는 왼쪽, 무른 쇠는 오른쪽에 붙인다는 식으로 기술하고 있다. 근자에도 마찬가지이지만, 지식이 유통되는 중 불명확한 사실이 전파되는 경우도 존재했기 때문에 이익도 일본도 도신의 단접에 대해서는 그릇된 정보를 입수했던 것으로 보인다.

그리고 이익은 일본도의 날등 두께가 적당한 크기이고 편절인조

247 『星湖僿說』 卷6 「萬物門」 〈倭刀〉: 倭人爲刀, 刃在左斜其尖, 尖鈍則只磨其斜一分而刃利, 故易治而用久其造也. 鋼鐵在左, 柔者在右, 所以恒利不鈍也. 其制刃太薄則易缺, 脊太厚則體重而費鐵. 停其厚薄, 斜剡其刃, 用意極巧也. 東人得之, 必磨去其剡, 則失其用矣. 國中造刀鑄鐵無術, 柔而不鋼, 脊不厚而刃益薄, 所以易敗. 其一面, 必嵌入爲溝, 此不知何意. 意者古時物, 必勒其工名, 鍍金鍍銀爲字, 鐫在溝中, 爲其不磨, 後失其本志, 而溝獨有遺制耶. 倭人多爲起花爲物形. 磨而不去. 起花者用金絲礬, 礬之其花, 則見而打磨光淨. 其假造者是黑花云. 金絲礬, 不知何物, 而不過如今白礬·綠礬之類耳. 此雖細事, 用物而不知其名, 君子耻之, 故錄之.

248 이러한 도신의 형태는 주로 거의 短刀나 와키자시[脇指] 크기의 도검에 사용되었다.

기법을 사용하여 지극히 공교하게 만들었다고 밝히면서, 조선 사람들이 그러한 칼을 얻으면 평조가 아닌 다른 면을 갈아버려서 일면평조의 장점을 살리지 못함을 말하고 있다. 이익은 또 조선의 도검제작기술 중 쇠를 제작하는 기법이 다소 부족함을 이야기하면서, 조선 도검의 경우 쇠는 약하며 刀身의 두께가 칼등은 너무 두껍고 칼날은 너무 얇아서 망가지기 쉽다고 평하고 있다.

이어서 이익은 일본도 칼날의 한 면에 반드시 도랑처럼 골이 지게 만든 것이 무엇인지 모르겠다고 하면서, 銘의 일종이 변형된 것이 아닌가 추측하였다. 이익이 의문을 가졌던 도랑같은 골은 일본도의 血溝[樋, ひ]를 지칭하는 것으로, 日本美術刀劍保存協會[249]에 의하면 이것의 용도는 ①무게 경감, ②강도 증가, ③장식적 역할이라고 한다.

다음으로 기술한 것은 일본도의 도신에 새기는 금입사 조각[彫物, ほりもの]이다. 金絲釁을 이용하여 꽃을 새긴 도신은 꽃이 분명하게 나타나고, 갈아 쓸수록 빛이 더욱 깨끗해진다. 그리고 금사반을 이용하지 않은 위조품은 금이 아니기 때문에 꽃의 빛깔이 검게 변하게 된다.

---

249 日本美術刀劍保存協會: 제2차세계대전 종결 후 일본에서 연합군 총사령부에 의해 日本刀가 대량 몰수·파기되자, 이에 대항하여 일본도 보존을 위해 1948년에 설립된 재단법인 단체로, 일본도를 미술품으로 분류하여 연합군에 의해 무차별적으로 압수되지 않도록 하는 명분을 제시하였다. 미술 공예품으로서의 가치 있는 도검류의 보존 및 공개, 무형 문화재로서의 일본도 제작·연마 및 도장구 제작 등의 기술 보존 향상에 이바지함과 동시에, 일본도 재료의 확보를 도모하고 이에 관한 조사 연구와 감상 지도를 실시해서, 일본 문화의 보급과 문화재 보호에 기여하는 것이 이 협회의 목적이다. 예전에는 일본 내에서 일본도와 관련된 가장 권위있는 단체로서 골동품 도검에 대한 鑑定書를 발급하는 역할을 했었으나, 근래에 들어 도검 감정에 대한 신뢰성 문제로 인해 누차 비판을 받은 후 自肅의 의미로 더 이상 새로운 감정서를 발행하지 않고 있다.

이익은 이 글을 통해서 일본도에 대한 17~18세기 조선 사대부의 인식과 이해 정도를 보여주고 있다. 그는 일본도에 대한 분석과 설명을 통해, 당시 조선에서 통용되던 일본도에 대한 지식을 모아서 세부적인 부분까지 이해하고 이를 기록하려 하였다. 그는 이러한 자신의 태도를, 물건을 쓰면서 그 이름과 용도를 제대로 인식하는 '君子'의 자세와 합치시키고 있다.

이익의 경우 도검 자체에 대해서 전문가도 아니었기에 일본도에 대한 정확한 지식을 선별하는 데 한계가 있었고, 그 때문에 일본도에 대한 記述에 있어서도 어느 정도 오류가 내포될 수밖에 없었다. 그러나 그는 기본적으로 새로운 사실을 임의대로 지어내지 않고 문헌을 바탕으로 하여 자신이 아는 만큼만 기록을 하는 학술적인 태도를 견지했었고, 이러한 점은 혈구나 금입사 조각에 대한 기술에서도 그대로 드러난다.

일본도에 대한 이익의 관심은 비단 실제 기물에만 국한된 것이 아니었다. 그는 이를 〈日本刀歌〉와 〈更次日本刀歌〉 2수를 통해서 문학적으로 표현했으며, 그 시들에서 임제와 허목이 소장했던 일본도를 중심적인 소재로 차용하였다. 그 중에서 먼저 〈일본도가〉를 보도록 한다.

扶桑爀日養眞精	왜국의 불타는 해 참된 정수를 기르니
洋海爲爐鐵劍躍	너른 바다 쇠를 달구어 검이 뛰쳐나오네
匣中深藏秋水光	칼집 속에 깊이 감춰진 가을의 물빛
寶氣夜射東鯷壑	보배로운 氣는 밤에 東鯷壑을 쏘네
天下男子林白湖	천하의 남자 임백호
心雄不堪容小國	마음이 웅대하여 소국에서 용납될 수 없었네

流傳畢竟物歸主	후세 전해져 마침내 물건이 주인에게 돌아갔으나
時平無事掛閒壁	시절이 평온무사하여 한가로이 벽에 걸었네
有時拔鞘霜雪騰	칼집에서 뽑을 때면 서리와 눈발이 휘날리니
鬼魈不敢守窟宅	귀신과 도깨비들 감당 못하고 소굴만 지키네
眉叟先生成宅相	미수선생은 그 외손자로
提攜歸老漣川谷	칼과 함께 노년에 漣川谷으로 돌아갔네
左新羅琴山水絃	왼쪽의 新羅琴으로 산수간에서 연주하고
右日月石乾坤燭	오른쪽의 日月石으로 천지간을 비추네
平生肝膽一片在	평생 마음에 일편단심 있어
微醺緩撫歌聲激	약간 취해 지긋이 검을 어루만지며 노랫소리 격동하네
瑩膏寧受莓繡迹	맑은 칼날에 어찌 녹이 슬었으랴
中宵寂聽微露滴	깊은 밤중 미세한 이슬 떨어지는 소리 고요하게 들리네
比如艸昧君子身	비하자면 난세의 군자 신세와 같아서
懷玉不衒誰能識	옥을 품고도 자랑하지 않으니 누가 능히 알겠는가
勸君獻之九天上	그대에게 권하니 칼을 九天 위에 바치게나
聞道暗暗邊愁積	듣자하니 암암리에 변방 근심이 생겼다네
不然投棄延平千尺淵	아니면 연평의 깊은 연못 안에 던져서
任敎雄與雌相逐	마음대로 자웅검이 서로 좇게 하게나
安知異時不復出水爲世需	어찌 알겠는가. 훗날 다시 물에서 나와 세상에 쓰이지 않을지
吾老不見風塵廓	늙은 나는 풍진이 깨끗이 걷히는 것을 보지 못하겠구나[250]

이익의 〈일본도가〉는 歐陽脩(1007～1072)의 〈일본도가〉를 차운한 것이 아니라, 스스로 따로 지은 〈일본도가〉이다. 그는 자신의 〈일본

250 『星湖全集』 卷5 〈日本刀歌〉.

도가〉에서 명검인 일본도가 임제의 수중에서 외손자인 허목의 수중으로 전해진 궤적을 설명하면서, 은일하며 외할아버지의 칼을 애장하고 있는 허목을 옥을 품고 있는 군자에 비유하고 있다. 이 검은 위에서 노래했듯이 귀신과 도깨비를 제압하는 神劒인 동시에, 임제의 기개[251]와 허목의 올곧은 마음을 상징하는 義劒적인 성격을 지닌다.

왜국의 해에서 참된 정수가 양성되어, 바닷물로 쇠를 달구니 전설상의 보검처럼 일본도가 뛰쳐나온다. 칼집 속에는 가을철 강물빛같은 시퍼런 칼날이 감추어져 있는데, 그 일본도의 보배로운 氣는 밤에 東鯷壑,[252] 즉 조선반도를 쏜다. 소국인 조선에서 용납될 수 없을 정도로 웅대한 마음을 가진 천하남자 백호 임제가 바로 이 명검의 주인이 되었으나, 평온한 세상이라 이 검을 한가롭게 벽에 걸어두었다. 칼집에서 칼을 뽑으면 서리와 눈발이 휘날려, 요물들이 꼼짝 못하고 소굴만 지키고 있을 정도의 보검인 이 일본도는, 외손자인 미수 허목에게 전해져 그가 漣川谷에서 은거할 때 그 곁을 지키게 된다. 한때 종실 출신 화가인 李慶胤(1545~1611)이 소장했던 골동품인, 新羅 敬順王의 新羅琴[253]을 왼쪽에 두었다가 산수 사이에서 연주하고, 스스로 손

---

251 백호 임제는 임종에 이르러 鏡城 判官으로 부임하는 친구를 위해 다음과 같이 시를 읊었다.

元帥臺前海接天 원수대 앞바다는 하늘과 맞닿는데
曾將書劒醉戎氈 나도 일찍 글과 칼로 융단 위에 취했었네
陰山八月恒飛雪 음산이라 팔월에도 흰 눈이 날려
時逐長風落舞筵 때로는 바람 타고 춤추는 곳에 떨어졌네

姜浚欽(1768~1833)은 이에 대해, 임종에 다다라 지은 시인데도 여전히 기세가 늠름하여 호방한 것이 이와 같았다고 평하였다. (민족문학사연구소 한문분과, 『三溟詩話』, 소명출판, 2006, 110쪽 해석 참조)

252 『星湖僿說』「天地門」〈鯷岑〉 참조.

수 이름을 새긴 石鏡인 日月石[254]을 오른쪽에 두고 하늘과 땅을 비추며 은거하던 허목은, 평생동안 간직한 일편단심을 아직도 품고서 술에 약간 취해 지긋이 검을 어루만지며 격렬하게 노래를 읊조린다. 깊은 밤중 벽에 걸려있는, 녹슬지 않은 맑은 칼날과 그 끝에 맺혀서 떨어지는 이슬의 미세한 소리는 함께 어울려 한적한 정취를 멋들어지게 한다. 귀한 일본도를 지니고도 자랑하지 않는 허목에게 이익은 칼을 임금께 바쳐 변방의 근심을 평정하도록 하거나, 아니면 연평의 연못에 던져서 용천검과 태아검처럼 짝이 되는 칼을 찾게 하라고 권하고 있다. 나중에 난세가 닥치면 이 검이 물속에서 뛰쳐나와 세상에 쓰일지 여부는 모르겠지만, 자신은 너무 늙었기에 훗날 이 칼로 인해 난리가 평정되는 것을 보지 못하게 되리라고 이익은 이야기한다.

이익의 또 다른 작품인 〈갱차일본도가〉 2수는 자신의 〈일본도가〉를 차운하였는데, 이 또한 허목의 일본도를 소재로 하고 있다.

有物深藏必待用　깊이 감춘 물건 있어 반드시 쓸 때를 기다리니
神龍在淵時或躍　신룡이 연못에 있다가 때를 맞아 혹 뛰쳐나올 듯
青熒寶器付其人　푸르게 빛나는 보배로운 劒器를 그 사람에게 주니
鬼物捧出千里壑　귀신들이 천리 골짜기에서도 받들어 나오네
秋水三尺心一寸　가을 강물 같은 삼척검 속마음 한 마디
得之可以衛邦國　칼을 얻어 나라를 호위할 수 있겠네
故歛鋒鍔歸何處　옛 검의 칼날 돌아갈 곳 어디인가?
黃閣先生書滿壁　정승이 온 벽에 글을 쓰네

253 『星湖僿說』「萬物門」〈新羅琴〉 참조.

254 尹鑴, 『白湖全書』, 卷34 「雜著」〈楓岳錄〉, 윤7월 26일조 참조. 허목을 만나 일월석을 구경했음.

先生手握旌陽權　선생이 손에 쥔 것은 旌陽의 권력이라
劈開義理居安宅　의리를 열어서 안택에 거처하여
已令魑魅爭奔逃　이미 魑魅로 하여금 앞다투어 달아나게 하니
去向萬木春山谷　숲이 우거진 春山谷으로 향했네
恩居堂上下緇帷　恩居堂 위에 검은 장막 드리우니
夜夜酆獄精光燭　밤마다 풍성 옥에서 맑은 빛 빛나네
後孫保守佩遺戒　후손이 보수하여 遺戒삼아 검을 차니
至今緩歌聲感激　지금 느긋한 노랫소리 부르며 감격하네
嵌竇吐風生怒號　굴에서 바람을 토해내니 성난 호령 일어나고
方諸得月聞點滴　방저에 달이 비치니 이슬 떨어지는 소리 들리네
歐陽作詩寓深意　구양공이 시를 지어 깊은 뜻을 빗대었는데
火前詩書誰復識　焚書 전의 시서를 누가 다시 알겠는가?
絶域蒼莽那可到　絶域은 아득하니 어찌 도달할 수 있으리오
對此益覺幽恨積　이를 대하니 더욱 그윽한 한이 쌓이네
嗚呼劒兮初渡海　오호라 검이여! 처음 바다를 건널 때
六經胡不相追逐　六經이 어찌 함께 좇아오지 못하였는가
棲棲殘簡蠹編裏　외롭게 남은 책은 좀먹었는데
夜起遐眺雲空廓　밤에 일어나 멀리 바라보니 구름낀 하늘이 개이네[255]

허목은 그의 나이 84세이던 1678년(숙종 4)에 숙종으로부터 거택을 하사받고 恩居堂[256]이라 이름하여 그 곳에서 은퇴생활을 하게 된다. 이 시는 말년의 허목을 검에 짝하여 묘사하고 있다.

깊이 감춘 일본도는 반드시 쓸 때를 기다리는데, 이는 용천검과 태아검 같은 신룡처럼 때를 맞아 혹 뛰쳐나올 듯하다. 푸르게 빛나는

---

255 『星湖全集』 卷5 〈更次日本刀歌〉.

256 경기 연천군 왕징면 강서리에 위치했었음. 현재는 터만 남아있다.

보배로운 검기를 허목에게 주니, 귀신들이 천리 골짜기에서도 그를 받들어 나온다. 가을 강물처럼 시퍼런 삼척검과 한 조각 마음이 있으니, 이 칼을 얻어 나라를 지킬 만하다. 칼날을 거둔 정승 허목은 온 벽을 글로 채우며 은거한다. 그가 손에 쥔 일본도는 귀신을 베어 죽이는 晉나라 신선 旌陽의 검이 상징하는 권력과 같아서 의리를 열어 안택에서 거처하니, 귀물인 이매들이 이 일본도 때문에 앞다투어 달아나서 숲이 우거진 춘산곡으로 쫓겨가버린다. 허목이 은거하는 은거당 위에 검은 장막이 내리니, 밤마다 풍성 옥에서 검광이 두성과 우성으로 뻗쳐오른 것처럼 일본도의 맑은 빛이 빛난다. 백호 임제의 외손자인 미수 허목은 이 일본도를 보수하여 유계삼아 몸에 차고는, 지금 느긋한 노랫소리 부르며 감격한다. 굴에서 나는 바람소리는 성난 호령인 듯 하고, 달의 정기인 이슬 明水를 받는 거울인 方諸[257]에 떨어지는, 달이 담기는 듯한 물방울소리도 허목의 귀에 들려온다. 구양수가 〈일본도가〉를 지어 분서갱유 전의 전적을 徐福이 일본으로 피신시켰음을 노래하였었는데, 분서 전의 詩書를 지금 세상에서 누가 다시 알겠는가. 일본땅이 아득히 멀어 도달할 수도 없어서, 이를 대하니 더욱 그윽한 恨이 쌓여만 간다. 이 일본도가 바다를 건너올 때 분서를 피한 六經도 함께 건너오지 못했음을 아쉬워하는 허목은, 외롭게 남아있는 좀먹은 책을 들여다보다가, 밤에 일어나 구름낀 하늘가가 개이는 것을 쳐다본다.

君不見燕市悲歌士	그대는 듣지 못했는가! 연나라저자에서 悲歌부르던 장사

257 『星湖僿說』「萬物門」〈明水〉 참조.

腰橫長鋏矜距躍	허리에 장검 비껴차고 기꺼이 뛰어오른 것을
又不見飛昇呂仙翁	또 듣지 못했는가! 날아오른 여동빈이
袖裏靑蛇度萬壑	소매 안에 푸른 뱀 넣고 만 개의 골짜기 넘는 것을
不如堂堂大丈夫	같지 못하다네. 당당한 대장부가
才兼文武生王國	재주가 문무 겸하여 왕국에서 태어난 것만
海舫偶得千金刃	바다에 배 띄워 우연히 천금 칼날을 얻으니
歸喚靑燈夜挂壁	돌아와서는 푸른 등을 불러 밤에 벽에 걸어놓네
攀條撫室心耿介	손잡이끈 잡고 칼집 어루만지니 마음이 빛나는데
但聞伊吾聲滿宅	다만 글 읽는 소리만 집을 가득 채우네
誓令威名靖夷夏	맹세코 위명으로 하여금 오랑캐를 안정시키고
復見仁恩及空谷	다시 인자한 은혜가 빈 골짜기에 미치는 것을 보았으면
莫言儒者拙於用	말하지 마라 유자가 실용에 서투르다고
定是前身是薛燭	반드시 전생의 몸이 설촉이었을 것이네
登高拔鞘一高歌	높은 곳에 올라 검을 뽑아 한 번 높이 노래하니
海濤爲我千層激	파도가 나를 위해 천 층이나 부딪히누나
只緣君恩未盡酬	다만 임금의 은혜 아직까지 다 갚지 못했기에
徘徊感歎雙淚滴	배회하고 감탄하며 두 줄기 눈물 흘리네
當時一片去國心	당시 고향을 떠나는 한 조각 마음
盡使黃童白叟識	모두 어린아이와 노인들로 하여금 알게 했도다
行裝但許書劍隨	행장에는 다만 책과 칼이 따르는 것만을 허여하니
北陸暗暗浮雲積	북쪽 땅 어두워 뜬구름만 쌓이네
先生已歸白玉京	선생이 이제 백옥경으로 돌아가니
忍令謾與凡曹逐	차마 부질없이 보통인 무리들과 더불어 좇아갈 있으랴
我願乞取飛霞佩	나 원컨대 나르는 노을빛 검을 빌려 차고
與物飛騰上寥廓	칼과 더불어 날아 하늘 위로 올라가리

〈갱차일본도가〉 제2수이다. 연나라 저자에서 비장한 노래 부르던 장사 荊軻는 허리에 장검을 비껴차고 秦王을 암살하기 위해서 기꺼이 뛰어올랐고, 당나라의 신선 呂洞賓은 이무기를 靑蛇라는 단검으로 만들어 소매 속에 넣고 만 개의 골짜기를 뛰어넘으며 날아다녔다. 당당한 대장부인 백호 임제는 재주가 문무를 겸하여 나라를 세울 만했는데, 바다에 배를 띄워 우연히 천금에 해당하는 일본도를 얻어서 돌아와서는 밤에 푸른 등불로 비추어 벽에 걸어놓았다. 그 외손자인 허목이 검 손잡이 끈을 잡고 칼집을 어루만지니 마음이 환하게 빛나는데, 武勇을 떨치고 싶은 마음을 억누르고 다만 앉아서 글 읽는 소리로 집을 가득 채운다. 그러나 이 검으로 위명을 떨쳐 오랑캐를 안정시키고, 다시금 임금의 인자한 은혜가 빈 골짜기까지 미치는 것을 보기를 희망한다. 유자가 실용에 서투른 것은 결코 아니다. 반드시 전생의 몸이 춘추시대 越나라의 검 감정가로 유명했던 薛燭이었을 것이다. 높은 곳에 올라 검을 뽑아 한 번 높게 노래 부르니, 파도가 이에 감응해 천 층이나 와서 처얼썩 부딪힌다. 하지만 다만 유자의 몸으로 임금의 은혜를 아직까지 다 갚지 못했기 때문에, 배회하고 감탄하며 두 줄기 눈물을 뿌릴 뿐이다. 당시 한 조각 고향을 떠나는 마음은 모든 사람들이 다 알 정도였다. 행장에 다만 책과 칼만을 넣고 위험한 북쪽 변방으로 가는데, 북쪽 땅은 어두워 뜬구름만 쌓인다. 허목이 이제 임종하여 白玉京으로 돌아가니, 신선 같던 허목이 차마 부질없이 보통사람들과 더불어 좇아갈 수 있겠는가. 이익은 허목의 나르는 노을빛 일본도를 빌려 차고, 그를 따라 칼과 더불어 날아 하늘 위로 올라가고 싶어 한다.

(2) 東谿의 〈南重河傳〉과 〈南氏短劍銘〉

東谿 趙龜命(1693~1737)의 〈南氏短劍銘〉은 壬子年(1732, 영조 8년)에 지어진 작품으로, 南以雄(1575~1648)이 소지했다가 후손들에게 물려준 일본도에 관해 기술하고 있다.

> 春城府院君 南公은 18세에 壬辰倭亂을 만나 적에게 사로잡혔다. 적이 그를 아껴 스스로 따르게 하였으나, 그가 달아날까 염려하여 밤에는 자루에 넣어 그 입구를 묶고 나무에 매달아 재웠다. 공이 거짓으로 친한 척하며 달아날 뜻이 없음을 보여주자, 적은 경계가 느슨해져 자루를 땅에 두었다. 공은 적이 잠든 틈을 타 몸을 빼 달아나니 막거나 쫓는 자가 없었다. 왜적이 허리에 매우 날카로운 단검을 차고 있는 것을 보고는 몰래 다가가 풀어서 가지고 숲 속에 숨으니 마침내 면할 수 있게 되었다. 귀하게 되어 배를 타고 북경으로 조회 가는데, 검을 차고 가니 끝내 바람과 파도의 위험이 없었다. 공은 이를 검의 도움이라 여겼다.
>
> 그 후 서자인 郡守君이 孝宗이 오랑캐에게 인질이 되어갈 때 모시게 되자 단검을 차고 가라고 하였는데, 瀋陽에서 8년 동안 아무런 근심이 없었다. 마침내 군수군에게 전해졌고 군수군은 막내아들인 萬戶君에게 전해주었다. 나랏일로 鬱陵島에 들어갈 때 바닷길 700리를 건너는데, 단검을 차고 가니 또한 끝까지 근심이 없었다. 만호군이 매우 보배롭게 여겨 중간에 나를 찾아와 銘을 지어 달라고 하여, 그것이 남씨의 물건임을 알게 되었다. 승낙하고서 몇 해가 지나지 않아 만호군이 죽었다.
>
> 죽음에 임하여 형의 아들 龍五에게 그 검을 전하였는데, 그것에 대해 나는 알지 못하였다. 만호군은 통달한 자이므로 내가 立傳을 하고 이어서 劒銘을 첨부하였다. "그대는 스스로 무언가 소유하려 하지 않더니 검에 대해서는 어찌 그리 두터운가. 사람들은 검을 잃기도 하고 얻기도 하는데, 어찌 남씨 집안만 유독 차지하고 있는가." 내가 이것을 쓴 것은 다만 평소의 말을 어기지 않으려는 것일 뿐이다. 그러나 그 집에 검의 존망

과 검명을 구한 뜻을 물은 적이 없었으니, 그 집안이 가난하고 영락하여 팔지 않았다면 잃어버렸을 것이다.

지금 용오가 갑자기 다시 그 검을 가지고와서 나에게 명을 써달라고 부탁하였는데, 처음에는 만호군이 이미 나에게 부탁했던 그것인 줄 몰랐었다. 사람의 일이 변화가 심하여 순식간에도 자주 변하니, 神物이 전해지는 것이 마치 운수가 있는 듯하다. 2대가 부탁한 검명도 또 서로 도모하지 않았는데도 합해져 마침내 내가 20년 전의 오랜 약속을 실천하게 하였으니, 어찌 기이하지 않은가? 그 始末을 모아 별도로 아래와 같이 명을 짓는다. 그 명은 다음과 같다.[258]

出於蠻夷之鄕	오랑캐의 땅에서 나와
進於禮義之邦	예의의 나라로 들어왔으니
猶鳥之遷耶	새가 골짜기에서 높은 나무로 옮겨 간 것과 같네
抗之則鎭黃扉	칼을 들면 재상의 집을 지킬 수 있고
抑之則飾韎韋	칼을 차면 장수의 옷을 빛낼 수 있으니
猶龍之詘伸耶	마치 용의 굴신과 같다고 해야 할까
辟魑魅伏蛟鰐	魑魅를 물리치고 교룡과 악어를 복종시키며

258 『東谿集』 卷5 〈南氏短劒銘〉: 春城府院君南公年十八, 遭壬辰亂, 爲賊所掠. 賊愛而自隨, 恐其逸也, 夜則納于袋, 括其口, 懸之樹而寢. 公僞親附, 示無去意, 賊稍解則袋而置地. 公間賊睡, 脫身跳念, 無以禦追者. 嘗睨一賊腰短劒甚利, 卽潛就解之, 持匿林中, 遂免. 及貴, 航海朝京, 佩而行, 卒無風濤驚, 公謂有劒之助. 其後庶子郡守君侍孝廟質于虜, 命佩而行, 八年于瀋, 卒無恙. 遂傳之郡守君, 郡守君傳之季子萬戶君, 以王事入鬱陵島, 踔海七百里, 佩而行, 亦卒無恙. 萬戶君甚寶之, 間謁余作銘, 識其爲南氏物, 諾之而未果數年, 萬戶君死. 臨死, 傳之兄子龍五, 余不知也. 萬戶君達者, 余爲立傳, 因附劒銘曰: “君身不自以爲有, 劒於何厚. 人失之, 人得之, 奚南氏之獨私.” 余之爲此, 秪欲不食平日之言而已. 顧未嘗問其家以劒之存亡, 而求勒之意, 其家貧窶飄零, 不鬻則失矣. 今龍五, 忽復持其劒來, 謁余銘, 而初不知萬戶君之已有託於余也. 人事滄桑, 俯仰百變, 而神物留傳, 若有數存焉. 兩世文字之託, 又不相謀而合, 卒使余踐其約於二十年之久, 豈不異哉. 摭其始末, 別爲銘如左. 銘曰: …

履險阻安袵席	험한 일을 무릅쓰고 자리를 편안하게 하니
是則無間於後前	이것이야말로 전후의 간격이 없다는 것이네

남이웅은 18세에 壬辰倭亂을 겪으며 적에게 사로잡혔다가, 밤에 묶여있던 자루 안에서 탈출하여 도망가던 와중에 잠든 왜적이 허리에 차고 있던 단검을 몰래 풀어서 가지고 숲 속으로 도망하였다. 남이웅이 훗날 귀하게 되어 인조 4년(1626)에 배를 타고 북경으로 파견되어 조회가면서, 검을 차고 가니 끝내 바람과 파도의 위험이 없었기 때문에 그는 이를 일본도의 도움이라 여겼다.

그 후 남이웅의 서자인 郡守君 南斗臨(1588~1682)의 경우, 후일의 孝宗인 鳳林大君이 1637년(인조 15)부터 1644년(인조 22)까지 8년 동안 淸나라 瀋陽에서 인질로 붙잡혀있는 동안 남두림이 봉림대군을 곁에서 모셨는데, 남이웅이 아들 남두림에게 출발할 때 이 일본도를 차고 가라고 하였고, 이 때문인지는 몰라도 심양에서 8년 동안 아무런 근심이 없었다.

그 일본도는 남이웅의 사후 마침내 남두림에게 전해졌고, 남두림은 이를 막내아들인 萬戶君 南重河(1663~1721)에게 내려주었다. 남중하가 후일 나랏일로 鬱陵島에 들어갈 때 바닷길 700리를 건너는데, 이 일본도 단검을 차고 가니 또한 끝까지 근심이 없었다. 남중하가 이를 매우 보배롭게 여겨 친척인 조귀명을 찾아와 銘을 지어 달라고 하니, 조귀명이 이를 승낙하였으나 결행하지 못한지 몇 년 만에 남중하가 죽게 되었다.

남중하는 죽음에 임하여 형 南重澤(1643~1723)의 아들 南龍五(1698~?)에게 일본도를 전하였는데, 이에 대해 조귀명은 알지 못하였다. 조귀명이 예전에 남중하에 대해 立傳하여 劍銘을 써주기도 하였는데, 남용오가 갑자기 다시 그 검을 가지고와서 조귀명에게 명을 써 달라고 부탁하니, 이에 대해 조귀명은 神物이 전해지는 것이 마치 운수가 있는 듯하다고 말했다. 그는 남중하와 남용오 2대가 부탁한 검명이 우연히 합쳐져, 마침내 그가 20년 전 남중하에게 검명을 지어주기로 했던 약속을 실천하게 하였으니 참으로 기이하다고 이야기하면서 검명을 지었다.

또 조귀명은 이 글보다 앞서 남중하가 죽은 직후인 壬寅年(1722, 경종 2년)에 지은 〈南重河傳〉을 통해, 남중하가 지니고 있던 검의 내력과 그가 이 검에 대해 애착을 가지고 얼마나 소중하게 여겼는지를 기술하였다.

> (…) 처음에 군은 재주가 많아 '識物家'라고 불리었다. 옛날에는 寶玩이 많았는데 만년에 다 팔아버렸으나 오직 孟榮光의 부채 하나와 보검 하나만은 남겨 두었으니, 검은 바로 춘성부원군이 차던 것이었다. 일찍이 다음과 같이 말하였다. "비록 굶어 죽더라도 끝내 이것을 팔지 않을 것이니, 자손들이 지킬 수 없다면 차라리 내가 무덤에 가지고 가겠다." 그 사이에 나에게 劍銘을 지어달라고 부탁하였는데 오랜 시간이 지나도록 짓지 못하다가 지금 검명을 짓고 다음과 같이 덧붙였다. '그대는 스스로 무언가 소유하려 하지 않더니 검에 대해서는 어찌 그리 두터운가. 사람들은 검을 얻기도 하고 잃기도 하는데, 어찌 남씨 집안만 유독 차지하고 있는가. 그대가 죽고 그 집안에서 여전히 팔지 않을지 모르겠으니 명이 비록 완성되더라도 누가 다시 새기겠는가. 다만 九泉의 약속을 지킬 뿐이다.'라 했다. 贊을 쓴다.

維古至人　　옛날의 至人은
不生而悅　　죽음을 기뻐하고
不死而禍　　삶을 재앙으로 여겼지
入水不溺　　물에 들어가도 빠져 죽지 않고
蹈火不炙　　불을 밟아도 타죽지 않았다네
乘雲氣　　구름 기운을 수레처럼 타고
騎日月　　해와 달을 말처럼 타서
徜徉乎天下　　천하를 노닌다네
庶幾南君　　아마도 南君은
聞其風者　　지인의 풍모를 듣고 알았으리라
三日不炊　　삼일동안 밥을 짓지 못해도
不顰以歌　　찡그리지 않고 웃었다 하네
彼其不知　　저 남군을 모르는 자들은
羣嘲爲懦　　떼로 비웃으며 나태하다 하네
誰有懦者　　누가 나태하다고 하여
而懦昏夜　　한밤중까지 나태하겠는가
不哀其乞　　애처롭게 구걸하지 않고
以底凍餓　　얼고 굶주리는 데 이르렀으니
卽君之懦　　군의 나태함은
可警世也　　세상을 경각시킬 만하다
三杯醉倒　　석 잔 술에 취하여 쓰러지니
萬事幻化　　만사가 헛되게 되었네
神馬尻輿　　神馬와 수레에
一任浸假　　한번 몸을 맡겼으니
吁嗟南君　　아, 남군을
吾其無奈　　내 어찌하겠는가[259]

259『東谿集』卷5〈南重河傳〉: … 始君多技巧, 號識物家, 舊多寶玩, 晩盖鬻之盡, 獨留孟榮光畵扇一, 寶劒一, 劒卽春城所服. 嘗曰: “雖餓死, 終不鬻是, 審子孫不

남중하는 곤궁한 생활로 인해 집안의 보물들을 만년에 다 팔아버리는 상황에서도, 명말청초의 서화가 孟榮光의 부채 하나와 일본도 한 자루는 끝까지 소장하였다. 이는 바로 그 일본도가 할아버지인 춘성부원군 남이웅과 아버지인 군수군 남두림이 차고 다니던 기물이기 때문이다. 굶어죽더라도 검을 팔지 않을 것이며, 이후 자손들이 지킬 수 없다면 검을 무덤에까지 가지고 가겠다는 남중하의 결의는 단순한 物慾이 아니다. 이는 할아버지와 아버지, 그리고 자신을 곤란에서 지켜준 그 일본도가 3대에 걸쳐 유전되면서 남씨집안의 武風을 상징하는 기물이 되어버렸기에, 그 칼을 팔아버리는 것은 곧 집안 대대로 내려온 武風의 義氣를 꺾는 행동이라고 남중하는 인식하고 있었다. 다행히도 위에서 언급했던 것처럼 남중하는 죽기 직전 형의 아들인 남용오에게 그 칼을 물려주어 집안의 武風이 끊어지지 않도록 한 다음, 『莊子』「大宗師」에서 子輿가 말한 것처럼, 자신의 尻骨을 수레로 삼고 정신을 말로 삼아 그것을 타고 저승으로 간다. 이러한 남중하의 태도는 조귀명에게 세속을 초월한 至人으로 인식되었으며, 그 때문에 조귀명은 남중하의 이러한 풍모를 입전과 함께 贊하게 된 것이다.[260]

修山 李種徽(1731~1797)의 〈夢劒銘幷序〉는, 그가 『동계집』의 〈남중하전〉과 〈남씨단검명〉을 읽고 난 뒤에 꿈속에서 남이웅의 일본도를 본 후 이를 기이하다고 여겨서 지은 작품이다.

能守也, 則寧以自殉也.” 間托余作劒銘, 久而未果, 今追成之曰: ‘君身不自以爲有, 劒於何厚. 人失之, 人得之, 奚南氏之獨私.’ 君死, 未知其家尙不鬻否, 而銘雖成, 誰復勒之. 秖以踐九原之約爾.’ 贊曰: …

260 앞서 소개한 것처럼 研經齋 成海應(1760~1839)의 『研經齋全集』 卷15에도 성해응 자신이 지은 〈南氏短劒銘〉이 수록되어 있다.

춘성부원군 남이웅공이 임진란을 만나서 왜적에게 사로잡혔는데, 왜적이 잠든 틈을 타서 검을 빼앗아 달아나니, 그 때 나이 열여덟이었다. 귀하게 되고나서는 늘 그 검을 보배로 여겨 행차할 때 마다 반드시 차고 다녔다. 일찍이 그 검을 차고 바다를 건넜다가 북경으로부터 돌아올 때까지 마침내 바람과 파도로 놀란 일이 없었으니, 공은 검의 은덕이라 여겨서 자손에게 남겨 보배로 삼게 하였다. 그 검은 짧으면서도 매우 날카로웠으니, 동계 조귀명이 명을 지어 그의 후손들에게 주었다.

내가 조귀명의 문집 가운데서 이 기사를 보았는데, 한밤중에 꿈 속에서 어떤 사람이 이 검을 주며, "남상공께서 너에게 주셨다."고 하였다. 검은 1척 남짓으로, 칼등으로부터 칼끝까지가 4~5촌쯤 되었고, 칼빛이 사람을 비추었다. 칼등에는 가죽끈이 있어 당기는 대로 늘어나서 매우 가벼우면서도 도톰하여, 드디어 받아서 수장하였다. 대저 남공은 나와 200년의 차이가 있는데, 비록 조귀명의 검명으로 인하였으나 꿈 속에서 주고받았으니, 또한 기이한 일이다.

드디어 명을 짓는다. '검을 환상으로 여겨 손으로 받들었더니, 연꽃이 맑은 물에서 피어나듯이 눈 앞 가득 빛났네. 검을 진실로 여겨 칼집에 넣어 걸어두었더니, 먼지쌓인 벽을 문지른 듯 흔적조차 볼 수 없네. 옛날에는 정승 집안의 보물이었던 것이 지금 포의 선비의 꿈 속에 들어왔으니, 또 어찌 앞뒤의 귀천이 이리도 다른가? 대개 형체 없는 칼날과 실체 없는 칼끝이 두 사이에 머물면서 정신이 서로 통하였는데, 고인께서 아끼지 않고 지금의 나에게 주면서 존비와 우현을 논하지 않았으니, 나는 알겠도다. 남공의 뜻이 대개 검의 정신을 나에게 준 것이지, 검 몸체의 堅强함만을 주려고 한 것은 아님을. 무릇 부드럽게 숙이고 순리대로 따라서 승냥이나 범의 사이에서 편안함을 찾게 한 것은, 깊이 감추고 드러내지 않아서 나를 풍진에서 모면케 하는 까닭이다. 송골매가 날아오르면 토끼가 도망치듯 내 몸을 해로움으로부터 피하게 하는 것은 나의 우유부단함을 고쳐서 나를 과단성 있게 계발시키고자 함이다. 저 칼빛이 거울 같아서 터럭 끝조차 비칠 수 있으니, 이는 내 재주가 어둡고 지혜가 짧음

> 을 근심한 까닭이다. 손잡이 가죽끈이 칼등에 드리워 당기는대로 끊임이 없는 것은, 나의 성질이 급하고 마음이 편벽될까 권면하는 까닭이다. 무릇 이와 같은 것은, 변화가 신령스럽고 굴신이 용과 같으니, 이른바 검이 아닌 검이요, 꿈 아닌 꿈이므로 그 이치가 미묘하여 볼 수가 없다. 진실로 그 활용이 자유자재롭다면, 또 어찌 진실인지 환상인지 논할 필요가 있겠는가? 비록 금석이라도 녹고 닳으나 이 검은 사라지지 않고, 장작이 다 타도 불씨가 전해지듯 그 정신은 다함이 없으리. 바다에 들어가면 교룡과 이무기가 두려워 복종하고, 육지에 처하면 도깨비들이 달아나 숨으리라. 아! 가령 그 뜻을 드날리고 그 덕을 왕성하게 밝힌다면, 이 검이야말로 어찌 반드시 옛날 물건이라서 귀하고 오늘날의 물건이라서 천하다고 하겠는가?'[261]

이 글은 도검문학작품을 읽은 후에 그 意象이 실체화된 꿈을 바탕으로 이에 대한 새로운 작품을 창작했다는 점에서 주목해볼 만하다. 이종

---

261 『修山集』 卷4 〈夢劍銘幷序〉: 春城南公, 遭壬辰亂, 而爲賊所掠, 間其睡, 奪之劍而逃, 時年十八. 及貴, 恒寶其劍, 有行必隨之. 嘗珮而航海, 還自京, 卒無風濤驚, 公謂賴於劍, 留爲子孫寶. 劍短而甚利, 東溪趙氏作爲銘, 以遺其後孫. 余覽是事於趙氏集中, 至夜夢, 人授是劍曰: "南相公以遺女." 劍可尺許, 而自脊至鋩, 可四五寸, 其光鑑人. 脊有皮係, 引而長之, 甚浮而大, 遂受而弆之. 夫南公去余二百年, 雖趙銘爲因, 而授受於夢中, 亦異事也. 遂爲之銘曰: '以劍爲幻, 則手以擊之者, 蓮花水淨, 而昭森眼前. 以劍爲眞, 則鞘而揭諸者, 摩挲塵壁, 而不見其痕. 昔則爲黃扉之寶莊, 而今則入布衣之夢中, 又何貴賤之異於後先? 盖其無形之鍔 · 無體之鋩, 寓在兩間, 而神與相通. 則古人不惜, 畀之於今人, 無論卑尊而愚賢, 吾知南公之意. 盖以劍之神而與我, 而不以劍之體之頑. 夫柔伏委順, 而伺其便於豺虎之際者, 所以深閟不露, 而免我於風塵. 鶻起兎脫, 防身而逃害者, 所以砭其優游, 而牖我於剸斷. 若夫其光如鏡, 毫髮可鑑, 則所以憂我之才闇而智短也. 韋緱垂背, 引長而不可窮者, 所以勉我之性急而心狷也. 凡若此者, 變化如神而屈伸如龍, 所謂非劍之劍, 非夢之夢, 其理妙微而不可見. 固其用之自在, 又何論其眞與其幻? 雖金銷石泐, 而此劍不亡, 薪窮火傳, 而其神不泯, 入海而蛟螭慴伏, 處陸而魑魅流遁. 嗟夫, 使其志揮霍, 其德强陽, 是劍也, 何必在古而貴, 在今而賤?'

휘는 남이웅이 자신에게 일본도를 준 까닭이 검에 담긴 정신을 주고자 해서이지 堅强한 劒身만을 주고자 했음은 아니었다고 밝히면서, 스스로 꿈속의 일본도를 자신의 정신 수양을 권면하는 상징물로 인식했음을 말하고 있다.

(3) 雅亭, 金陵, 藫庭, 秋史의 日本刀 詩文

이익과 조귀명의 글에서 확인되는바 일본도에 대한 조선 문인의 관심은, 18세기에 이르러 골동품에 대한 수집 취향과 맞물려서 더욱 심화된다. 雅亭 李德懋(1741~1793)는 그의 시 〈秋夜雜感〉에서, 가을날의 감회를 드러내기 위하여 밤에 칼을 가는 모습을 보여준다.

四壁蟲聲空自勞	빈 四壁 벌레소리에 부질없이 절로 노곤한데
江鴻漠漠入雲高	강기러기 쓸쓸히 구름 속으로 들어가네
寒燈誦咽靈均賦	처량한 등잔불에 영균의 부를 읊조리다가
大石磨翻日本刀	큰 숫돌에 일본도를 뒤집으며 연마하네
天地寧爲耕釣叟	천지간에 차라리 밭갈이나 낚시질하다 늙어버릴지언정
英雄不願狗鷄曺	영웅은 개나 닭 흉내내는 도적되기를 원치 않는다오
奇男終古多韜彩	뛰어난 남아는 예부터 광채를 숨기는 경우가 많고
霧豹深林知惜毛	안개 속 표범은 깊은 숲 속에서 털 아낄 줄 안다네[262]

등잔불 아래에서 굴원의 楚辭를 읊조리다가, '큰 숫돌에 일본도를 뒤집으며 연마[大石磨翻日本刀]'하는 이덕무의 태도는, 마치 이덕무

262 『青莊館全書』 卷2 「嬰處詩稿」2 〈秋夜雜感〉.

자신의 역량을 검처럼 연마하는 듯하다. 여기에서 일본도는 이덕무의 숨겨진 재능과 재주를 상징하는 하나의 기물로서 작용하고 있다. 영웅의 자질을 지닌 이덕무 자신은 천지간에 차라리 밭갈이나 낚시질이나 하다 늙어버린다고 하더라도, 개나 닭 흉내내는 도적[鷄鳴狗盜]처럼 잔재주나 부려서 출세할 생각은 조금도 없다. 그는 자신의 광채를 옛 사람처럼 숨기고, 털을 아끼는 안개 속 표범처럼 스스로의 기량을 제대로 발휘할 수 있는 적확한 때를 기다린다.

이덕무는 또 일본의 역사와 사회, 경제, 문화 전반에 대해서 자세하게 기술한 백과사전서인 「蜻蛉國志」에서 일본도에 대해 자세한 정보를 수록하고 있다.[263]

> 佩刀 : 천 년 묵은 古劍이라야 가장 좋은 것으로 여기고, 그 다음이 6~7백 년 된 것이며, 근년에 만든 것은 쓸모없는 것으로 여긴다. 하루에 한 번 단련하여 1백 일이 되면 또 땅에 수 년 동안 묻었다가 꺼내서 다시 단련하여 1백 번의 단련을 거쳐야 천하의 利刀가 된다. 사람마다 長刀 하나를 지니는데 이것을 패도라 하고, 패도 위에 또 小刀 하나를 꽂아 雜用에 편리하게 하며, 또 길이가 한 자 되는 刺刀 하나가 있는데 이것을 解手刀라 하고, 길이가 한 자 남짓한 것을 急拔이라 하는데 역시 자도의 종류이다. 이 세 가지는 늘 차고 다니는 것이다. 큰 것을 刀라 하고 작은 것을 脇挾[脇差]이라 한다. 칼집[鞘]은 厚朴나무로 만들기 때문에 가볍고 연하고 칼이 녹슬지 않으며 붉은 칠을 하거나 검은 칠을 하거나 鮫鞘[さめざや]로도 하는데, 상어에는 河鮫·梅花鮫·藍鮫·虎彪·菊蔓 따위 이름의 것이 있다. 鏢[鐺: こじり]는 칼집 끝인데, 지금은 금·

263 「蜻蛉國志」의 〈佩刀〉 바로 앞에는 일본도를 제작하는 〈劍工〉에 대한 기사도 있으나, 이 책에서 이에 대한 분석은 생략한다.

은·동·철과 角을 쓴다. 欛[柄: つか]는 칼자루인데, 상어 가죽으로 말고 그 위에 끈을 감는다. 鐔[つば]은 칼코등이, 곧 이른바 環인데, 금·은·동·철·眞鍮[놋쇠]로 만들며 철을 좋은 것으로 여긴다. 오래 묵은 것일수록 더욱 좋으며, 오래 된 것은 매끄러운 검은 색에 조금 붉은 색을 띠었다. 두들겨 만든 것을 귀하게 여기고 부어 만든 것을 천하게 여긴다. 野刀[薙刀: なぎなた]는 長刀이며 眉尖刀라고도 하는데, 자루의 길이가 3~4척이다. 光仁 때에 쓰기 시작하였으며, 秀吉 때에는 늘 좌석 옆에 벌여 두었는데, 이제까지도 숭상한다.[264]

이 글에서 이덕무는 일본도라는 기물에 대해서 편견 없이 비교적 객관적인 시각으로 기술을 하고 있다. 일본도는 천년 묵은 고검을 제일로 치고, 6~700년 된 검을 그 다음으로 치며, 근년에 만든 검은 쓸모없는 것으로 여긴다. 하루에 한 번 단련하여 1백 일이 되면 또 땅에 수년 동안 묻었다가 꺼내서 다시 단련하여 1백 번의 단련을 거쳐야 천하의 利刀가 된다.

일본에서는 사람마다 카타나[刀: かたな] 한 자루를 차고, 그 카타나 칼집 위에 소도인 코즈카[小柄: こづか]를 꽂아 잡용에 편리하게

---

264 『青莊館全書』 卷65 「蜻蛉國志」 2 《器服》 〈佩刀〉: 必以千年古劍爲最, 其次六七百年, 若近年所鑄, 以爲無用. 日經一鍊, 以至百日, 又埋地數年, 出而更鍊, 積至百鍊, 則當爲天下利刃. 每人, 有一長刀, 謂之佩刀. 刀上又挿一小刀, 以便雜用, 又一剌刀, 長尺者, 謂之解手刀. 長尺餘者, 謂之急拔, 亦剌刀之類. 此三者, 隨身必用者也. 大曰刀, 小曰脇挾, 鞘, 用厚朴木作之. 輕軟而令刀不鏽, 或朱漆黑漆鮫鞘. 其鮫, 有河鮫·梅花鮫·藍鮫·虎彪·菊薑等之名. 鏢, 刀鞘末也. 今用金·銀·鋼鐵及角. 欛, 刀柄也. 用鮫皮卷之, 而上纒絨. 鐔, 劒鼻也. 卽所謂環也. 用金·銀·銅·鐵·眞鍮爲之. 而鐵爲良, 陳久者愈佳. 其古者, 滑黑色, 帶微赤, 錐打作者貴. 鑄作者賤. 野刀者, 長刀也. 亦曰眉尖刀. 欛長三四尺, 始於光仁. 而秀吉時, 常列座右, 至今尙之.

한다. 또 길이가 한 자 되는 와키자시[脇差: わきざし]를 차고, 그보다 짧은 한 자 남짓한 탄토[短刀: たんとう]를 또 찬다. 이 세 가지 종류의 칼은 늘 차고 다니는 것이다.

칼집은 厚朴나무로 만들기 때문에 가볍고 연하고 칼이 녹슬지 않으며, 붉은 칠을 하거나 검은 칠을 하거나 상어가죽으로 싼 칼집인 사메자야[さめざや]로도 하는데, 상어에는 河鮫·梅花鮫·藍鮫·虎彪·菊薯 따위 이름의 것이 있다.

코지리[鐺: こじり]는 칼집 끝 장식인데, 이덕무가 글을 쓸 당시에는 금·은·동·철과 뿔을 썼다. 쯔카[柄: つか]는 칼자루인데, 상어 가죽으로 말고 그 위에 끈을 감는다. 쯔바[鐔: つば]는 칼코등이, 곧 이른바 環인데, 금·은·동·철·놋쇠로 만들며 철로 된 쯔바를 좋은 것으로 여긴다. 오래 묵은 것일수록 더욱 좋으며, 오래된 것은 매끄러운 검은 색에 조금 붉은 색을 띠었다. 두들겨 만든 것을 귀하게 여기고 부어 만든 것을 천하게 여긴다.

나기나타[薙刀: なぎなた][265]는 長刀이며 眉尖刀라고도 하는데, 자루의 길이가 3~4척이다. 일본의 光仁 연호 때에 쓰기 시작하였다는 기록은 寬仁(1017~1020)의 오기로 보이며, 풍신수길 때에는 늘 좌석 옆에 벌여 두었는데, 18세기까지도 일본인들이 나기나타를 숭상하였음을 이덕무는 기록하고 있다.[266] 이덕무의 이 글은 이익의 일본도에 대한 설명과 마찬가지로 18세기 朝鮮의 士大夫들에게 일본도의 實

265 이덕무가 나기나타를 野刀라 한 것은, 노타치[野太刀: のだち]와 혼동한 것으로 보인다.

266 이덕무의 글에 나타난 일본도 각부의 명칭 용어를 검토해보면, 실제 용어와는 다른 한자와 단어들이 간혹 보인다. 이는 이덕무가 일본도에 관한 여러 자료를 수합하는 과정에서, 오류가 뒤섞인 것으로 보인다.

體에 대한 知識을 나름대로 체계적으로 정리하여 제시하려고 했다는 점에서 그 意義를 지닌다.

金陵 南公轍(1760~1840)의 경우, 그의 〈일본도〉시를 통해서 임진왜란의 아픔을 되새기는 동시에 원한을 설욕하고 싶다는 의지를 드러내고 있다.

日本刀日本刀	일본도여! 일본도여!
銀絲縫玳瑁	은실로 玳瑁 칼집을 꿰매어
韜霜氣稜稜	매서운 서릿발기운의 칼날 감추네
青萍合萬里	청평검의 검광 만리에 합치되니
來自海滔滔	넘실대는 바다로부터 건너왔다네
憶昔神皇萬曆中	예전 만력 신황제 때를 생각하니
干戈南方八年騷	남방의 전란 8년간 떠들썩했네
社稷蒙塵城不守	사직은 몽진하고 성은 지키지 못했으니
痛恨青丘泣民黎	통한어린 청구에서 백성들이 흐느끼네
嗚呼	오호라!
安得猛士兮奮此刀	어찌하면 용맹한 무사를 얻어 이 칼을 떨쳐
一去海國斬鯨鯢	단숨에 왜국으로 건너가 괴물고래를 베리오[267]

투명한 거북이 등껍질인 玳瑁로 만든 칼집을 은실로 꿰매어 붙여 매서운 서릿발기운의 칼날을 감춘 일본도는, 만리에 합치되는 청평검의 검광을 지녔으며 바다를 건너 조선에 전해졌다. 임진왜란과 정유재란 8년간 조선왕조의 사직은 몽진하고 성은 지키지 못했으니, 통한어린 강토에서 백성들은 통곡할 수밖에 없었다. 남공철은 이 시에서

267 『金陵集』 卷1 〈日本刀〉.

용맹한 무사를 얻어 이 일본도를 가지고 단숨에 왜국으로 건너가게 하여, 괴물고래로 상징되는 敵魁를 베어 왜란의 원한을 설욕하고 싶다는 의지를 보이고 있다.

薄庭 金鑢(1766~1822)는 〈日本刀〉에서 명검인 일본도 자체에 주목하고 있으며, 마치 어린 기녀나 애첩을 사랑하듯 검을 아끼는 마음을 시를 통해 보여주고 있다.

問汝何所思	무얼 생각하나?
所思北海湄	저 북쪽 바닷가
亶洲刀子光如鏡	일본도 한 자루 거울처럼 번쩍번쩍
沉香爲鞘沉香柄	칼집과 칼자루 침향으로 만들었네
染之錢湖鷺鷀膏	錢湖의 되강오리 기름으로 잘 닦아서
釦以箕城蝴蝶絛	장식에는 평양산 나비끈을 달아놨구나
霜鐔雪鍔動龍文	서릿발 칼날과 새하얀 칼끝 용무늬는 꿈틀대고
所遇觸者如鴻毛	칼날 닿는 즉시 터럭조차 동강나네
摩挲愛劇十五女	15살 여아 사랑하듯 쓰다듬고 아끼니
鏌鋣干將寧數汝	막야와 간장인들 너보다 나으랴?
秋風淅淅秋雨霪	가을비 추적추적 바람 쏴아 불 때면
沉沉古壁應自語	깊은 방 古壁 위에서 스스로 우네[268]

거울처럼 번쩍이는 일본도 한 자루. 칼집과 칼자루는 침향으로 만들어져 있다. 黃海道 白川郡 錢浦産 되강오리 기름[鷺鷀膏]을 刀劍油로 활용하여 검을 닦아서 평양산 流蘇 장식을 달아놓은 일본도는, 서릿발 같은 칼날과 백설 같은 칼끝으로 된 刀身에 꿈틀대는 듯한 용

268 『薄庭遺藁』「思牖樂府」 卷5 〈日本刀〉.

무늬 호리모노[彫り物]가 새겨져 있고, 칼날에 닿는 즉시 터럭조차 동강날 정도로 날이 바짝 서있다. 김려는 이 일본도를 15살 여아를 탐하며 사랑하듯 쓰다듬고 아끼며, 막야와 간장 같은 전설상의 명검과 이 칼을 견주고 있다. 비 내리고 바람 부는 가을날, 일본도는 명검답게 깊은 방 벽 위에서 스스로 울음소리를 낸다.

秋史 金正喜(1786~1856)는 〈계첨이 배가 표류되어 돌아온 사람에게서 일본도를 구득하여 보여주기에 부질없이 이 시를 주호하여 주다[癸詹徒漂船歸人, 得日本刀而見示, 漫此走呼贈之]〉에서 다음과 같이 읊조리고 있다.

情知刀臘是秦餘	刀臘을 살펴보니 분명 일본 것이라
大食紅毛不啻如	대식국과 홍모국 검도 이보다 못할 뿐
富士山光青入眼	후지산 산 빛깔이 푸르게 눈에 드니
煩君更覓火前書	불에 타기 이전 책을 자네 다시 찾아보게[269]

이 시는 김정희가 표류민을 통해 조선에 유입된 일본도를 직접 보고서 바로 지은 작품으로, 그는 여기에서 명검인 일본도에 대해 말하면서, 구양수의 〈일본도가〉에서 언급했던 徐福의 고사를 차용했다. 김정희는 자신이 도검의 외장을 살펴보니 일본도임에 분명하며, 大食國(사라센제국)의 보검인 샴쉬르[Samshir]나 紅毛國(네델란드)의 보검인 레이피어[Rapier] 등 보다 훨씬 이 칼이 낫다고 이야기하고 있다. 그리고 후지산 산 빛깔이 푸르게 눈에 들어오니, 진나라 때 시황제의 命으로 不老草를 구하러 떠난 方士 서복이 일본에 남겨두었을

269 『阮堂集』 卷10 〈癸詹徒漂船歸人, 得日本刀而見示, 漫此走呼贈之〉.

지도 모르는 焚書坑儒 이전의 글이 남아있는지 다시금 찾아보라고 김정희는 권하고 있다.

상기 일본도를 소재 및 제재로 한 여러 도검문학작품들은, 조선후기 사대부가 지녔던 일본도에 대한 깊은 관심의 문학적 결과물이다. 현재 조선의 사대부가 소장했던 일본도 유물이 실제로 남아있는 경우는 극히 드물지만, 우리는 일본도에 관한 도검문학작품을 통해 17~18세기 조선 사대부의 일본도에 대한 주목 현상을 직접적으로 확인할 수 있다.

3. 선비精神과 義劍의 形象

1) 士大夫의 義劍

고려시대에 형성된 道者劍[270]적인 도검 개념은 조선시대에 들어서면 문학 작품 속에서 忠臣으로서의 시적 자아를 표현한 사대부의 義物인 '義劍'으로 구체화된다. 寅劍의 寅을 상징하는 호랑이는 五行상 義를 의미하는 동물이기 때문에 조선의 인검은 곧 '의검'으로 간주될 수 있다. 이러한 '의검'이라는 용어는 이 책에서 사대부의 의물로서의 인검개념을 규정하기 위해 南冥 曺植(1501~1572)이 소지하고 다녔

270 道者劍: 『東文選』 卷97 〈劍說〉에서 나오는 용어로, 軟劍이냐 剛劍이냐, 短劍이냐 長劍이냐에 상관없이, 어느 누가 사용하든지간에 사용자가 道를 떠나지 않는 사람이면 그 칼은 도자검이 되는 것이다. 사용자가 추구하는 올바른 도를 실제로 구현할 수 있게끔 하는 기물이다. 졸고 「朝鮮朝 寅劍의 象徵性 研究」(『軍史』 62호, 國防部 軍史編纂研究所, 2007) 참조.

던 敬義劒의 명칭을 참고하여 사용한 것이다. '안으로 밝히는 것은 敬이요, 밖으로 결단하는 것은 義이다.[內明者敬, 外斷者義]'[271]라는 경의검의 劒銘은 '의검'과 다음에 언급할 선비의 修身物인 '修養劒'의 성격을 아울러 일목요연하게 드러내준다. 敬으로써 내면의 정신세계를 밝히고, 義로써 외부의 萬事를 決斷한다는 의지를 검명에 표명한 남명 조식의 검은, 조선시대의 대표적인 선비의 칼로서 그 의의를 지닌다. 비록 조식의 경의검이 인검은 아니었지만, 경의검이라는 명칭 속에 녹아있는 '의검'과 '수양검'의 개념은 바로 인검의 기본 개념을 고찰하는 데에도 충분히 적용될 수 있다. 兪莘煥(1801~1859)의 〈金渭師(尙鉉)家藏古釼銘〉[272] 중에서도 앞서 논한 조식의 검명과 마찬가지로 '의검'의 개념이 나타난다. '釼이여! 안으로 밝히는 것은 智이며, 밖으로 강직하게 하는 것은 義이다.[釼乎! 內明者智也, 外剛者義也]'라는 유신환의 검명도 역시 검이라는 기물이 곧 義를 표출하는 의검이 될 수 있음을 극명하게 드러내주고 있다.

이러한 의검의 '義'는 곧 사대부가 지향하는 정당함 그 자체이다. 밖으로 결단하고 강직하게 하는 義는, 朱子의 "義는 마음에 있을 때에는 날카로운 칼날과 같으니, 사물이 와서 그것에 닿으면 곧 두 조각으로 나누어진다."[273]라는 말에서도 알 수 있듯이 劒과 동일한 속성을 지닌다. 사대부의 義는 곧 劒과 마찬가지이며, 그러므로 그 義는 인검에 관한 문학작품 속에서 인검 그 자체를 의미하는 義劒으로 투

271 『南冥集』 卷1 〈佩釼銘〉.

272 『鳳棲集』 卷3 〈金渭師(尙鉉)家藏古釼銘〉.

273 『北溪字義』 卷上 〈仁義禮智信〉: 文公謂義之在心, 如利刀, 然物來觸之, 便成兩片.

영되는 것이다.

義劒으로서의 인검 실체를 좀 더 명확하게 규명하기 위해서, 신흠과 더불어 漢文四大家의 하나로 추앙받는 張維(1587~1638)의 〈三寅劒賦〉를 주목해보도록 하자.

> 내가 우연히 삼인의 단검을 얻었는데, 삼인이라 함은 대체로 인년·인월·인일에 그 검이 만들어진 것을 말한다. 그런데 세상에 전해 오는 말로는 삼인검은 상서롭지 못한 것들을 물리쳐 준다고 하기에 내가 그 검을 사랑하여 허리에 차고는 賦를 지어 기리는 바이다.[274]

我有寶劒　　나의 이 보검
成於三寅　　삼인에 만들어졌도다
長未滿尺　　길이는 채 한 자가 못 되지만
晶光燁然　　맑은 빛 눈이 부시도다
夫寅者　　대저 寅은
三陽之會　　세 개의 陽이 모여
四氣之元　　사계절 중 첫 번째요
陽剛而明　　陽이 굳세고 밝아서
元首而尊　　으뜸으로 대우받고
物所資始　　만물이 비롯되니
其德則仁　　仁이 바로 그 德이라
十二之屬　　十二支 중에서
寔爲虎焉　　참으로 호랑이에 해당되니
奮其威猛　　위엄과 용맹을 떨쳐
百獸所君　　백수의 왕이 되어

274 『谿谷集』 卷1 〈三寅劒賦〉: 余偶得三寅短鈹, 盖鑄於寅年月日者也. 世傳三寅之劒, 能辟除不祥, 余故愛而服之, 爲賦以贊之. …

孽狐野犴　여우나 들개 따윈
糜之一齦　한 입에 박살나네
維歲月日　해와 달과 날이 모두
萃于玆辰　이 辰에 모여들어
劒鍾其精　칼이 그 정기 듬뿍 받고
而全其神　신통력을 온전히 하니
故其爲用也　그러므로 칼을 한 번 쓰면
攝魔驅邪　사마가 쫓겨가고
揮霍妖昏　요망한 기운 삽시간에 없어지며
魑魅獝狂　장난치는 도깨비들
莫敢近旃　감히 접근 못 하도다
亦可光芒六合　상하 사방 뻗치는 칼빛
衛身攘姦　몸 지켜 간사함 물리치고
妖要亂領　요망한 자의 허리와 머리
翦若芟菅　삼대 자르듯 베어 버리니
善藏時用　잘 간수해서 제때에 쓰면
前無堅頑　앞에 완악한 자 나오지 못하리라
然則是器也　그러니 이 물건을
道人御之　도인이 쓰면
則爲金剛之寶眞武之仗旌陽洞賓腦後之丸
　금강저와 진무·정양·여동빈의 검, 뇌후의 탄환되고
忠臣請之　충신이 청하면
則爲尙方之斬馬而佞孽膽寒
　상방참마검이 되어 간신의 간담 서늘케 하네
烈士奮之　열사가 휘두르면
則爲荊飛之擒蛟而長江戢瀾
　형가와 차비처럼 교룡잡고 장강물결 잠재우리니
寧爲土中之龍淵　차라리 용연검 마냥 흙 속에 묻혀

衝紫氣於星躔	자줏빛 검기를 별자리에 내쏠지언정
不願與鉛刀爭鋒	무딘 검과 날카로운 칼끝을 서로 다투며
覬俗子之見珍	세상의 인정 받으려고 안달하지 않으리라
遂號之曰元陽勝邪蒼精之劍	
	이에 원양승사창정검이라 이름하고
朝夕服之未嘗離身	온종일 차고 다니며 몸에서 떼지 않는도다

장유의 〈삼인검부〉에 나타난 인검은 채 한 尺 정도도 안되는 단검이지만, 장유의 설명에 의해 인검으로서의 실상과 성격이 그대로 드러난다. 세 개의 양이 모여 사계절 중 첫 번째가 되는 寅은 바로 봄의 기운이며, 陽이 굳세고 밝아서 으뜸으로 대우받고 만물이 비롯되게 하는 仁을 그 德으로 한다. 十二支 중에서는 호랑이에 해당되는 寅은 위엄과 용맹이 넘치는 백수의 왕으로서 여우나 들개 따위의 惡獸를 한 입에 박살낸다. 인월·인일·인시의 기운이 모두 이 寅이라는 辰에 모여들게 되면, 인검이 그 정기를 듬뿍 받아 신통력을 온전히 갖추게 된다. 이 칼을 한 번 쓰게 되면 사악한 마귀가 쫓겨가고 요망한 기운이 삽시간에 없어지며, 온갖 도깨비들이 감히 접근도 못한다. 인검의 칼빛은 상하 사방으로 뻗쳐나가서, 사용하는 선비의 몸을 지켜 간사함을 물리치고 요망한 자의 허리와 머리를 삼대 자르듯 베어버리는 義로운 기물로서의 역할을 다하므로, 인검이 잘 간수되어서 제때에 사용되면 곧 완악한 간신과 악인을 물리치는 義劍이 되는 것이다.

여기서의 인검은 〈劍說〉에서 언급되었던 道者劍적인 이미지를 내포하고 있다. 도인이 쓰면 삿된 것을 물리치는 神物인 佛家의 金剛

杵(金剛之寶)[275]와 玄天上帝인 신선 眞武[276]·晉나라 도사 旌陽[277]·唐나라의 대표적인 선인 呂洞賓[278]의 검과 王殷의 故事[279]에서 나오는 腦後의 탄환과도 같은 위력을 발휘하는 무기, 즉 辟邪劍[280]이 되고, 惡臣 張禹를 베어서 처단하려 했던 漢나라의 충신 朱雲[281]과 같은 인물이 청해서 쓰면 간신을 베는 義物인 상방참마검[尙方之斬馬],

---

275 金剛杵 : 승려들이 불도를 닦을 때에 쓰는 도구. 본래 인도 무기의 하나로, 인간 번뇌를 부숴버리는 菩提心을 상징한다.

276 眞武 : 淨樂國王의 태자로 玄天大聖이라고도 한다. 원래 玄武였으나 1012년 10월에 宋나라 왕실의 趙玄郎이 그의 시호를 진무로 바꾸었다. 진무는 동해를 건너다 天神을 만나 보검을 수여받고 武當山(湖北省 太和山)에 들어가 42년간 수련하여 白日昇天하였으며, 상제의 명을 받들어 마왕을 진압했다. (『湖廣通志』 권74 「仙釋志」 〈襄陽府〉)

277 旌陽 : 정양은 晉나라 許遜으로 온 가족이 신선이 되어 하늘로 올라갔다는 고사로 유명하다. 어느 날 길가에서 한 소년을 보고는 이무기의 精인데 곧 黃牛로 변할 것이라고 하고, 얼마 뒤에 자신이 黑牛로 변해 그 황우를 쫓아가서 문인에게 황우를 칼로 베어 죽이도록 하였다. (『江西通志』 권103 「山澤」 〈南昌府〉)

278 呂洞賓 : 唐의 유명한 신선 呂巖. 字 洞賓, 號 純陽. 중국 도교의 유파인 全眞教의 祖師이며, 항상 純陽巾을 쓰고 검을 등에 지고 있는 儒者의 모습으로 묘사된다. 스스로 煩惱와 貪嗔, 色慾을 끊는 3劍을 지녔다고 자부했다. (『能改齋漫錄』 권18 「神仙鬼怪」)

279 王殷의 고사 : 五代 後晉 때 왕은이 杜重威의 화살을 뺨에 맞았는데 머리 뒤로 뚫고 나오자, 이 화살을 바로 뽑아서 도로 활을 쏘았다는 고사로서 기사회생의 수단을 말한다. (『舊五代史』 권124 「列傳」4)

280 장유가 〈삼인검부〉에서 검을 사용하는 도가적인 신선들을 열거함을 통해 인검이 지니는 神劒의 성격을 드러내고 있는 점은, 일상 속에서 『莊子』를 즐겨 읽었던 그의 독서취향과도 연관된다. 장유가 그의 인검에 붙인 '원양승사창정검'이라는 검의 이름도 도가적 선인이었던 여동빈의 純陽劒 개념을 의식하고 지은 것이다.

281 朱雲 : 漢 成帝 때 安昌侯 張禹가 전횡을 일삼자, 주운이 성제에게 간신인 장우를 베도록 참마검을 빌려달라고 청했다. 성제가 노하여 무관들에게 그를 끌어내도록 하자, 주운이 끌려 나가지 않으려고 난간을 잡고 버티다가 결국 난간이 부러지게 되었다. 추후 성제는 난간을 교체하지 않고 수리하여, 직언을 한 충성스러운 신하의 징표로 삼았다. (『前漢書』 권67)

즉 義劍이 되며, 烈士가 휘두르면 燕나라 태자의 명으로 진시황을 척살하려 했던 衛나라 검사 荊軻와 배를 습격한 두 마리 蛟龍의 목을 벤 楚나라 검사 佽飛[282]의 검처럼 俠氣로 長江의 물결을 잠재우고 교룡을 베는 任俠의 劒이 되는 것이다.

이러한 인검을 소유한 장유는, 자신의 검이 차라리 豫章의 豐城縣에 묻혀있던 楚나라의 유명한 보검인 龍淵劒[283]처럼 흙 속에 묻혀서 자줏빛 劒氣를 斗星과 牛星 사이에 내쏠지언정, 자신이 직접 속세 사람들의 무딘 검과 날카로운 칼끝을 서로 다투며 세상의 인정을 받으려고 안달하지 않겠다는 포부를 밝히고 있다. 이 글에서 장유의 인검은 그의 마음속에 간직된 義氣의 상징이 된다. 그는 이 검에 元陽勝邪蒼精之劒[양기를 근본으로 사악함을 이기는 푸른 정기의 검]이라는 이름을 붙이고, 온종일 차고 다니며 몸에서 떼지 않는다.[284]

당시대에 인검이라는 기물은 사대부들에게 결코 생소하거나 거리감 있는 물건이 아니었다. 사대부가 평소에 휴대하고 다닐 만큼 각별한 기물이기도 했던 인검은 단순한 辟邪用 神物인 神劒이라는 의상뿐만 아니라, 악인을 베는 의물인 의검으로서의 이미지도 동시에 갖

---

282 佽飛 : 佽非. 楚나라 劒士로, 일찍이 양자강을 건너다가 두 마리의 교룡이 배를 습격하자 그 목을 베고 풍파를 잠잠하게 하였다. (『淮南子』 권12 「道應訓」)

283 龍淵劒 : 楚나라의 보검. 龍泉劒과 동일하다. 晉나라 武帝 때 斗星과 牛星 사이에 紫氣가 감돌자 張華가 雷煥에게 부탁하여 豫章의 豐城縣에서 龍泉과 太阿 두 검을 파내었다고 한다. (『晉書』 권36 「列傳」6 〈張華〉)

284 이 〈삼인검부〉의 序에서 보이는 '내가 그 검을 사랑하여 허리에 차고는[余故愛而服之]'라는 부분과 賦의 끝에서 보이는 '온종일 차고 다니며 몸에서 떼지 않는도다[朝夕服之未嘗離身]'라는 구절은 기존의 인검연구에서 확인되지 않았던 인검의 실제 휴대 여부를 규명해주는 귀중한 증거가 된다. 장유의 〈삼인검부〉 운자를 차용해서 지은 趙龜命의 〈四寅刀賦〉 서문에도 '내가 일찍이 사인도를 차고 다녔는데[余方佩四寅刀]'라는 구절이 보인다.

고 있었던 것이다.

일찍이 장유는 친분이 있던 鄭斗卿(1597~1673)의 詩에 대해 體格의 고고함과 雷霆霹靂의 기상이 드러난다는 칭송을 남겼었는데,[285] 정두경이 지은 〈三寅劍歌〉[286]에 나타난 인검도 신검과 의검이라는 두 가지 의상을 동시에 내포하고 있다.

정두경은 20세 때인 1616년(광해군 8)에 〈劍賦〉를 지어 武와 劍에 대한 관심을 문학적으로 표현했고, 30세였던 1626년(인조 4)에 평안북도 원접사 밑에서 제술에 종사하면서 변방의 정세를 몸소 체험하였으며, 1632년(인조 10)부터 2년간 함경도 병마절도사를 보좌하는 北評事가 되어 근무하였다. 이러한 경험을 바탕으로 그는 호방한 武風이 드러나는 작품을 많이 남겼고, 정묘·병자호란을 전후하여 조정에서 국가 방비의 필요성을 누차 역설했다. 그는 항시 『史記』와 『戰國策』의 고금 흥망사와 흉노 토벌사, 그리고 그 안에 수없이 등장하는 용사와 협객들의 기사를 즐겨 읽었으며, 기거하던 방의 오른쪽 벽에는 '구름을 탄 용과 바람 속의 호랑이 형상[雲龍風虎之狀]'을 그려서 붙이고 왼쪽 벽에는 '장강의 달빛, 태화산의 소나무에 부는 바람소리[長江月色, 太華松聲]' 8자를 써 붙여 자신의 기상을 드러냈다고 한다.[287]

그러한 정두경은 평소 문학작품 속에서 劍이라는 소재를 즐겨 사용했는데, 〈三寅劍歌〉에서는 도깨비를 물리치는 神劍으로서의 인검과 간신을 베어버리는 의검으로서의 인검 이미지를 표현하고 있다.

---

285 『國朝人物考』.

286 『東溟集』 卷11 〈三寅劍歌〉.

287 『東溟集』附錄 下, 門人 晉山 姜彬 〈東溟先生言行錄〉.

吾聞	내가 들으니
三寅之劒能辟邪	삼인검은 능히 邪氣를 막는다 했는데
許侯得之信奇絶	허후가 얻은 칼이 진실로 기이하고 뛰어나네
借問如何號三寅	묻노니 왜 삼인검인가
鑄用寅年與月日	만들 때 인년·인월·인일을 썼기 때문이라네
猛虎在山百獸恐	맹호가 산 속에 있으면 짐승들이 떠는 법
鑄劒故用寅年月	그래서 인년·인월에 검을 만든다네
未出匣中斗牛衝	칼집에서 다 나오기 전에도 칼빛이 두성·우성과 부딪히니
看來鋩鍔開芙蓉	칼날을 보고 있노라면 연꽃이 핀 듯
雪霜彷彿白額虎	눈서리 같은 칼날빛은 백액호를 방불케 하고
雷雨變化蒼精龍	뇌우 같은 번쩍임은 푸른 정기가진 용의 변화러라
龍身虎氣相交錯	용의 몸체 호랑이의 氣가 서로 교착하여
倐見風雲起素壁	잠깐 보니 풍운이 흰 벽에서 일어난 듯
魑魅魍魎皆辟易	도깨비들 모두 쫓아내기 쉬우니
許侯正直眞相敵	허후의 정직함이 진실로 대적할 만하구나
許侯曾在昏朝中	허후가 일찍이 혼란한 조정 속에 있으면서
上書叫閽蓬萊宮	글을 올려 蓬萊宮에 원통함을 호소하였네
請借斬馬斬佞臣	청컨대 참마검 빌려 간신을 베고 싶다 했으니
直氣豈不爭雌雄	곧은 정기가 어찌 자웅을 다툴 수 있으리오마는
壯志如今成皓首	장렬한 뜻이 이제 늙고 말았다네
摩挲玉匣長歎久	옥갑을 어루만지며 길게 탄식하노라
東海三山動巨鼇	동해의 삼신산을 업은 커다란 자라가 요동치니
安得猛士頭虎毛	어찌해야 호랑이털 모자쓴 용사 얻어서(一作持此刀)
一爲斬斷淸風濤	한 번 베어 바람과 파도 잔잔하게 할까?

정두경은 許侯[288]가 얻은 칼인 삼인검에 대해 설명하면서, 제작할

때 인년·인월·인일을 썼기 때문에 명칭을 삼인검이라고 한다는 점과, 맹호가 산 속에 있으면 짐승들이 떠는 법이기 때문에 그 때에 검을 만든다는 점을 아울러 밝히고 있다. 허후의 인검은 용연검처럼 칼집에서 다 나오기 전에도 칼빛이 斗星·牛星과 부딪히고, 칼날을 보고 있노라면 그 눈부신 검광이 연꽃이 핀 듯한 느낌을 준다. 눈서리 같은 칼날빛은 이마와 눈썹의 털이 허옇게 센 늙은 범인 백액호를 방불케 하고, 폭풍우 속의 우레와도 같은 번쩍임은 푸른 정기를 가진 용의 변화처럼 보인다. 용의 몸체와 호랑이의 기운이 서로 교착하자, 잠깐 보니 바람과 구름이 흰 벽에서 일어난 듯 벽에 비친 검광이 아른거린다. 이 인검은 온갖 요물들을 쫓아내므로, 허후의 정직함과 쌍벽을 이루는 기물이 된다. 허후가 일찍이 혼란한 조정 속에 있으면서 글을 올려 임금에게 원통함을 호소하고 斬馬劍을 청하여 빌려서 간신을 베고 싶다고 했으니, 허후의 곧은 정기는 자웅을 다툴 수 없을 정도로 타의 모범이 되었었다. 하지만 허후의 장렬한 뜻이 이제 그가 늙어서 제대로 펼쳐질 수 없게 되자, 그는 인검을 담은 옥갑을 어루만지며 길게 탄식한다. 세상을 요동치게 하는 커다란 자라와 같은 간신을 단칼에 베어버릴 호랑이털 모자쓴 용사를 어찌해야 얻을 수 있을지를 생각하며.

〈삼인검가〉 속에서 충신 허후의 장렬한 뜻[壯志]이 형상화된 삼인검은 義劍을 상징하는바, 이 검은 허후가 나이가 들자 옥갑 속에서

288 허후는 현종·숙종년간에 영의정을 지낸 許積(1610~1680)이다. 〈삼인검가〉의 내용을 바탕으로 유추해볼 때, 이 작품은 1672년(현종 13) 허적이 宋時烈의 논척을 받아 영의정에서 명예직에 가까운 領中樞府事로 전임된 시기, 즉 1672년부터 정두경이 사망한 1673년 사이에 지어졌을 확률이 크다.

뽑혀 나오지 못하고 있다. 여기에서 칼집 속의 인검은 조정에서 자신의 雄志가 제대로 발현되지 못한 것에 대한 老臣의 울분을 투영하는 것이기도 하다.

위에 언급한 寅劍에 관한 작품 외의 여타 도검문학작품에서도, 악인을 물리치는 刀劍의 意象은 義劍的인 모습으로 자주 표현된다. 於于 柳夢寅(1559~1623)이 大北派를 은연중에 비판한 작품인 〈南麓道中〉(〈南麓聽銀介歌辭仍赴推鞫廳〉)은 '柏舟之唱'이라고도 불리는데, 그가 吏曹參判이던 1618년(광해 10)에 남산의 술자리를 파하고 출근한 推鞫廳에서 酒酣의 상태로 지은 시로, 악인을 단칼에 膺懲하는 義劍의 意象이 잘 드러나고 있다.

滿城花柳擁春遊	도성 안 가득찬 꽃과 버들 봄놀이 자리를 둘렀는데
玉手停盃詠栢舟	玉手가 술잔 놓고 栢舟章을 읊는구나
壯士忽持長劍起	장사가 문득 장검 잡고 자리에서 일어나
醉中當斫老奸頭	취중에 마땅히 늙은 간신의 머리 내려찍으리[289]

때를 만나지 못한 君子가 시대를 탄식하는 불만의 노래인 『詩經』의 〈栢舟〉는 유몽인의 대북파에 대한 불편한 심사를 의미하는 시어이다. 유몽인은 仁穆大妃(1584~1632) 廢位論을 주창하던 대북파의 영수를 악인으로 규정하면서, 술기운을 빌어 주저함 없이 유몽인 자신의 義劍으로 폐모론자의 악행을 誅伐하고자 하는 의지를 시로 표현하였다.

이상과 같이 사대부가 검을 정의를 구현하게 하는 기물인 의검으

289 申翼澈,「於于 柳夢寅論」, 61~62쪽(『조선후기 한시작가론』 1, 1998) 해석 참조.

로 파악하고 이를 바탕으로 수많은 문학작품을 남겼다는 사실은, 당시대에 있어서 義의 개념이 조선후기 도검의 문학적 의상을 정립하는 데 어떠한 영향을 끼쳤는가 하는 점을 시사한다.

2) 君子의 修養劒과 劒銘

著庵 兪漢雋(1732~1811)은 1762년(영조 38년)에 지은 〈三寅刀銘〉에서 인검을 칭송하고 있다. 사악함과 뜬 기운을 베어서 동틀녘[昧爽]과 이른 아침[平朝]의 仁을 회복하게 하는 검인 인검은, 이 글에서 사대부인 군자의 정신수양의 상징인 修身物, 즉 '修養劒'으로서의 이미지를 보여주고 있는 것이다.

> 삼인도라는 것은 인년·인월·인일에 만든 칼인데, 베고 자르는 데 쓰인다. 寅은 하루 가운데 동틀녘[昧爽(黎明)]의 때이다. 사람의 마음이 편안해지니, 그러므로 伊尹은 말하기를 '동틀녘에 크게 德을 밝히시어[昧爽丕顯]'라 하였다. 또 아침[平明]의 때이다. 사람의 氣가 浩然해지니, 그래서 맹자는 말하기를, '아침의 맑은 기운[平朝之氣]'이라 하였는데, 辰時·卯時의 아침을 지나서 午時·未時의 낮에 이름에 미쳐서 흩어져버린다. 마음이 일과 더불어 접촉이 되면 氣가 사물에 의해 피곤해진다. 이 때에는 不敬하고서 어떻게 맑아지겠는가? 그러므로 「帝典」에서 말하기를, '밤낮을 공경하여 곧게 하여야 깨끗할 것이다.[夙夜惟寅, 直哉惟淸]'라고 하였다. 寅이라는 것은 敬이다. 무릇 맑지 않음은 곧지 않음에서 비롯되고 곧지 않음은 寅이 아님에서 비롯된다. 그러므로 寅이라는 것은 이 사악한 마음을 베어버리고 이 뜬 기운을 잘라버리는 것이다. 뜬 기운을 제거하고 사심을 물리치게 되면 비로소 다시금 동틀녘·아침의 寅을 회복함이 있다. 칼이 나에게 경계함이 크도다. 銘을 짓는다.

'아! 칼이여! 아! 칼이여! 너의 빛은 번쩍이며 아교처럼 굳은 것도 깨뜨리는구나. 너의 소리는 바람을 가르며 대풀을 깎아내는구나. 항상 검푸르면서도 항상 빛이 맑구나. 이름지어 말하기를 操라 하니, 칼이여! 칼이여! 오직 너의 수고로다.'[290]

이 검명의 序에서는 寅劍의 寅이 곧 敬이며, '이 사악한 마음을 베어버리고 이 뜬 기운을 잘라버리는 것'이라고 개념을 정의하고 있다. 앞서 언급한 敬義劍의 검명을 떠올려보자. '안으로 밝히는 것은 敬이요, 밖으로 결단하는 것은 義이다.[內明者敬, 外斷者義]'에서의 敬은 修身의 개념이다. 朱子는 "하나에 집중하여 다른 곳에 가지 않는 것을 '敬'이라고 한다."[291]고 말하였다. 여기서 敬은 움직이지 않는 하나된 마음으로, 군자의 내면을 밝히는 역할을 한다. 이러한 군자의 敬은 곧 작가에 의해 문학 속에서 투영되어, 修身의 기물 修養劍인 寅劍으로서 그 실체를 드러낸다. '뜻을 진실하게 하고 마음을 바르게 하며, 자신을 닦을 때'[292] 모름지기 사용되는 敬은, 劍에 적용되면 이를 군자의 修身器物인 '修養劍'으로 탈바꿈시켜준다. '단정하고 엄숙한'[293] 모습, 즉 敬의 모습을 지닌 군자는 인검을 소지함으로 인해 한

290『自著』卷19〈三寅刀銘〉: 三寅刀者, 寅年寅月寅日作刀者, 斬截割斷之用也. 寅在一日之中則昧爽也. 人之心湛然, 故伊尹曰: '昧爽丕顯', 又平明也. 人之氣浩然, 故孟子曰: '平朝之氣' 及至於辰卯之朝午未之晝而始梏矣. 心與事接, 氣爲物疲. 於斯時也, 不敬何以淸之? 故帝典曰: '夙夜惟寅, 直哉惟淸'. 寅者敬也. 夫不淸由不直, 不直由不寅. 故寅者, 所以斬截此邪心, 割斷此浮氣者也. 浮氣去邪心退, 而始有以復乎昧爽平朝之寅矣. 刀之有警乎余也, 大矣乎. 銘曰: '嗟刀乎! 嗟刀乎! 爾光爗然而破膠也. 爾響砉然而剜茅也. 常湛湛也, 常惺惺也. 字之曰操, 刀乎! 刀乎! 惟爾之勞.'

291『北溪字義』卷上〈敬〉: 文公合而言之曰: 主一無適之謂敬

292『北溪字義』卷上〈敬〉: 誠意正心修身也. 須敬.

층 더 자신을 다잡는 수양을 하게 되는 것이다. 이 책에서의 '수양검'이라는 용어는 이러한 맥락에서 군자의 수신기물을 지칭하는 단어로 사용되었다.

18세기에 훌륭한 문필로 인해 『幷世才彦錄』에서 八文章의 한 사람으로 지목되었던 東谿 趙龜命(1693~1737)의 〈四寅刀賦〉는 인검이라는 벽사적 신물이 가지는 근원적인 의미와, 군자의 기물로서의 수양검인 인검의 성격을 잘 드러내주고 있다.

> 내가 일찍이 사인도를 차고 다녔는데, 우연히 『谿谷集』을 보니 〈三寅劍賦〉가 있어서 이에 운자를 차용하여 본떠서 지었다.
>
> '내가 옛날에 四壬寅에 칼을 만들었는데, 寅은 상서롭지 못한 것을 물리친다고 속설에 이르니, 壬을 더한 것은 대개 納音의 金에서 취한 것이다. 북쪽인 壬의 水와 동쪽인 寅의 木은 또한 겨울인 貞과 봄인 元을 갖추고 있다. 寅은 맹호가 되는데 손톱을 놀리고 이를 간다. 壬은 곧 太陰이니, 칼날 끝의 차가움을 도와서 이에 꾸미고 차는 것인데 寅月辰을 썼고, 6은 陰의 數를 한껏 하였다. 어떤 물건이 그보다 월등함을 견주겠는가? 요망한 것들이 달아나다가 산산이 부서지고, 도깨비가 휘둘려 풀처럼 잘린다. 생각건대 天機를 빼앗으니 진실로 희세의 보배로다. 그러하여 사람이 慧劍을 소유하여 한 몸에 갈무리하는데, 義로써 베며 仁으로써 갈아내니, 칼날이 가리키면 온갖 괴물이 그 넋을 잃고, 劍光이 달하면 긴 밤 새벽을 깨뜨린다. 그 쓰임은 커서 우주를 막을 수 있고, 그 거두는 것은 작아서 탄환도 들일 수 있다. 豐城에 묻힌 칼이라 칭하기엔 부족하지만 그 氣는 斗星과 牛星을 쏘고, 旌陽의 검이라 자랑하기엔 부족하지만 그 위세는 이무기의 간사함을 누르니, 이는 사악함을 이기고 마귀를 굴복시키는 데 이른다. 또 어찌 四寅의 신통함에게만 의지하겠는가? 대

---

293 『北溪字義』 卷上 〈敬〉: 整齊嚴肅, 敬之容.

개 군자의 도는 안팎으로 노력하는 것인데, 밖에 차는 것은 몸의 관리를 맡은 것이요, 안을 보호하는 것은 마음의 군주가 명한 것이라. 쉭쉭 쨍그렁 소리나게 견고하고 완전함을 골고루 시험해보았으니, 신물의 기운과 유형이 서로 짝하는 것이 어찌 다만 延津의 큰 물결에만 있겠느냐?'[294]

이 〈사인도부〉는 인검이 지니는 벽사적 성격의 기본적인 형성원리와 그 작용을 극명하게 드러내고 있다. 조귀명은 四壬寅이 합쳐지는 1722년(경종 2) 정월에 이 칼을 만들었는데, 寅이 상서롭지 못한 것을 물리친다는 속설에 대해 설명하면서 60音을 60甲子에 배정하여 五行으로 나타낸 '納音'과 天干을 八卦에 나누어 배당한 '納甲'의 원리에 입각하여 인검의 벽사적 성격이 어떻게 성립되는지를 보여준다. 이에 따르면 寅은 맹호가 되는데 손톱을 놀리고 이를 간다. 壬은 곧 太陰이 되어, 칼날 끝의 차가움을 도와서 이에 꾸미고 차는 것인데 寅月辰을 썼고, 6은 陰의 數를 한껏 한 것이다. 이를 통해 조귀명의 사인도는 이보다 월등함을 견줄만한 물건이 없을 만큼 보검으로서의 성격을 지니게 되는 것이다. 이 사인도는 요망한 것들이 달아나다가 산산이 부서지게 하고, 도깨비가 휘둘려 풀처럼 잘리게 하는 무기로서, 모든 조화를 꾸미는 하늘의 기밀인 天機를 빼앗으니 진실로 희세

294 『東谿集』 卷12 〈四寅刀賦〉: 余方佩四寅刀, 偶閱谿谷集, 有三寅劒賦, 仍用其韻擬之. '余昔鑄刀于四壬寅, 寅辟弗祥, 俗則云然, 加之壬者, 盖取諸納音之金焉. 壬水寅木, 亦具貞元. 寅爲猛虎, 舞爪厲齱. 壬乃太陰, 助其芒寒, 爰餙爰佩, 用寅月辰, 六窮陰數. 物莫競尊? 妖孼迎而虀粉, 魑魅揮爲草菅. 惟其奪天之機, 允矣希世之珍. 然而人有慧劒, 藏于一身, 割之以義, 磨之以仁, 刃指而百怪隕其魄, 光達而長夜破其昏. 其用也大, 可以塞宇宙, 其歛也小, 可以納彈丸. 豐城之埋不足稱, 其氣射牛躔, 旌陽之鍊不足誇, 其威鎭蜃姦, 斯爲勝邪攝魔也至矣. 又奚藉乎四寅之神? 盖君子之道, 內外勉旃, 佩之外者, 司於身之官, 葆之內者, 命於心之君. 砉然響然, 均試堅頑, 則神物之氣類相配, 豈但在延津之洪瀾?'

의 보배가 된다. 그 때문에 조귀명은 뛰어난 慧劒을 소유하여 한 몸에 갈무리하였고 義로써 베며 仁으로써 갈아내니, 칼날이 가리키면 온갖 괴물이 그 넋을 잃고 劒光이 달하면 긴 밤 새벽을 깨뜨릴 정도의 위력을 가지게 되는 것이다. 이러한 인검의 쓰임은 커서 우주를 막을 수 있고, 그 거두는 것은 작아서 탄환도 들일 수 있다. 여기에서 인검을 義로써 베며 仁으로써 갈아내는 과정 자체가 바로 군자인 조귀명의 수양과정이 되며, 이를 통해 그의 인검은 수양검으로 거듭나게 되는 것이다.

조귀명의 글은 계속해서 그가 소장한 사인도가 비록 풍성에 묻혀있던 절세의 명검인 龍泉·太阿보다는 못하지만 그 劒氣가 두성과 우성까지 뻗쳐오르고, 누런 소로 변신한 이무기를 베어죽인 仙人인 晉나라 도사 旌陽의 검이라고 자랑하기에는 부족하다. 하지만 사인도는 惡獸인 이무기의 간사함을 찍어 누르며 邪魔를 물리치는 神劒으로서의 기능을 충분히 발휘함을 보여준다. 그리고 그와 동시에, 인검을 몸 밖에 패용하는 것은 자신을 관리하기 위함이고, 이를 통해 자신의 내면을 보호함이 곧 마음의 군주가 명한 것이라고 하여 수양검으로서의 인검 소지에 정당성을 부여하고 있다. 조귀명은 인검을 휘둘러 검의 견고함과 완전함을 시험해보고 나서, 이 인검이 延津에 빠진 神物[295]의 기운과 유형에 짝할 정도의 명검이라고 설명하고 있다.

---

295 張華의 부탁을 받은 雷煥이 豫章의 豐城縣에서 龍泉과 太阿 두 검을 파내고 나서, 장화가 용천검을, 뇌환이 태아검을 보관하였다. 장화가 伏誅되면서 용천검은 없어졌고, 뇌환이 죽은 뒤에는 그의 아들 雷華가 太阿劒을 차고 다녔다. 어느 날 뇌화가 延平津을 지날 때 홀연히 검이 그의 허리춤에서 뛰쳐나와 물 속으로 들어갔다. 사람을 시켜 잠수하여 찾아보게 하니, 검이 빠진 자리에 몇 길 되는 용 두 마리가 있었다고 한다. (『晉書』 卷36 「列傳」 6 〈張華〉)

英祖가 친히 조귀명의 문집인『東谿集』의 서문을 써줄 정도로 당대에 文名을 떨쳤던 조귀명은, 사람됨이 淸靜하고 욕심이 없었으며 평생 벼슬을 하지 않은 布衣의 신분으로 내면의 수양에 힘썼다. 〈사인도부〉는 바로 그러한 조귀명이 일생동안 군자의 道를 추구한 자신의 정신수양 태도를 인검에 투영한 문학적 산물이라고 할 수 있다.

사대부의 정신이 도검이라는 기물에 문학적으로 융합됨을 상징하는 가장 직접적인 작품은 바로 검명이다. 조선시대 문헌 속에서 나타나는 조선의 검명은 실제로 유물에 새겨진 것도 있지만, 단순히 문학을 위한 문학으로서 유물에 새길 수 없을 만큼 길이가 긴 검명도 아울러 발견된다. 조선의 검명은 儒者로서의 修身意志와 武人으로서의 護國意志를 담고 있으며, 寅劍이나 七星劍類에서는 辟邪의 呪文으로 작용하기도 한다. 劍에 관한 문화가 역사적으로 상당히 발달한 일본의 검명과 비교해보면, 日本刀 검명의 경우에는 검을 제작한 장인의 이름 및 제작년도를 명에 새기거나, 타메시기리[試し切り][296]를 통해 입증된 도검의 성능을 표시하기도 하고, 神道나 佛敎에 바탕을 둔 武士道的인 경구 등을 삽입하기도 한다. 그런데 조선의 검명이 일본도의 검명과 구별되는 가장 큰 차이는, 바로 검명 속에 유교적 정신이 함축되어있다는 점이다. 심지어 벽사의 신물인 寅劍의 검명조차도 유교적 군자의 기물로서의 인검의 효용을 극대화시켜주는 주문으로 작용한다.

현재『한국문집총간』상에 수록되어있는 검명은 앞서 소개한『硏經齋全集』의 검명 10편을 제외하고 총 33편이다.[297] 이외에도 耕仁

---

296 타메시기리(試し切り): 일본도로 살아있는 사람이나 시체 등을 베어 칼날의 성능을 시험하는 방법.

美術館에서 소장 중인 申得求(1850~1900)의 친필 검명이 확인되는데,[298] 위의 검명에서 보이는 修身의 태도는 전부 단순한 武風의 산물이 아닌 유교적 사상의 발현이다.

【표 3】문헌상의 검명

叢刊 番號	著者	書名	劒銘	篇數
28	安獻徵	『鷗浦集』	〈斬蛇劒銘〉[299]	1
31	曺植	『南冥集』	〈書釼柄〉[300]	1
			〈佩釼銘〉[301]	1
32	李榘	『活齋集』	〈刀銘〉[302]	1
33	金麟厚	『河西集』	〈斬蛇劒銘〉[303]	1
39	李夏鎭	『六寓堂遺稿』	〈古劒銘〉[304]	1

297 이 책에서 내용을 따로 언급한 작품들은 본 표의 각주에서 원문을 생략하였다.

298 申得求가 金琪瀠에게 지어준 이 劒銘의 序를 보면 白銅으로 장식한 銀入絲 寅劒으로 추정된다.

299 『鷗浦集』 卷4 《館課錄》 〈斬蛇劒銘〉: 龍淵之金, 斂以越砥, 上法天光, 下絶地紀, 雪花星文, 雷騰電閃, 其號維何, 天子之劒, 晉楚爲脊, 周宋爲鐔, 物有其主, 歸于卯金, 於皇赤帝, 寔惟天吏, 肇迹于豐, 應運而起, 五緯宵映, 彤雲晝聚, 于彼澤畔, 載回天步, 有蠢一物, 蜿蜒當路, 白帝素質, 曲膂屈脇, 鉤牙褰鼻, 搖尾吶舌, 蓄怒而起, 吹毒吮血, 疾爾逞凶, 非皇害物, 爰赫一怒, 手中三尺, 電掣霜錵, 風嗥雪鍔, 脩鱗纔脫, 巨顙已圻, 去汝禍賊, 是戮是扶, 應手糜碎, 孰敢反齧, 金精乃頹, 素靈夜哭, 物不自斃, 式天所滅, 劒非自用, 待人而動, 罔釋汝罪, 皇有大勇, 餘力一揮, 覇上秦中, 兵不血鍔, 莫我爭鋒, 殪彼秦鹿, 殲厥楚猴, 迎刃輒解, 速我虔劉, 擧之按之, 奄有中土, 九功斯象, 七德是輔, 光芒六合, 四百之基, 孰剿厥命, 桓靈倒持, 劒兮劒兮, 誰爲之主, 長陵一抔, 遺恨千古.

300 『南冥集』 卷1 〈書釼柄〉(贈趙壯元瑗): 離宮抽太白, 霜拍廣寒流. 牛斗恢恢地, 神游刃不游.

301 『南冥集』 卷1 〈佩釼銘〉: 內明者敬, 外斷者義.

302 『活齋集』 卷7 《箴銘》 〈刀銘〉: 師爾之剛, 剛百鍊, 法爾之斷, 斷兩段, 以正, 君子所勉, 用則勝, 小人所憚.

303 『河西集』 卷12 〈斬蛇劒銘〉: 乾坤孕秀, 山澤效奇. 歐冶百鍊, 巧殫精罷. 木魅

55	李舜臣	『李忠武公全書』	〈劍銘〉[305]	2
			〈次劍銘〉[306]	
97	河弘度	『謙齋集』	〈夢斸古劍記以一絶〉[307]	1
101	河溍	『台溪集』	〈斬蛇劍銘〉[308]	1
124	洪汝河	『木齋集』	〈洪聖任(凭)古劍銘(幷序)〉[309]	1
140	朴世采	『南溪集』	〈釼銘〉[310]	1
169	崔錫恒	『損窩遺稿』	〈忠武公釼銘跋〉[311]	1
184	魚有鳳	『杞園集』	〈洪都憲寶劍銘〉[312]	1

遁影, 水怪潛光. 秦人失鏡, 宇宙劻勷. 輪輝斗牛, 斂彩芒碭. 猛勢穎脫, 雷騰電掣. 半夜一揮, 妖蛇失穴. 應刃糜碎, 陰靈泣血. 芟姦刈暴, 孰我敢承. 雲披霧撤, 四海淸澂. 倏然龍攄, 雄威遠仍. 愚哉始皇, 壓之何能. 萬人敵摧, 矧矣棘矜. 産鐵龍鳴, 其怪無徵. 壯哉是劍, 神明所憑. 爲邦家寶, 罔缺以正. 降及季世, 太阿倒柄. 屠牛喩切, 斬佞是仇. 漸臺之擧, 有光前休. 陵夷不掉, 九有瓜割. 金刀死灰, 莫誅苞蘖. 劍兮劍兮, 長終劍閣.

304 『六寓堂遺稿』 冊4 [文] 〈古劍銘〉: 龍鳴匣中, 三尺古劍, 自躍洪爐, 照我肝膽, 從他繡澁, 十年未試, 尙冀一用, 伊誰知已.

305 『李忠武公全書』 卷1 〈劍銘〉(長劍一雙分鐫, 卽公筆也. 今在公後孫家): 三尺誓天山河動色, 一揮掃蕩血染山河.

306 『李忠武公全書』 卷1 〈次劍銘〉(判府事 趙相愚): 一鑄雙龍鬼神動色, 手掣鯨鯢氣帶山河.

307 『謙齋集』 卷1 〈夢斸古劍記以一絶〉幷小序: 癸巳秋八月旬有一日曉, 夢手斸劍垢. 其首圓平, 不類今劍. 因銳良久,然後塵埃盡去, 內明如鏡. 旁有人曰: '幾如退陶李先生劍也.' 愚幼而志學, 長而嬰疾, 今已老矣. 自分無聞, 同腐草木, 而有是夢, 何歟? 仍成一絶, 又書文貞公串夫子劍銘于壁, 以當座右銘云: '十五男兒志, 摧頹逾六旬. 無端感幽夢, 古劍發硎新.'

308 『台溪集』 卷6 《銘》 〈斬蛇劍銘〉月課: 擧無上按無下, 躍秦水鑄漢火. 蛇一斷龍血奮, 三尺長四百運.

309 『木齋集』 卷6 《銘》 〈洪聖任(凭)古劍銘(幷序)〉: 南陽洪聖任, 持古劍一枚來示余, 而請銘曰, 之劍也, 安東權氏家得諸野田中, 弗之寶也, 其用不越乎廚竈鼎俎之間, 一日倚病人之寢, 邪魔有屛退之兆, 自是人稍異之. 余以他劍博之, 倩耽羅良冶淬而粧之, 宛然一寶劍也, 子其銘之. 余爲取視, 長尺半强, 鋒微俯, 左雙窪, 右一窪, 光炯炯照曜, 其制非近世樣也. 吾非劍士, 莫之辨也. 近世寶劍, 或產於

197	鄭來僑	『浣巖集』	〈夢作劍銘〉[313]	1
202	林昌澤	『崧岳集』	〈龍虎劍銘〉[314]	1
215	趙龜命	『東谿集』	〈南氏短劍銘〉	1
222	金樂行	『九思堂集』	〈小刀銘〉[315]	1
223	李用休	『𢿘數集』	〈青龍刀銘〉[316]	1
225	宋文欽	『閒靜堂集』	〈三寅七星劍〉[317]	1
231	申景濬	『旅菴遺稿』	〈古劍銘〉[318]	1
247	李種徽	『修山集』	〈夢劍銘(幷序)〉[319]	1
249	兪漢雋	『自著』	〈三寅刀銘〉[320]	1
281	丁若鏞	『與猶堂全書』	〈李忠武鬼刀銘(諱舜臣)〉[321]	2
			〈洪節度七星劍銘〉[322]	
300	鄭元容	『經山集』	〈刀銘〉[323]	1

華, 或産於倭, 華也銘之, 倭也則不必銘也. 子其詢諸知劍者以來, 他日又來曰, 華也, 曰華之劍, 又有南北焉. 龍淵·大阿, 出於韓則北也. 干將·莫邪, 出於越則南也. 將奚辨, 聖任曰:"此固莫之辨也. 然壬癸間, 天將留此嶺表者多浙將, 意者越劍, 浙兵遺之耳." 余爲驚歎曰: "是劍也, 殆豐城之苗裔也歟. 夫物雖至寶, 不能自顯, 待人而顯, 豐城神物, 埋沒獄犴, 張茂先令雷煥斸之, 而後知其爲天下之至寶也. 是劍亦爲塵土蝕不知今幾百年, 而後遇知於聖任, 事頗相類, 其可以有所感也夫." 遂不辭而爲之銘曰: '劍乎劍干將孫, 精埋坤光燭乾, 厥惟寶識者寡, 疇能識人博雅, 劍乎劍時用舍, 倘化龍請斬馬.'

310 『南溪集』 卷70《銘》〈釰銘〉 幷引(丁巳): 吾家無長物, 只有一劍. 自先人時挂在頭邊, 屢經流徙而不失. 近倩工改粧, 銘以揭之. '吁嗟! 劍兮! 氣可以衝斗精, 誠可以回日光. 然猶上不能爲傅介子而刺樓蘭, 下不能與朱游甫而斬安昌. 吁嗟! 劍兮! 德之衰, 庶幾以斷吾慾之內萌.

311 『損窩遺稿』 卷12《跋》〈忠武公釰銘跋〉.

312 『杞園集』 卷22 〈洪都憲寶劍銘〉: 都御史洪公錫甫, 有家傳寶劍, 一即穆廟龍灣所佩, 而都尉文懿公所受賜也. 余得德興大院君鞍飾, 鯪皮以爲匣, 事益奇可銘. 詩曰:'天下未嘗無鏌鎁, 而又孰無蛟龍室. 偉玆神鋩寶匣, 其來何所自. 邂逅合一眞天物, 公乎深藏三尺而時出. 快揮魑魅捧日月, 嗚呼! 永永萬世無墜失.'

313 『浣巖集』 卷4《銘》〈夢作劍銘〉: 癸亥人日夜, 直通禮院, 夢有人衣冠甚偉, 餉余美饌, 出示其所佩刀曰:"此寶劍也, 君其銘之." 余卽援筆書之, 覺而分明可記.

'劒之在乎人, 猶英雄之處世, 匣而藏焉, 則衝牛斗以長虹, 拔而試之, 則血羣醜而淸四海. 劒兮劒兮, 用與不用, 時耶命耶.'

314『崧岳集』卷2〈龍虎劒銘〉.

315『九思堂集』卷8「箴銘」〈小刀銘〉: 干將利於剸犀革, 而不適於裁籐裂帛, 步光宜於將軍之帶, 而不合於書生之腰, 此吾之所以愛小刀.

316『敝數集』《銘》〈靑龍刀銘〉: 赤炎熺冶卯金, 借鐵刀乃作紋. 不綠龜瑩不白蛇, 曰如何東方之色. 鱗蟲之長以取象, 八十一斤, 叶陽九九, 應龍鱗數, 如月之偃, 如電之閃, 如霜凜. 物不自顯, 得人後用, 歸關公赤兎馬, 上綠紗巾, 下手橫把, 盤舞揮霍, 無不如意, 器遇主提出中原, 翊我皇叔無敢敵, 吳戈魏戟, 森森簇簇, 單刀入神掣鬼運, 挾以風雷百怪怖, 斬良馘醜梟襄夷, 胄若刈草, 重重五關, 人謂鐵壁一揮劈, 無堅不陷, 無强不摧, 迎刃解, 天旋地轉, 隨其指揮, 彗孛墜神鋩, 所擬老奸擬徙漢, 庶幾刀運將訖, 麥城失利斂不試, 匣中龍鳴, 啾啾殷殷鬱莫伸, 至今天地有氣如虹. 斗牛衝, 國城之南公廟, 翼翼刀倚壁. 器皆有銘, 矧伊神物銘以刻.

317『閒靜堂集』卷7〈三寅七星劒〉: 日月贊剛, 星文昭光. 操以必割, 柔道是絶.

318『旅菴遺稿』卷5《四物銘》並小序〈古劒銘〉: 余有短鈒, 左右刃脊上一面, 用古篆書三寅劒. 下有銘曰: (十一字缺) 一面畫星□□座間有□□陳卓丹元星書所未著者, 書與畫刻之深, 塡以黃金. 劒光炯然, 常如新發硎. 掛諸壁, 有時自鳴. 世傳趙宋時名將所使者, 其說有據, 而或云狄靑之鈒, 是未知其然否. 明陵丙子歲大無, 有劒者阽死, 出賣潘南朴達夫家, 以上銀四十錠市之, 達夫與余心交也, 解以贈余, 遂爲余之有. 見之者有曰: "是無用也, 反不如菜刀鸞刀之切於日用也." 余曰: "然, 然而有孫吳之才者不見用, 老死釣屠, 莫不惜之, 而在世固幸矣. 之人也若得志騰驤, 大展其所抱, 則顧其時果何如世也. 寶劒猶良將, 其不見用, 豈非幸歟. 是劒也無可用, 而有時脫鞘而觀之, 鋩鍔如霜, 寒光逼眸, 凜然邪心自消, 携而行於山澤幽險夐絶之域, 有若與壯士偕, 無所懼, 盖男子器也." 乃銘曰: '劒兮於我乎, 二紀提携, 摎流光如秋水, 鐵嶺星岱長白之岹, 水宿大瀛, 三暮三朝, 谽谺嵲㟼, 瀏澋淵湃, 叢薄上慄, 霧霱交翳, 怳惚幽暮, 罔怪攸里, 朱虎靑兕, 封豨雄虺, 三角䰐䰐, 呑舟鯨鰐, 夔魈蝄像, 天吳之族, 我無一覿, 虞工之經, 楚些攸紀, 有無然疑, 我倦四方, 來臥雲扉, 戒而弢光, 歲暮爲期, 吾將與女乘紫虹, 指蒼梧而西飛, 遭而之洞庭, 訪回道人而歸.'

319『修山集』卷4《銘》〈夢劒銘(幷序)〉.

320『自著』卷19《銘》〈三寅刀銘〉壬午.

321『與猶堂全書』1集 卷12〈李忠武鬼刀銘(諱舜臣)〉.

322『與猶堂全書』1集 卷12〈洪節度七星劒銘〉: 耀魄晶晶兮天罡熒, 鉤陳剡剡兮

308	許傳	『性齋集』	《六玩堂銘》 幷序 〈劍銘〉[324]	1
312	兪莘煥	『鳳棲集』	〈金渭師(尙鉉)家藏古釼銘〉[325]	2
			〈李忠武公雙釼銘〉[326]	
314	任憲晦	『鼓山集』	〈劍銘〉[327]	1
320	金平默	『重菴集』	〈劍銘〉[328]	1
330	宋秉璿	『淵齋集』	〈耀雲劍銘〉[329]	1
333	田愚	『艮齋集』	〈雜銘〉[330]	1

상기 검명을 지은 총 29명 중에서, 河弘度(1593~1666)·河溍(1597~1658)·安獻徵(1600~1674)·李渠(1613~1654)·洪汝河(1620~1674)·

太乙冥. 四郊無壘兮鏽苔青.

323 『經山集』 卷13 〈刀銘〉: 爾文爾質, 昭星耀雪. 太柔則鍛, 太剛則缺. 當斷而決, 維精迺吉. 利用于物, 退藏於密.

324 『性齋集』 卷17 《六玩堂銘》 幷序 〈劍銘〉: … 劍銘曰: '鍊則精, 淬則利. 歛爾鍔, 勿輕試. 待時而用, 君子之器.'

325 『鳳棲集』 卷3 〈金渭師(尙鉉)家藏古釼銘〉幷序: 金渭師家, 有古釼一枚. 渭師七世祖光南公, 以大將軍, 出入持以自隨, 而其曾大父經山先生, 讀易冠嶽六十年, 未嘗一日去左右云. 渭師之友, 杞溪兪莘煥曰: '光南公, 揚于王庭, 孚號有厲者也. 經山先生, 見幾而作, 不俟終日者也. 是可銘.' 銘曰: '釼乎! 內明者智也, 外剛者義也. 惟義也故, 用之廟堂之上, 截乎其陰陽之所以扶抑也. 惟智也故, 用之丘壑之間, 灼乎其吉凶之所以失得也. 物有時而顯晦也, 人有時而進退也. 君子藏器於身, 待時而動, 是以无悔也.'

326 『鳳棲集』 卷3 〈李忠武公雙釼銘〉 幷序: … 干將兮莫耶, 龍泉兮太阿. 無前兮無下截, 盤回兮斷牛馬. 于嗟乎! 物與人兮以類從也. 吾知是釼之不躍於爐兮, 又將見其墮水而化爲龍也.

327 『鼓山集』 續集 卷1下 〈劍銘〉: 奉君王, 無深藏.

328 『重菴集』 卷44 〈劍銘〉: 剛而斷見其利, 君子以制其義.

329 『淵齋集』 卷29 〈耀雲劍銘〉: 白水英精, 撫夷定荒. 懷若人兮, 百世流光.

330 『艮齋集』 「前編續」 卷5 〈雜銘〉: 銛刃割欲, 惟毋忽乎, 克治之周, 寸鐵殺人, 幸無忘乎, 家國之讎. 苟能有得于斯焉, 豈不爲先人之烋. (佩刀, 先考所御, 今以遺次子華九)

李夏鎭(1628~1682)·朴世采(1631~1695)·崔錫恒(1654~1724)은 17세기, 魚有鳳(1672~1744)·鄭來僑(1681~1757)·林昌澤(1682~1723)·趙龜命(1693~1737)은 17세기 후반~18세기 초반, 金樂行(1708~1766)·李用休(1708~1782)·宋文欽(1710~1752)·申景濬(1712~1781)·李種徽(1731~1797)는 18세기, 兪漢雋(1732~1811)·丁若鏞(1762~1836) 등은 18세기 초 중반~19세기 초엽의 인물들이다. 앞서 소개한 성해응을 제외한 검명 작가 19명의 작품들이 17~18세기에 창작되었다는 점을 고려해보면, 이 기간이 조선시대 도검문학의 흥성기와 일치한다는 사실을 쉽게 파악할 수 있다.

17~18세기 검명의 실체를 정확하게 이해하기 위해서는 그 典範이 되는 남명 조식의 검명에 대해서 살펴볼 필요가 있다. 조선시대의 검명을 대표하는 南溟 曺植(1501~1572)의 劒銘인 '안으로 밝히는 것은 敬이요, 밖으로 베어버리는 것은 義이다[內明者敬, 外斷者義]'는 남명 학문의 핵심사상인 '敬義'를 나타낸다. 항상 칼날 위에 서있는 듯한 긴장감 속에서 자신을 단속하던 조식의 정신은 이 검명 속에 잘 나타나 있었는데, 조식의 제자 金宇顒(1540~1603)은 조식의 검명에 대해 '자기를 돌이켜 안으로 수양하는 데 신실하게 스스로 힘씀이 이와 같은 류였다'[331]라 평했다. 조식은 검명을 새긴 敬義刀를 매일 自省을 위한 방울인 惺惺子과 함께 차고 다녔으며, 그의 직계제자였던 鄭仁弘(1535~1623)에게 별세하는 순간 검을 물려주었다.

조식이 자신의 甥姪인 李俊民(1524~1591)의 사위 趙瑗(1544~1595)에게 준 칼자루의 銘인 〈書釼柄〉도 역시 조식의 칼날 같은 성

331 『東岡集』 卷17 〈南冥先生行狀〉: 其劒銘曰: '內明者敬, 外斷者義' 其反己內修, 篤信自力, 類如此.

격을 보여준다. 하늘을 뚫고나가는 강렬한 검광은 不動心의 상징이다. 정신이 비록 자유로울지라도 칼날 같은 일념이 굳건하게 중심을 유지한다는 조식의 말은 바로 자신을 단속하는 劍 그 자체가 된다. 또 조식은 그의 시 〈贐別張郡守弼武〉[332]에서 책과 검을 동일선상에서 논하고 있는데, 이는 그가 수신의 도구로서 검에 얼마나 큰 의미를 부여하고 있었는지를 알 수 있게 해준다. 이러한 조식의 검을 통한 自省의 태도에 대해, 金昌翕(1653~1722)은 〈三嘉曹南冥書院〉[333]에서 '밤새도록 검명을 외웠네[終宵誦劍銘]'라 읊기도 했다.

검이라는 무기를 유교적 수신의 기물로 간주하여 자신을 단속하는 수양도구로 삼으려했던 선조들의 태도는 바로 검명 속에 녹아있었고, 조식의 검명에서 비롯된 이러한 경향은 17~18세기의 검명에 있어서도 계속적으로 영향을 끼쳤다. 검명 속에서 義라는 관념은 계속적으로 반복해서 강조되었는데, 이러한 義는 儒者들의 의지 그 자체이며, 劍은 이러한 의지를 투영하는 매개물이 된다.

앞서 언급되었듯이, 兪漢雋(1732~1811)은 1762년(영조 38년)에 지어진 〈三寅刀銘〉에서 인검을 칭송하고 있다. 사악한 마음을 베고 뜬 기운을 베어서 敬을 회복하는 검인 인검은 이 글에서 정신수양의 상징으로서의 이미지를 보여주고 있다. 원래 출생 자체부터가 辟邪用神物인 神劍으로서의 특징을 가지는 인검은 儒者의 손을 통해 '군자의 劍'으로 거듭나는 것이다.

이러한 인검의 銘文인 검결 '○인검이여. 하늘은 정을 내리고 땅은

332 『濫溪集』 〈襄烈公栢冶張公行狀〉 中 一 書劍元無異, 交情惟義ㅁ …

333 『三淵集』 〈三嘉曹南冥書院〉: 東方大處士, 南服少微星. 鞍馬停爲禮, 雷龍屹有亭. 霞峰含皎皎, 風瀨帶惺惺. 不必心香薦, 終宵誦劍銘.

영을 당기니, 해와 달의 모습이요 산과 강의 형상이라. 뇌전을 휘둘러 현좌를 운용하며, 산의 악귀를 밀어내고 견고함을 베는 것을 밝히노라[○寅劒. 乾降精坤援靈, 日月象岡澶形. 撝雷電運玄坐, 推山惡玄斬貞]'는 기존에 다양한 형태로 해석이 시도되었으나, 이는 앞의 '○寅劒'[334]을 제외한 나머지 명문이 六言詩라는 특성을 무시하고 시행되었기에 많은 오류를 내포하고 있었다. 인검의 검결인 검명은 그 자체로 주문의 의미를 가지며, 이는 인검에 있어서 북두칠성 문양과 함께 辟邪劒인 神劒으로서의 공력을 배가시키는 특수한 명문으로 작용한다.

그리고 인검 검명의 주술적 의미는 결국에는 인간의 의지와 결합되어 유교적인 군자의 검으로 작용하게 된다. 趙龜命의 〈四寅刀賦〉는 인검이 가지는 근원적인 의미와 군자의 기물로서의 인검 성격을 잘 나타내고 있다. 이 글에서 '대개 군자의 도는 안팎으로 노력하는 것인데, 밖에 차는 것은 몸의 관리를 맡은 것이요, 안을 보호하는 것은 마음의 군주가 명한 것이라[盖君子之道, 內外勉旃, 佩之外者, 司於身之官, 葆之內者, 命於心之君]'는 구절은 앞 장에서 언급했던 것처럼 인검이 군자의 내외를 단속하는 '君子之器'로서의 성격을 가지고 있음을 분명히 드러내준다.

조선의 劒銘은 儒者와 武人의 의지를 나타내는 義劒, 그리고 辟邪의 神物로서의 神劒이라는 두 가지 의미로 보통 사용되었지만, 이러한 검명들은 결국 '유교적 군자의 기물'로서의 검의 성격을 드러내어주는 상징언어로 귀결됨이 확인된다. 이는 조선시대의 사대부들에

334 '○寅劒'은 삼인검일 경우에는 三자가, 사인검일 경우에는 四 자가 들어가는 명문이다.

게 있어서 검이 단순한 살인무기가 아닌, 자신을 가다듬는 수신의 기물로서 작용했음을 분명하게 나타내주는 증거이다. 군자의 성품을 다스리는 상징으로서 새겨진 조선의 검명은 조선의 유교문화가 낳은 독특한 산물임에 틀림이 없다.

3) 不遇함의 表象, 信義의 象徵

詩에 능하여 당대에 書藝의 韓濩(1543~1605), 文章의 崔岦(1539~1612)과 함께 松都三絶로 일컬어졌던 五山 車天輅(1556~1615)는, 앞서 〈동국보검변증설〉에서 소개된 바와 같이 소장한 일본도를 몹시 사랑하여 매일 쓰다듬고, 운명할 당시 자신의 무덤에 부장하도록 했을 정도로 실생활에서 검을 항상 가까이 했었다. 그의 이러한 경향은 시에서도 반영이 되어, 『五山集』에 수록된 그의 시에는 白猿公과 龍泉·太阿劍, 莊子의 說劍, 雙龍劍, 孤劍, 按劍(撫劍), 青萍劍, 匣中劍, 彈劍, 卦劍, 鳴劍, 倚劍, 斬鯨鯢劍, 劍花, 霜劍, 雄劍 등의 온갖 도검 관련 용어와 전고들이 사용되고 있다. 그 외 문집 안에는 수록되지 않은 작품으로 『小華詩評』에서 보이는 차천로의 〈詠懷〉에서는 홀로 우는 劍에 외롭고 불우한 신세인 시인 그 자신의 모습을 투영하고 있다.[335]

神仙有分金難化　　신선도 분수가 있기에 金이 변하기 어렵고

335 홀로 우는 검은 顓頊의 靈劍인 鳴劍 曳影의 고사를 떠올리게끔 한다. 전쟁이 났을 때 예영이 날아가 한 방향을 가리키면 곧 이기곤 하였는데, 예영이 궤 속에 있을 때는 龍虎의 울부짖음을 토했다고 한다. (「朝鮮中期 刀劍의 文學的 形象化에 대한 一硏究」 242쪽, 『東方漢文學』 第75輯, 東方漢文學會, 2018)

天地無情劍獨鳴　천지는 무정하여 검만 홀로 우네

여기에서 劍의 울음은 세상에 쓰이고자 해도 더 이상 쓰일 수 없다는 무력감에서 오는 온갖 울분의 정한을 담고 있다. 이는 『오산집』에 실린 〈出門〉의 '세상은 어지러운데 몸은 부질없이 늙었어도, 마음은 웅대하여 검이 홀로 우네[世亂身空老, 心雄劍獨鳴]'라는 구절에 보이는 劍의 意象과도 일치한다.[336]

17세기 초엽의 시인인 蕁塘 蔡震亨(1579~1659)의 〈劍〉에서는 雄志를 떨칠 바 없어 검을 팔아치우고 초야에 묻히려 하는 선비의 슬픈 모습을 보여주고 있다.

三尺龍泉匣裡鳴　3척 용천검은 칼집 속에서 울고
崢嶸怒氣腹中盈　서릿발 같은 칼날에는 노기가 서려있네
除凶斬佞終難得　흉악하고 간사한 무리 끝내 없애기 어려우니
欲換農牛教子耕　소와 바꿔 자식으로 하여금 농사짓게 하려하네

光海朝의 失政을 목도하여 司馬의 직분을 그만두고 常山에 은거했던 채진형의 강직함을 상징하는 劍은, 怒氣가 서린 채 울음을 토해낸다. 임금 주위에서 聖聽을 흐리게 하는 간신배들을 용천검으로 베고자 하여도 베어버릴 수 없으니, 차라리 은거하면서 검을 소와 바꿔 자식에게 농사나 짓게 하려고 하는 채진형의 태도는, 간악한 權貴들의 전횡을 막을 길이 없었던 당시의 세태와 맞물려 보는 이의 한탄을

336 『五山集』〈奉贈奏請書狀官赴京〉에는 '근래의 뜬구름같은 세상 하늘에 묻기 어려우니, 늙어 떠나가는 雄心에 검만 홀로 우네[近來浮世天難問, 老去雄心劍獨鳴]'라는 구절도 실려 있다.

불러일으키게끔 한다. 劒을 소와 바꾼다는 부분은 『漢書』〈龔遂傳〉의 賣劒買牛 故事[337]에서 기인한 것인데, 상기 시에서는 고사가 지니고 있는 원래의 긍정적인 의미가 아닌, 흉악한 무리를 벨 수 없기에 무용지물이 되어버린 보검을 팔아버리고자 하는 채진형의 자포자기와도 같은 심정을 반영한다.

杜機 崔成大(1691～1761)의 경우에는 임종을 맞이하면서 시를 지었는데, '靈丹을 만들었어도 시험해 본 적 없고, 靑萍劒 얻었으나 끝내 숨겨 두었네[鍊成丹鼎何曾試, 斲掘靑萍竟自韜]'라는 구절에서 불우한 신세를 한탄하면서 세상에서 묻혀버린 자신의 재능을 청평검에 비유하였다. 시험해 본 적 없는 영단과 끝내 숨겨둔 청평검은 모두 최성대의 영특한 자질을 의미하는 시어이다. 아무리 보배라도 사용되지 않은 채로 갈무리되어 있다면 그것은 결국 무용지물에 지나지 않는다. 시문에 뛰어나 金昌翕 이후 제일이라고 칭해졌던 최성대는 睦萬中(1727～1810)으로부터 '崔杜機의 시는 情思가 黯然한 점이 또한 절로 名家이다.[崔詩情思黯然處, 亦自名家]'라는 평가를 받기도 했었는데, 불우함을 검에 빗댄 구절에서 최성대의 시가 지닌 그러한 분위기를 일면 느낄 수 있다.[338]

한편, 17～18세기에 활동했던 중인계층 여항시인들의 경우 情恨의 心思를 劒에 투영하여 시를 짓는 경우가 많았었다. 이들은 비록 사대부는 아니었지만, 작품의 문학적 성취도로 인해 당시대에도 文名이

337 『漢書』卷89「列傳」59〈龔遂傳〉에는 漢 宣帝의 命을 받은 龔遂가 渤海郡의 饑饉으로 인한 農民蜂起를 다스리러 가서, 백성들 중 칼을 찬 자가 있으면 劒를 팔아서 소를 사게 하고 刀를 팔아서 송아지를 사게 하여[民有帶持劒者, 使賣劒買牛, 賣刀買犢] 농사를 짓도록 자연스럽게 유도하였다는 故事가 나온다.

338 민족문학사연구소 한문분과, 『三溟詩話』, 소명출판, 2006, 249쪽 해석 참조.

있었다. 대표적인 여항시인인 洪世泰(1653~1725)는 1716년 그의 나이 64세 때 〈古劍篇〉에서 다음과 같이 노래하였는데, 이 시에서 그는 검의 사물적 특성을 사실대로 묘사하거나 그 현실적 존재 양태를 드러내지 않고, 그 검이 자기에게 갖는 의미만을 장황하게 말한다. 검은 사물로서의 검이 아니라 자기 울분과 불평을 드러내는 도구로 이용되고 있는 것이다.[339]

嗟爾得我那得重　아! 칼이여 내 너를 중히 여겨
猶幸不爲割鷄用　오히려 다행스럽게도 닭 잡는 데 쓰지는 않네
且須深藏待千金　또한 모름지기 깊이 감추어 千金을 기다리다가
會有天子爲大勇　천자를 조회할 때 크게 용맹을 떨치리

幕府와 兵營의 書記로 종군했던 李得元(1600~1639)의 〈壺山館次板上韻〉에서는 '공연히 갑 속 검이 남으니, 물끄러미 바라보매 홀로 친하다네[空餘匣中劍, 脉脉獨相親]'라는 구절을 통해 외로운 그의 신세와 그가 응시하는 갑 속의 검을 동일시하는 모습을 드러낸다. 또 그의 〈安州兵營示鳳鳴〉에서는 三尺刀에 자신의 마음을 의탁한 구절이 보인다.

袖中三尺刀　소매 속의 三尺刀
與我心相照　내 마음 비추는 듯한데
布衣入轅門　초라한 선비 병영에 들어간다고
嬌女拍手笑　교태로운 여인 박수치며 웃는구나

339 안대회, 『18세기한국한시사연구』, 「여항시인의 대두와 그 방향」, 1999, 129~130쪽.

소매 속의 三尺刀는 이득원의 마음을 칼빛으로 비추는 실제 기물인 동시에, 마음 그 자체를 상징한다. 그러나 그가 지닌 칼날 같은 마음을 알 리가 없는 嬌女는 그의 초라한 행색을 박수치며 비웃는다. 이 교녀는 겉으로 보기에 한갓 포의 역관일 뿐인 이득원을 향한 세상의 차가운 시선을 대변한다.

이득원의 또 다른 시 〈短劍篇〉에서도 상기 시에서처럼 자신의 재주와 역량을 劍으로 표현했는데, 여기에서는 이득원이 지닌 三尺劍의 구체적인 意象이 언급되어 있다.

我有三尺劍	나에게는 삼척의 검이 있으니
風胡鍊其斤	風胡子가 날을 벼렸네
藏之白玉匣	白玉 劍匣에 보관하고
飾以黃金環	황금 고리로 장식했네
精光吐虹霓	정한 빛 무지개를 토하니
直上星斗間	북두성 사이에 곧장 오르네
夜掛老龍吼	밤에 걸어두면 늙은 용이 울부짖고
晝撫白日寒	낮에 어루만지면 햇빛도 차갑네
雷雨忽奔騰	뇌우가 갑자기 일어나고
鬼神號空山	귀신이 빈 산에 울부짖네
持此竟何用	이 좋은 검 가진들 끝내 무엇하리
吾欲獻天關	내 天關에 바치고자 하건만
天關邈且阻	天關에는 가로막는 장벽도 많아
中道空盤桓	길가던 중 부질없이 서성거릴 뿐
有願不可遂	소원은 있어도 이룰 길 없으니
喟然興永歎	휴우하고 긴 한숨만 쉬네[340]

340 尹在敏, 『조선후기 中人層 漢文學의 硏究』, 1999, 124~125쪽 해석 참조.

이 시에서는 자신의 雄志를 3척의 보검에 비유하고 있는데, 웅지를 품어봤자 이를 세상에 펼칠 수 없는 자신에 대한 한탄이 '持此竟何用'이라는 한 구절 속에 잘 녹아들어 있다.[341] 능력있는 자가 신분적 장벽에 가로막혀 쓰이지 못하는 처지에서 기인한 현실 비판과 스스로의 능력에 대한 자부심이 시 속에 형상화되어 있는 것이다.

胥吏 출신의 시인 雪蕉 崔承太(?~1684)도 〈短劍歌〉에서 이득원처럼 자신의 불평을 검에 담아 노래한다.[342]

携將神物擬報君	신물을 가지고 임금께 알리고자
配之琴書床上留	침상 위에 거문고, 책과 짝하여 두었다네
據案高歌日夕撫	책상에 기대어 크게 노래 부르며 밤낮으로 어루만지니
猛氣雄志橫嵩丘	맹렬하고 웅장한 氣志 숭산을 가로지를 듯
自從初買未曾試	처음 사온 뒤로 시험해 보지도 못했는데
焂忽年光今十遒	순식간에 세월이 흘러 이제 십 년째
繡昏苔生掩星文	날빛이 흐려지고 녹이 슬어 星文을 가렸으니
何年玉匣隨驊騮	어느 해에 옥갑에서 나와 준마를 따를쏘냐?
劍兮劍兮奈爾何	검이여, 검이여, 너를 어이할까
白頭相看淚橫流	흰 머리로 바라보며 줄줄 눈물만 흘리네[343]

341 이득원의 다른 작품인 〈歲暮行〉에서는 '책상 위의 책은 성현의 글들, 갑속의 검은 교룡의 칼날, 책이여 칼이여 너희를 어디에 쓰랴, 내 이제 어그러져 머리가 희었으니[床上有書聖賢傳, 匣裏有劍蛟龍鍔, 書兮劍兮爾何用, 我今蹉跎頭髮白]'라 하였고, 〈秋夜書懷〉에서도 '책과 칼을 끝내 어디에 쓰랴. 어그러진 인생 머리가 희끗희끗[書劍終何用, 蹉跎髮欲華]'이라 하는 自嘆이 보인다. (상게서, 126~127쪽 참조)

342 최승태는 부친 崔奇男(1589~1671)의 제자이자 자신의 친구였던 이득원이 남쪽 병영으로 가게 되자, 〈送李子春赴南兵營〉를 전별시로 짓기도 하였다. (강석중, 「설초 최승태의 시세계」, 209~210쪽 참조)

343 『雪蕉集』〈短劍歌〉.

神物인 최승태의 단검은 임금에게 자신의 재능과 실력을 알리고자 하는 마음을 담고 있다. 책상에 기대어 크게 노래부르며 밤낮으로 어루만지니, 맹렬하고 웅장한 기지는 숭산을 가로지를 듯하다. 하지만 10년 동안 쓰이지 못한 검의 劍身은 이제 광도 나지 않고 녹마저 슬어 성문까지 가려져있다. 최승태는 어느 해에 이 검이 옥갑에서 나와 준마를 따를 것인가 자문하지만, 끝내 그러하지 못할 것을 알기에 흰 머리 난 채로 바라보며 좌절감에 가득차서 눈물을 쏟는다.

또, 17세기 호란에 관한 울분을 시에 투영한 여항시인인 豆村 石萬載(?~?)는 〈塞上〉에서 雄志를 떨치지 못하여 술병을 칼로 부수며 화풀이하는 시적자아의 초라한 모습을 드러내기도 한다.

十載腥塵猶暗塞　십년의 피비린내 싸움에 변방은 어두운데
滿朝時議只全軀　만조백관이 때마다 의논함은 다만 제 몸 온전히 함이라
平生恨不探胡窟　평생 한은 오랑캐 소굴을 찾아내지 못함이니
却把龍刀碎玉壺　도리어 龍刀로 옥호리병 부수네

침노하는 오랑캐로 인해 변방이 위태로운데도 무능한 신하들은 자신의 안위만을 걱정한다. 이러한 세태 속에서 석만재는 자신의 신분적 한계로 인해 오랑캐 소굴을 찾아 정벌하는 공을 세울 수 없음을 안타까워하면서, 전장에서 쓰지 못하는 용도를 휘둘러 옥호리병을 부숴버린다.

이처럼 도검문학 속의 검은 불우함에서 생겨난 울분을 뜻하는 시어로 쓰이기도 한다. 외적과 간신을 척살하고 귀신을 쫓아버릴 정도의 강력한 위력을 지닌 도검이, 때로는 불운을 탄식하는 심사와 결합

하여 시인의 외로운 자의식을 상징하게 되는 것이다.

다음으로 소개할 것은 도검이 信義의 象徵으로 刀劍文學 속에서 사용되는 경우의 작품들이다. 澗松堂 趙任道(1585~1664)의 〈심인 자무가 칼을 보내주어[沈子茂 㮵 惠刀]〉에서는, 생전의 약속을 지키기 위해 서군의 무덤가에 검을 걸어두었던 오나라 연릉의 공자 季札의 일화를 언급하였다.

延陵高義至今說　연릉의 높은 의리 지금껏 칭송하니
掛劍徐君墳上枝　칼을 서군의 무덤가 가지 위에 걸었네
何似當年親把贈　차라리 당시에 친히 잡고 건네서
西江雷雨斬蛟螭　서강에 천둥비 치던 이무기를 베었으면[344]

이 이야기는 신의의 상징으로 오랫동안 회자되었는데, 久堂 朴長遠(1612~1671)의 『久堂先生集』 卷16에 실린 갑술년의 초시 답안[甲戌別試初試入格]인 〈解劍懸墓論〉에서는 계찰의 이러한 행동에 대해 자세히 설명하고 있다. 박장원의 글은 계찰의 掛劍이 지니고 있는 심층적 의미를 분석하여, 괘검을 단순히 신의의 상징으로만 파악하는 일차적인 시각에서 벗어나, 괘검이라는 행위의 파급효과마저도 계자의 계산 속에 있었음을 밝히고 있다.

> 논하여 말한다. "삼가 살펴보니, 옛날에 吳나라 延陵 季子가 魯나라에 빙례를 가면서 길이 徐나라를 지나게 되었는데, 서나라 임금이 계자의 검을 좋아하였으나 입으로 감히 청하지는 못하였다. 계자는 서나라 임금

344 『澗松文集』 卷2 〈沈子茂 㮵 惠刀〉.

이 그 검을 좋아하는 줄 알았으나 上國에 사신을 가야하므로 바칠 수가 없었는데, 대개 마음으로는 먼저 허락하였다. 그가 돌아왔을 때에는 서나라 임금이 이미 죽었으므로 계자는 이에 그 검을 풀어 서나라 임금의 무덤가 나무에 매달아놓고 떠나갔으니, 이는 끝내 마음을 속이지 않은 것이다."[345]

이는 춘추시대 吳나라의 公子였던 계찰의 일화이다. 귀국길에 검을 서나라 임금에게 선물로 주고자 했던 자신의 마음을 속이지 않고 신의를 지키기 위해 보검을 徐나라 임금의 무덤가 나무에 매어놓았던 계찰의 행동은, 의로움의 표상으로 후대에도 길이 칭송받는다.

혹자는 계찰의 행위에 대해 다만 서나라 임금에게 마음을 허락하고 그 마음을 속이지 않았다는 점만을 칭송하였으나, 박장원은 한 걸음 더 나아가 계자의 이러한 행위가 천하에 명성을 세우고, 오나라 군주에게 계자 자신이 왕위에 뜻이 없다는 점을 괘검을 통해 밝히기 위한 것이었음을 지적하였다.

박장원의 관점에서 검을 풀어 무덤가에 매다는 일은 산 사람에게도, 죽은 사람에게도 도움이 되는 일이 아니다. 그러나 계찰이 그와 같은 행위를 한 것은, 계자 스스로의 이름을 세상에 세우고자 한 일이요, 오나라 왕위에 욕심이 있다는 의혹을 깨뜨리기 위한 것이었다. 박장원은 계찰의 괘검을 신의의 상징으로 인식하고, 이러한 행위가 천하의 신의를 보이고 자신의 명성을 세우며 의혹을 깨뜨리기 위한

345 『久堂先生集』 卷16 〈解劒懸墓論〉: 論曰: "謹按昔有吳延陵季子, 聘于魯, 路于徐, 徐君好季子之劒, 而口不敢請, 季子知徐君之好其劒, 而爲使上國, 未敢爲獻, 蓋先許以心也. 及其還也, 徐君已死, 季子乃解其劒, 懸之徐君墓樹而去, 是終不欺心也."

것이었음을 거듭 강조한다.

박장원은 계찰의 가계에 대해 언급하면서, 계자가 그의 아버지 수몽과 오나라 백성들의 칭송을 받고 있었음을 말한다. 오나라 사람들이 목을 빼고 고대하는 희망은 바로 계찰이 임금이 되는 것이었다. 이는 堯가 천하를 양도하자 받지 않고 箕山에 가서 숨었다는 許由와, 湯이 桀을 정벌한 후 천하를 그에게 양도하자 받지 않고 蓼水에 들어가 숨었다고 하는 務光과도 같은 큰 명성을 세우고자 하였던 계찰에게 다소 부담으로 작용할 수밖에 없었다. 임금의 자리를 마다하고 孤竹國에서 은거한 伯夷와 叔齊, 그리고 周나라 太王의 長子로 동생에게 왕위를 전해 주기 위해 荊蠻으로 도망가서 吳나라의 시조가 된 吳太伯은 모두 임금자리를 피해서 멀리 떠나 홀로 독립했던 옛사람들이었다. 그러나 계자는 공자 지위에 있으면서 잠적하지 않았으니, 사람들이 그가 初心을 버리고 왕위에 뜻을 두지 않을까하는 의혹을 가지지 않을 수 없었다. 이러한 오해는 계찰이 심히 걱정했던 점이다.

박장원은 계찰의 마음을 짐작해본다. 계찰은 만약 자신이 검을 서나라 임금의 무덤가에 걸어둔다면 서군에게 보답도 되고 자신의 명성도 세울 수 있으며, 계자가 왕위에 뜻을 두고 있을까봐 걱정하는 오나라 군주의 의혹도 깨뜨릴 수 있으리라 생각했기에 검을 무덤가에 매단 것이다.

괘검을 통해 知己를 허락하고 신의를 보여 세상에 자신의 이름을 세우고 오나라 군주의 의심을 깨뜨린 계자는, 춘추시대 齊나라의 管仲과 鮑叔牙처럼 서로를 알아주는 인지력과, 요임금의 양위를 피해 箕山 潁水에 은거하였던 許由의 고고함을 함께 갖춘 인물이었다. 계찰이 자신의 마음 속 약속으로 서나라 임금을 대한 것은 쉬운 일이었지만, 괘검이라는 한 가지 행위를 통해 천하에 이름을 세우고 吳君의 의혹까지 깨뜨린 것은 결코 쉬운 일이 아니었다. 검을 무덤가에 거는 쉬운 일로, 이름을 남기고 오해를 푸는 어려운 일까지 해낸 계자는 참으로 명석하고 지혜로운 자라 할 수 있다.

> 혹 그렇게 하지 않아서, 나라를 양보하고도 이름을 세우지 못하고, 자리를 피하면서도 의혹을 깨뜨리지 못한 채, 餘昧가 물려주는 자리를 이어받아 오나라 전 국민의 추앙을 받아들이고, 오자서가 초왕의 묘를 매질한 뜻처럼 闔廬[346]의 세상을 기다리지 아니하였다면, 專諸가 구운 물고기 속에 숨긴 검[347]이 어찌 계자의 궁궐에 미치지 않을 줄 알겠소? 후대 사람은 다만 칼을 걸어둔 것이 지극한 신의가 됨만을 알고, 계자가 몸을 보존하고 세상에 고고했던 뜻은 알지 못한 채, 처음부터 검을 걸어놓은 날에만 생각이 굳어지면 이는 계자라는 인물을 알지 못하는 것이요. 이러한 까닭으로 공자께서는 친히 그 묘의 비석에 글씨를 썼고, 邵子[348]는 계자가 伯夷에 가깝다고 말하였으니, 나는 이것을 스승 삼겠소."
>
> 내가 이 말에 깊이 느낌이 있어 삼가 논한다.[349]

---

346 闔廬 : 오나라 孔子 光을 가리킴. 오나라 餘昧를 이어 王僚가 왕위에 오르자, 孔子 光이 專諸를 시켜 암살하고 왕위에 오른 후 闔廬라 개칭하였다.

347 專諸의……검 : 전저는 춘추 시대 吳나라 용사. 오나라 公子 光이 吳王 僚를 죽이려고 할 적에 전저는 공자 광을 위해 구운 물고기의 뱃속에 칼을 숨겨가지고 오왕 앞에 나아가 대번에 왕을 찔러 죽이고, 자신도 오왕의 측근에게 그 자리에서 죽임을 당했다.

348 邵子 : 邵雍을 가리킴. 『皇極經世書』, 「觀物外篇上」에, "季札之才近伯夷"라는 구절이 있다.

349 『久堂先生集』 卷16 〈解劒懸墓論〉: 其或不然也, 讓國而不能立名, 避位而不能破疑, 承餘昧傳次之位, 受全吳臣民之戴, 而子胥鞭墓之志, 不待闔廬之世, 則專諸炙中之劒, 安知其不及於季子之宮也. 後之人, 徒知掛劒之爲至信, 而不知

만약 계찰이 괘검을 통해 자신의 욕심없는 심사를 드러내지 않고서 오나라의 임금에 등극하여, 吳王 闔廬가 覇者가 될 수 있는 세상을 기다리지도 않고 오자서가 개인적인 복수를 위해 楚王의 묘를 매질한 것처럼 행동하였다면, 합려의 명을 받은 암살자 전저같은 자의 魚腸劍이 계찰에게 향할 수도 있었음을 박장원은 밝히고 있다. 후대 사람들처럼 다만 괘검이라는 행위 하나에만 주목할 뿐, 계자가 그러한 일을 했던 의미를 모른다면 이는 계자의 진면목을 제대로 파악하지 못하는 것이다. 계자의 진의를 제대로 알았던 孔子는 계자의 무덤 비석에 친히 '延陵季子之墓'라 글씨를 썼고, 邵雍은 계자를 백이에 견주었으니, 박장원은 이러한 공자와 소옹의 慧眼을 스승 삼고자 한다.

괘검과는 별개로, 한시 속에서 도검은 때때로 夫婦間의 情理와 信義를 상징하는 '雌雄劍'[350]으로 표현되기도 한다. 대장장이 부부에 의해서 만들어진 干將과 莫耶, 豐城縣에 묻혀 있다가 발굴된 후 서로 離散된 다음 延平津에서 다시 만나서 용이 되는 龍泉劍과 太阿劍에서 주로 意象을 차용한 자웅검은, 특히 谿谷 張維의 시에서 자주 나타난다. 간장검과 막야검은 서로 헤어져 그리움에 밤마다 울부짖는[雌雄離兮中夜鳴][351] 모습을 보이기도 하고, 용천검과 태아검은 〈故靑雲君先夫人改葬挽〉[352]이나 〈完陽夫人挽〉,[353] 〈李觀察汝復內挽〉[354]에서

季子保身高世之志, 始堅於掛劍之日, 則非知季子者也. 是故孔子親題其墓, 邵子有近於伯夷之說, 吾師乎吾師乎." 愚於此言, 深有感焉. 謹論.

350 이 자웅검은 앞서 소개한 최경회 장군의 자웅검과는 다른 개념의 器物이다. 최장군의 자웅검은 나기나타였고, 이 부분에 설명한 자웅검은 용천·태아검 고사에 그 근본을 두고 있다.

351 『谿谷集』 卷1 〈寶劍詞〉.

352 『谿谷集』 卷29.

353 『谿谷集』 卷29.

보이듯 合葬되어 다시 만난다. 부인이 부군보다 먼저 사망했을 때에는, 〈懷恩君夫人挽詞〉[355]의 '놀란 파도 속으로 검 한 자루 사라지니, 거울 속의 봉황새 이제 홀로 남았네[劒化驚波裏 鸞分寶鏡中]'에서처럼 쌍검 중 한 자루가 먼저 파도 속으로 사라져서 헤어지게 되었음을 보여주기도 한다.

그리고 城隱 申仡(1550~1614)의 문집인 『城隱先生逸稿』에 실린 金應祖(1587~1667)의 시에서는 '구천에서 두 보검이 합하듯 합장하였으니, 어찌 차마 다시 輓章을 지으랴[九泉雙劒合, 那忍更題章]'라 하였고, 李民寏(1573~1649)은 '나루터 해지는 무렵에 두 용이 합해지니, 북망산 바람 높이 부는데 한 마리의 학이 날아가네[津頭日落雙龍合, 邙北風高一鶴過]'라 하였으며, 黃致敬(1554~1627)은 '나루터의 두 검이 돌아가듯 어찌 그리 서둘렀던가, 집에는 용같은 세 아들 가업을 전할 만 하네[津還二劒期何促, 家有三龍業可傳]'라 하였다. 이 세 시는 모두 신흘에 대한 輓詩로, 신흘과 그의 부인이 같은 해인 1614년(광해 6)에 사망하여 義城縣 남쪽 五土山 兌向의 언덕에 합장되었기에 자웅검의 意象을 사용하였다.

尤庵 宋時烈(1607~1689)은 선조의 女息 정명공주에 대한 挽詩인 〈貞明公主挽〉에서 '복록과 영광 다시 서운한 곳 없으니, 천추만세 쌍검이 하수의 근원을 비추리[福祿哀榮無復憾, 千秋雙劒照河源]'라 하여 그의 시 속에 자웅검을 표현하고 있으며, 동명 정두경에 견줄 정도로 도검에 관한 漢詩들을 다량 창작했던 西溪 朴世堂(1629~1703)의 경우에는 〈申參奉(汝晳)大夫人挽〉, 〈李兵使(晩輝)夫人挽〉, 〈羅平

---

354 『谿谷集』 卷29.

355 『谿谷集』 卷29.

康(良佐)大夫人挽〉, 〈鄭經歷(塋)大夫人挽〉, 〈南判書(二星)夫人挽〉, 〈尹石城(道敎)大夫人挽〉 등에서 자웅검의 의상을 집중적으로 사용하였는데, 그 중 〈南判書(二星)夫人挽〉의 내용은 다음과 같다.

名門擇對早移天	명문에서 배필 택해 일찍 시집와서
多受榮華數十年	수십 년 동안 영화를 받음이 많으셨지
萬乘相爲親壻重	만승의 재상은 중한 친사위이고
一同宰是過房賢	동시의 정승은 어진 養子일레라
沈津龍化圓雙劍	나루에 잠긴 용천검 변하니 쌍검이 원만했고
連理根深到九泉	결이 연결된 뿌리는 깊어 구천에 닿았어라
花谷幽幽千古宅	그윽한 花谷은 千古의 安宅이요
丹旌去指判書阡	붉은 명정 가는 길은 판서의 무덤일세[356]

이 시는 예조판서를 지낸 南二星(1625∼1683)의 부인에 대한 만사이다. 명문가에 일찍 시집와서 수십 년간 영화롭게 살면서 재상인 친사위와 정승인 양자까지 둔 부인의 일생은 실로 평온했다 할 수 있다. '나루에 잠긴 용천검 변하니 쌍검이 원만했고[沈津龍化圓雙劍]'는 이 만사에서 검의 의상이 드러나는 부분인데, 자웅검을 소재로 한 조선후기의 다른 婦人에 대한 輓詞들과 거의 동일한 모습을 지닌다. 특히 好喪의 경우에는 전체적인 시 내용에서도 悲感보다는 명문가의 부인으로 일생을 살다간 부인에 대한 칭송과 축원이 만사의 주를 이룬다.

이상 소개한 불우함의 상징인 劍과 신의의 상징인 掛劍과 雌雄劍은 도검문학에 있어서 주류가 되는 작품은 아니다. 하지만 분명한 양

356 『西溪集』 卷4 「石泉錄」 下 〈南判書(二星)夫人挽〉.

태를 지닌 채로 도검문학 속에서 계속적으로 존재했었기에 이에 대한 부가적인 연구를 통해 추후 그 실상을 더욱 완전하게 정립할 필요가 있다.

4. 辟邪意識과 神劍의 實狀

1) 辟邪劍의 典型

辟邪는 사귀나 괴물을 물리치고 재앙을 祓除함을 뜻한다. 이러한 벽사의 표징인 劍은 '神劍'이라는 용어로 규정될 수 있는데, 이는 온갖 종류의 怪力亂神을 단번에 제압하고 일거에 쓸어버릴 수 있는 신묘함을 지닌 정의의 劍을 의미한다. 神劍의 개념은 조선 초기의 건국공신이었던 三峯 鄭道傳(1342~1398)의 〈古意〉 가운데 '풍성의 두 신검[豊城兩神劍]'[357]이나 佔畢齋 金宗直(1431~1492)이 지은 〈挽崔判書(善文)〉의 '우뚝 솟은 영춘에 가지는 한창 왕성한데 번쩍이는 신검은 기가 언뜻 쇠잔하여라[靈椿拔地枝方旺, 神劍衝星氣倏殘]',[358] 濡谿 兪好仁(1445~1494)의 〈過鎭川有懷金庾信〉에서 '신검 휘두르며 커다란 공훈을 策定하여, 단번에 靑丘의 萬里雲을 쓸어버렸네[手揮神劍策鴻勳, 一掃靑丘萬里雲]',[359] 그리고 鶴峯 金誠一(1538~1593)

357 『三峯集』 卷1 〈古意〉 又에서 '풍성의 두 신검 갑 속에서 여러 해 지나, 두성과 우성을 범하는 기운 있어 하루아침에 뇌공 만났네[豊城兩神劍, 經年在匣中, 有氣干牛斗, 一朝遇雷公]'라는 구절이 보인다.

358 『佔畢齋集』 卷8 〈挽崔判書(善文)〉.

359 『濡谿集』 卷2 〈過鎭川有懷金庾信〉.

의 〈贈琴景休〉 중 '내 바라건대 신검 만들어, 온갖 사악한 일이 감히 일어나지 못하게 하고 싶구나[我欲鑄神劒, 百邪不敢起]'[360] 등에서 보이는 것처럼 조선 전기부터 계속적으로 한문학 속에서 등장해왔으며, 도검문학작품이 양적으로 증가된 17~18세기 동안 수많은 작품에서 그 意象이 문학적으로 형상화되었다.

이러한 신검의 문학적 형상화에 있어서 가장 주목해야할 도검은 바로 寅劒이다. 조선의 왕실에서도 그 벽사적 효험을 인정하고 제작에 관여하기까지 했던 인검은, 사대부에 의해 주목받으면서 조선의 한문학 속에서 辟邪劒으로 각인되었다. 이와 같은 인검에 대한 문학적 형상화는 중국이나 일본에서는 찾아볼 수 없는 조선의 고유한 것으로, 이는 곧 사대부의 의식 속에 녹아있던 조선 벽사검인 神劒의 전형을 상징하고 있다.

벽사의식이 드러난 조선의 도검문학작품 중 거의 대부분은 인검에 관한 글이다. 妖怪와 惡獸를 물리치는 辟邪의 神劒인 寅劒은 도검문학 속에서 조선적 색채를 강하게 드러내는 독특한 위상을 지니기 때문에 본절에서 집중적으로 설명한다.

조선의 寅劒은 寅年·寅月·寅日, 인월·인일·寅時 또는 인년·인월·인일·인시에 제작된 劒으로, 벽사를 위해 선조들이 소장하였던 기물이다. 선행 연구[361]에 의해 알려진 바와 같이 인검은 벽사의

360 『鶴峯逸稿』 卷1 〈贈琴景休〉.

361 인검에 관한 기념비적인 논문으로는 李碩宰의 「인검고」(耕仁美術館, 2001)·「인검과 순양검에 관한 연구」('한국의 도검 합동세미나', 육군박물관 주최, 2002)가 있다. 그 외에도 「도검의 기능성 연구」(김성혜·김영섭, 『학예지』 6, 육군박물관, 1999)와 『학예지』 11 '조선의 도검 특집'호(육군박물관, 2004)에 수록된 「조선시대 도검 연구의 현황과 과제」(박재광), 「조선시대 도검의 유형분석」(李碩宰), 「애자문

神物인 벽사검, 즉 神劍으로서 존재해왔다. 요사스러운 귀물을 물리치는 벽사검인 신검의 실체를 제대로 규명하기 위해서, 우선 인검을 다룬 한문학 작품을 검토하여 신검의 의미를 확인해볼 필요가 있다. 여기에서는 宋文欽, 趙持謙, 申欽, 兪彦鎬의 작품을 차례로 분석함으로써 도검문학 속에 나타난 신검의 실체를 살펴본다.

宋文欽(1710~1752)의 〈三寅七星劍〉은 바로 三寅에 제조된 인검의 한 종류인 七星劍의 劍銘이다.

日月贊剛　日月이 陽剛을 도우니
星文昭光　북두칠성 무늬 밝게 비치네
操以必割　잡으면 반드시 베며
柔道是絶　부드러운 道로 이에 끊어버리네[362]

이 검명에서 앞의 두 구절은 바로 삼인칠성검의 외양을, 뒤의 두 구절은 그 검의 기능을 설명한다. 북두칠성의 정기를 칼 속에 모으기 위해 七星 紋樣을 금상감으로 칼날에 새긴 칠성검은, 三寅에 제조됨으로 인해 벽사기물로서의 주술적 성격을 강하게 가진다. '日月이 陽剛을 도우니, 북두칠성 무늬 밝게 비치네'에서 그 특징이 드러난 삼인칠성검은, '잡으면 반드시 베며, 부드러운 도로 이에 끊어버리네'에서 사용자가 잡으면 부드러운 道로 대상물을 끊어버리는 도구로서 작용을 한다. 여기서 부드러운 도[柔道]는 劍理의 正道에 따라 부드럽게 검을 운용한다는 개념으로서, 인검의 소지자는 유도로 검을 휘둘러

연구」(李碩宰), 「칠성검연구」(김미경), 「조선시대 도검에 나타는 문양과 매듭장식에 관한 연구」(이승해) 등에서 부분적으로 인검의 실체가 규명되었다.

362 『閒靜堂集』 卷7 〈三寅七星劍〉.

삿된 도[邪道]를 끊어버린다. 삿된 도를 상징하는 존재들은 바로 이계의 존재, 즉 괴력난신의 영역에 있는 귀신이나 도깨비 등이다. 삼인칠성검은 해와 달, 북두칠성의 기운을 받은 칼이다. 日月星宿의 정기가 인검에 모이면, 인검은 단순한 칼이 아닌 귀물을 제압하는 벽사의 신물인 신검이 되는 것이다.

趙持謙(1639~1685)의 시 〈感懷〉에서는 귀신마저도 두려워하는 인검의 벽사적 성격이 드러나고 있다.

塞外歸來鬢已殘　국경에서 돌아오니 귀밑머리 이미 쇠었고
秋霜又落蓼花灘　가을서리 또 蓼花灘에 떨어지네
書搜二酉螢囊弊　二酉山의 책 뒤지느라 반딧불주머니 해질 정도이고
劒倚三寅鬼膽寒　삼인검에 의지하니 귀신의 마음 떨게 하네
少日雲雷曾有志　젊은 날 구름과 우레처럼 일찍이 雄志 있었으나
頻年風浪太無端　頻年의 풍랑은 너무도 종잡을 수 없네
愁來乍向虛簷睡　수심이 밀려와 얼핏 빈 집에서 낮잠 자면서
夢裏猶吟行路難　꿈 속에서는 오히려 행로난을 읊는구나.[363]

반딧불주머니가 해어질 정도로 밤새 大酉山과 小酉山, 즉 二酉山[364]의 기이한 서적들을 탐독하여 학식을 갖추려 한 조지겸은, 삼인검에 의지함으로 인해서 귀신을 제압하고자 소망한다. '삼인검에 의지하니 귀신의 마음 떨게 하네'라는 구절의 인검은 바로 이계의 존재인 귀신마저도 공포에 떨게 하는 위력을 지닌 검이다. 三寅이 가지는

363 『迂齋集』 卷2 〈感懷〉.

364 二酉山 : 중국 湖南省 沅陵縣 서북쪽에 있는 대유산과 소유산. 秦나라 때 어떤 隱者가 이 곳에 은거하면서 1천 권의 서적이 감추어진 두 산의 石窟에서 공부했다고 전해진다. (『湖廣通志』 卷12 「山川志」 〈沅陵縣〉)

벽사기능의 주술적 효과로 인해, 인검은 일종의 강력한 호신부적으로서 귀신에게 작용한다. 이 劍은 시 속에서 책과 아울러 조지겸의 노년 생활 속의 문무겸전을 상징하는 기물이 된다.

앞의 두 작품에 비해 인검이 강렬한 상징성을 지닌 기물로 등장하는 사례를 살펴보도록 하자. 漢文四大家의 한 사람으로 평가받는 申欽(1566~1628)의 〈四寅刀歌〉를 보면, 삿된 이계의 존재들을 물리치는 인검의 벽사적 성격이 더 극명하게 드러난다.

> 세속에 전하는 말에 의하면, 寅年·寅月·寅日·寅時에 두드려 제조한 칼을 四寅劍이라 한다. 이것이 잡귀를 물리친다고 하는데, 甲寅年(1614, 광해군 6) 정월에 東陽尉가 나를 위해 이 칼을 만들었다.[俗傳寅年月日時打成者曰四寅劍 能辟鬼 甲寅春正 東陽爲余鑄成]

林有魈兮山有夔	숲에는 魈가 있고 산에는 夔가 있으며
陸有虎兮水有螭	뭍에는 범이 있고 물에는 이무기가 있어
夜而行兮晝而伏	밤이면 나와 다니고 낮이면 숨어있으면서
攬余裾兮嚙余足	나의 옷깃 끌어 잡고 나의 발을 물어뜯는다
橫中途兮不可制	길 한복판에서 횡행하니 억제할 수 없고
爲民害兮勢漸猘	백성을 침해하니 형세 점점 포악하네
我有刀兮名四寅	나에게 四寅이라 이름하는 칼 있어
讋地祇兮通天神	땅귀신을 두렵게 하며 천신과도 통하는데
白銀粧兮沈香飾	백은으로 단장하고 침향으로 꾸몄으며
光潑潑兮霜花色	광채가 서리빛처럼 번쩍번쩍하네
防余身兮奚所懼	내 몸을 방어하는 데 두려울 게 무엇인고
邪自辟兮罔余迕	邪鬼 저절로 쫓겨가서 나를 범하지 못하리
精爲龍兮氣爲虹	精髓는 용이 되고 氣는 무지개 되어

橫北斗兮亘紫宮　북두성을 가로질러 자미궁까지 뻗치나니
行與藏兮惟余同　나가거나 감추어지기를 오직 나와 함께 하다가
歲將暮兮倚空同　나이 장차 늙어지면 空同山에 의지하리[365]

이 시에서 신흠은 그의 아들인 東陽尉 申翊聖(1588~1644)에게서 선물받은 四寅刀를 묘사하고 있다.[366] 신흠은 당대의 名臣으로, 아들에게 인검을 선물로 받을 당시에는 1613년(광해군 5)의 癸丑獄事로 인해 삭탈관직을 당하여 조정에서 放逐되어 김포로 내려가 있던 상태였다. 선조의 駙馬였던 신익성은 임진왜란 때에는 宣武原從功臣 1등에 올랐으며 1606년(선조 39)에는 五衛都摠府 副摠管을 지냈다. 후일 병자호란 때 그는 主和派 대신들이 세자를 청나라에 볼모로 보내자고 하자 칼을 뽑아 그들을 위협하기까지 했고, 나중에는 斥和五臣의 한 사람으로서 청나라 심양에 압송될 정도로 상무정신과 반청의식이 강했던 인물이다. 이들 부자는 朴珪壽(1807~1876)가 말한 것처럼 '왕실을 함께 도와 평온하거나 험난하거나 충절을 다한[共奬王室, 夷險盡節]'[367] 사대부였다.

〈사인도가〉를 읽어보면, 숲도깨비인 魈와 산도깨비인 夔, 범[虎]과 이무기[螭] 같은 妖物과 惡獸들을 제압하는 神劍으로서의 인검 이미지가 한층 더 극명히 드러나고 있다. 온갖 요물과 악수들은 숲과 산, 뭍과 물 등 도처에서 밤에 출몰하여 시인을 위협한다. 길 한복판에서

365 『象村集』 卷7 〈四寅刀歌〉.

366 민간에서는 인검을 개별적으로 專門 冶匠에게 주문하여 제작하였지만, 동양위의 경우 선조의 부마였기에 尙衣院에서 공급한 官制 寅劍을 입수했을 가능성도 있다.

367 『瓛齋集』 卷5 〈處士湎泉申公墓誌銘〉.

이러한 鬼物들이 마음대로 횡행하니 그 세력을 억제하기 힘들고, 무고한 백성들마저 이 때문에 해를 입는 등 그 형세가 점차 광폭해진다. 이러한 상황에서 신흠이 땅귀신을 두렵게 하는 동시에 천신과도 통하는 칼, 광채가 빛나는 사인도로 스스로를 방어하자, 사악한 귀물들은 저절로 쫓겨간다. 신흠이 가진 사인도의 精髓는 용이 되고 劍氣는 무지개가 되어, 하늘을 뚫고 올라가 북두성을 가로질러 紫微宮 별자리까지 뻗쳐오른다. 신흠은 이 사인도와 出仕를 함께 하다가, 후일 黃帝 때의 신선 廣成子가 道를 공부했던 空同山[笄頭山][368]에서 사인도를 지니고 은거하겠다고 한다. 이는 鬼物들을 물리치는 귀중한 신물인 사인도의 가치를 인식한 상태에서, 이 칼과 평생을 같이 하고자하는 신흠의 사인도에 대한 애정을 보여준다.[369]

신흠의 〈사인도가〉에 나타난 온갖 요물과 악수들은 곧 당시 계축옥사를 주도한 大北派를 지칭한다. 신흠은 은연중에 〈사인도가〉 속에서 인검을 사용하여 괴물 같은 간신들을 처단하고자하는 의지를 드러내고 있다. 이는 인검이 단순한 神劍적인 상징성을 지닐 뿐만 아니라 義劍적인 상징성도 아울러 내포하고 있음을 보여준다.

벽사검으로서 인검 사용의 실례를 보여주는 작품인, 1758년(영조 34)에 지어진 兪彦鎬(1730~1796)의 〈三寅劍贊〉은 벽사용 신물인 神劍으로서의 인검에 관한 믿기 어려운 일화를 사실적으로 보여주고 있다. 소지한 삼인검을 아무렇게나 방치했던 유언호는, 비몽사몽간에

---

368 『元和郡縣志』 卷3 「管縣」4 〈平高縣〉.

369 신흠은 李顯英(1573~1642)과 吳允謙(1559~1636)을 전별하면서 지은 〈別冬至使李僉知(顯英)泛海朝京〉에서, 마음 속의 古劍이 곧 장부의 상징임을 말하기도 했었다. 졸고 「朝鮮中期 刀劍의 文學的 形象化에 대한 一硏究」 240쪽 참조(『東方漢文學』 第75卷, 東方漢文學會, 2018).

귀신을 만나자 인검을 사용해서 이를 격퇴하고, 새삼스럽게 인검의 가치를 재인식하게 되어 이를 수리하고 인검에 대한 贊을 짓는다.

> 집에 한 자루 옛날 칼이 있는데, 길이는 겨우 1척 남짓이고 자루는 호랑이뼈로, 칼집은 어피로 하였다. 삼인검이라 부르는데, 인년·인월·인일에 만들어진 것이기 때문이다. 세상에 전하는 말에 의하면 삼인검은 능히 상서롭지 못한 것을 범접하지 못하게 한다고 하였으니, 바로 이 검을 말함이다. 오랫동안 숫돌질하지 않았기에 칼날이 무디어져서 귀신을 두루 방어하기에 부족하여, 벽 사이 먼지구덩이 속에 버려둔 지 여러 해가 되었다. 올 겨울 꿈에 매우 험상궂은 귀신형상이 나타났는데 바로 침실 안으로 침범해오거늘, 얼른 이 검을 집어던지자 귀신의 이마에 적중하였다. 귀신이 땅에 엎어져 울부짖다가 갑자기 사라졌다. 잠에서 깨어났는데도 오히려 가슴이 떨렸다. 그제야 신물이 때로는 어둠에 잠길 때도 있지만, 또한 스스로 天機를 따라서 신령스러움을 나타내면 귀신도 검을 막아낼 수 없음을 알았다. 그리하여 대장장이에게 명하여 담금질하여 씻어내어 녹슨 껍데기를 모두 없애버리게 하니, 개구리밥을 들치면 물이 나타나듯이 광채가 번쩍였다. 드디어 글을 지어 贊하여 말한다.
>
> '검이여! 검이여! 三陽의 精氣가 엉기고 四氣의 근원이 모이니, 그 무늬가 아름다운 유성처럼 이어지고, 그 날카로움이 나는 새를 베고 견고한 옥돌을 자르며, 그 사용함이 능히 소인배로 하여금 간담을 섬뜩하게 하고 귀신과 도깨비가 몸을 숨기게 한다. 대개 神物은 스스로 움직일 수 없어서 반드시 사람을 기다려야 하는데, 사람은 진실로 時運에 따라 드러날 수도 있으며 사물도 또한 그러하다. 진실로 불우한 세상을 당하게 되면 빛이 잠겨 섬광을 감추고, 먼지구덩이 사이에 떨어져서 무늬도 거칠어지고 녹도 생겨나서 스스로 그 위엄과 신비함을 떨치지 못한다. 그러나 오직 한 줄기의 純剛한 기가 맺혀서 흩어지지도 않고, 가운데에서 스스로 빙글빙글 돌다가 혹은 붉은 광휘가 올라가서 두성의 궤도를 쏘기도 하고,

> 혹은 밤의 꿈에 의지해서 요귀들을 물리치기도 한다. 어찌 백정의 칼이나 사냥꾼의 칼처럼 무디고 신령스럽지도 않아서, 끝내 묻혀버려 소문도 들리지 않는 칼과 같겠는가? 아! 검이여! 사람이여! 자취는 감춰진 부분도 있고 드러난 부분도 있으며 道는 굽힘과 펴짐이 있으니, 잘 보관할 것인지 때에 맞게 쓸 것인지는 오직 하늘의 명을 들어야 하리라.'[370]

유언호의 집에는 길이 1척 남짓인 삼인검이 있었는데, 자루는 호랑이 뼈로, 칼집은 어피로 만들어져 있었다. 인년·인월·인일에 만들어진 삼인검은 세상에 전하는 말에 의하면 능히 상서롭지 못한 것을 범접하지 못하게 하는 벽사검이다. 이러한 인검은 유언호의 무관심 때문에 오랫동안 먼지구덩이 속에 수년간 방치되어 있었다. 어느 날 겨울밤 잠을 자고 있던 유언호의 침실 안으로 험상궂은 귀신이 갑자기 기어들어오자, 놀란 유언호는 인검을 던져서 귀신의 이마에 꽂아버린다. 유언호는 이 사건으로 인하여 인검의 벽사검적인 가치를 인식하고, 대장장이에게 명하여 인검을 수리한다. 검을 수리하고 난 유언호는 아울러 이 〈三寅劍贊〉을 지어 인검의 가치와 의의를 설명한다.

---

370 『燕石』 冊4 〈三寅劍贊〉: 家有一古劍, 長纔容尺, 棅以虎骨, 鞘以魚皮. 號三寅劍, 盖成於寅年月日者也. 世傳三寅劍, 能揮呵不祥, 而是劒也. 久未發硎, 芒刃刓敝, 不足以周防, 委諸壁間堆塵, 有年矣. 今冬夢有鬼狀, 極儜醜, 直犯臥內, 亟以是劒擲之, 中其額. 仆地啼號, 因忽不見. 覺來猶餘悸也. 乃知神物有時沉晦, 而亦自隨機效靈, 莫能遏也. 於是命工淬濯, 悉去其鱗皺, 如萍開見水, 晶光燁然也. 遂爲文以贊之曰: '劒兮! 劒兮! 凝三陽之精, 鍾四氣之元, 其文則綺流星連, 其利則斷浮翮截堅珉, 其爲用則能使佞孽破其膽, 而鬼魅遁其身. 盖神物不能自運, 必待乎人, 人固隨時而顯晦, 物亦爲然. 故當其不遇也, 潛光匿耀, 零落塵埃之間, 綉澁苔生, 無以自奮其威神. 然惟一段純剛之氣, 鬱而不散, 中自輪囷, 或騰紫輝而射斗躔, 或憑宵寐而攘妖姦. 夫豈若屠者之刃·獵夫之鋋, 刓鈍不靈, 終沒沒以無聞? 噫! 劒兮! 人兮! 跡有隱見, 道有屈伸, 善藏時用, 惟聽命于天.'

스스로 움직일 수 없는 神物인 인검은 반드시 사람을 기다려야 하는데, 사람은 진실로 時運에 따라 드러날 수도 있으며 사물도 또한 그러하다. 인검이 진실로 불우한 세상을 당하게 되면 빛이 잠겨 섬광을 감추고, 먼지구덩이 사이에 떨어져서 무늬도 거칠어지고 녹도 생겨나서 스스로 그 위엄과 신비함을 떨치지 못한다. 그러나 오직 한 줄기의 純剛한 기가 인검에 맺혀서 흩어지지도 않고, 가운데에서 스스로 빙글빙글 돌다가 혹 붉은 광휘가 올라가서 두성의 궤도를 쏘기도 하고, 혹은 밤의 꿈에 의지해서 요귀들을 물리치기도 하니, 이러한 인검은 백정의 칼이나 사냥꾼의 칼처럼 무디고 신령스럽지도 않아서 끝내 묻혀버려 소문도 들리지 않게 되는 칼들과는 결코 비교될 수 없다. 자취는 감춰진 부분도 있고 드러난 부분도 있으며 道는 굽힘과 펴짐이 있으니, 인검을 잘 보관할 것인지 때에 맞게 쓸 것인지는 오직 하늘의 명을 따라야 할 것이라고 유언호는 그의 〈삼인검찬〉에서 이야기하고 있다.

인검으로 귀신을 퇴치하고 나서 지은 〈삼인검찬〉은 소인배와 요물을 베는 인검의 성격을 제시하면서, 인검과 인검의 소유자를 동일시하는 면모를 보여주고 있다. 하늘의 명에 따라 쓰이는 칼인 인검은, 역시 하늘의 명을 받아 인검을 잡고서 惡을 베는 선비 그 자체가 되는 것이다. 인검에 대한 이러한 기술은 신흠의 〈사인도가〉와 마찬가지로 곧 인검이 벽사적인 神劍의 성격을 가짐과 동시에, 뒤에 설명할 義劍적인 성격도 아울러 지니고 있음을 의미하고 있다.

2) 餘他 辟邪劍의 實體

이 절에서는 앞에서 소개한 神劍의 典型인 寅劍과는 제작법이나 기능이 다르지만 벽사의 의식을 공유하는 神劍에 대해 살펴보도록 한다. 林昌澤(1682～1723)의 〈龍虎劍銘 幷序〉에는 龍虎劍이라는 다소 생소한 검이 등장한다. 임창택은 折衝將軍 林英儁(1654～1718)의 아들로, 경인년(1710, 숙종 36) 정월의 寅日보다 이틀이 지난 辰日에 용호검을 제작하였다.

> 아무 해 경인월 정인일에 사람들은 검을 만들어 삼인이라 칭하며 보배로 삼았다. 대개 호랑이가 백수의 우두머리라는 것에 호응하여 그 위세로서 도깨비들을 물리치고자 한 것이다. 나도 그것을 본받아 만들고자 하였으나, 남들과 경쟁하는 것이 싫어서 문득 스스로 생각해보았다.
>
> "호랑이는 본디 웅대한 위엄이 있어 벽사할 수 있을 듯하나, 어찌 신물이 신령스럽게 변함과 같겠는가? 옛날의 보검을 살펴보면 용으로 명명한 것이 많아서, 용연과 용천, 창정, 용연진과 같은 것들이 있다. 변화하는 것들에는 호랑이는 끼지 못했다. 또 무릇 칼자루 위에는 반드시 애자를 새겼다. 그러나 고양씨의 검갑 중에서는 늘 용호의 울부짖음이 들렸다 하고, 왕교[371]의 무덤 속에 용이 울고 호랑이가 부르짖었다 하니, 세상의 보검이란 반드시 용호의 정기를 품부받는 것이 아니겠는가?"
>
> 내가 이에 이틀이 지나서 검을 만들고, 용호로 이름을 지었다. 명을 짓는다.
>
> '용의 정기가 엉기고, 호랑이의 기운이 솟구치네.
>
> 곧지 않음을 막아내고, 옳지 않음을 검속하라.

---

371 왕교는 王子喬로, 周 靈王의 태자 晉이다. 태자 시절에 왕에게 직간하다가 폐해져 서인이 되었다. 젓대를 잘 불어 봉황새 소리를 냈으며 道士 浮丘公을 만나 흰 학을 타고 산꼭대기에서 살았다 한다. 『列仙傳』〈王子喬〉

모름지기 바람이 싸늘해지고 구름이 오르는 것을 보리라.'[372]

용호검은 일반적인 寅劍의 제작방식에 따라 寅年·寅月·寅日·寅時에 제작한 검이 아니라, 임창택이 임의대로 제작일자를 변경하여 만든 검이다. 이는 임창택 자신이 성급하게 시간을 다투어 남들처럼 경쟁하듯이 인검을 시간에 맞추어 제작하는 것을 달가워하지 않았고, 또한 寅年 寅月은 지키되 龍의 날인 辰日에 검을 제작하여 용과 호랑이의 精氣를 검 속에 응축시키고자 해서였다. 이렇게 제작된 용호검은 전통적인 神劍의 제작방식을 따르지 않았기에 비록 寅劍처럼 주술적 효능을 발휘할 수는 없지만, 임창택이 典故에 입각한 스스로의 관념에 따라 제작하고 銘을 지은 劍이라는 점과, 18세기 초반 사대부의 도검 수집 취향 수준이 자신의 도검에 관한 사상에 입각하여 직접 도검을 주문제작하는 일에 관여할 정도로 깊었음을 보여준다는 점에서 이 자료는 흥미를 유발한다. 또 龍生九子說에 입각해서 도검의 코등이에 인명살상과 피를 즐기는 괴수인 睚眥를 새겼다는 점을 이 글에서 명시한 것도, 조선후기 도검 장식의 문양이 도검의 속성이 나타내는 의미를 함축하고 있었음을 알려주는 증거이다.

『谿谷集』卷34의 雜體 44首 중 〈古意星名體〉는, 雜體 중에서 金, 女, 蒼龍, 翼, 尾, 水, 土, 斗, 張, 明, 欃槍, 天狼, 角, 鬼, 畢, 虛,

---

372『崧岳集』卷2〈龍虎劍銘 幷序〉: 年庚寅月正寅日, 人鑄劍, 謂之三寅以寶之. 盖以應虎爲獸雄, 有威能僻鬼魅也. 予亦欲效爲之, 厭其奔競, 輒自思曰: "虎固雄威, 似能僻邪, 而豈若神物之靈變也哉. 若稽古寶劍, 以龍命名者多, 有龍淵, 龍泉, 蒼精, 龍延津, 變化者類, 而虎不與焉. 又凡刀柄上, 必以睚眦刻. 然高陽氏匣中, 常如龍虎吟者, 王喬墓中, 作龍鳴虎吼, 豈世之寶鍔, 必禀得龍虎精氣耶. 予乃越二日鑄劍, 以龍虎名之. 銘曰: '龍精凝, 虎氣騰. 不直防, 檢非常. 會見風冽而雲興.'

傅說, 箕 등 18개나 되는 별 이름을 각 句마다 삽입하여 지은 星名體 작품이다. 前代 故事를 소재로 해서 시인 자신의 뜻을 은연중 표현한 詩題를 지칭하는 古意라는 제목이 의미하듯이, 谿谷 張維(1587~1638)가 昆吾刀라는 寶劍에 의탁해서 자신의 심회를 편 글이다.

昆吾錬五金　다섯 가지 금속으로 昆吾刀 제련할 때
玄女授秘方　현녀가 그 비방 전수해 주었나니
鑄成蒼龍精　녹여서 창룡의 정기 이루었고
冰雪翼鋒鋩　빙설처럼 칼날 만들었네
淡淡白鷳尾　깨끗하도다 흰 꿩의 꼬리 같고
瑩瑩秋水光　빛나도다 가을날 물빛일세
千年隱土中　천 년 세월 땅 속에 묻혀서
氣衝南斗傍　南斗星 언저리에 紫氣를 내뿜다가
忽遇張茂先　홀연히 장무선의 知遇를 얻어
拂拭薦明堂　흙먼지 털어내고 明堂에 올려졌네
一揮隕欃槍　한 번 휘두름에 참창이 떨어지고
再試斃天狼　두 번째 시험함에 천랑이 쓰러지니
毒蛟落牙角　蛟龍의 毒牙와 뿔 무슨 소용 있으리요
鬼母號大荒　鬼母가 황야에서 목메어 우는도다
一朝功用畢　하루아침에 공업의 쓰임이 다하여
飛入虛無藏　허무에 뛰어들어 모습을 감췄네
眞同殷傅說　은나라 부열과 진실로 같으니
騎箕上杳茫　까마득한 하늘 위 箕尾星에 올라탔구나[373]

373 『谿谷集』 卷34 《雜體 44首》 〈古意星名體〉.

昆吾山의 鑛物로 만든 보검인 昆吾刀는 玉을 자르는 성능 때문에 昆吾割玉刀라고도 불리는데,[374] 이러한 곤오도는 黃帝에게 兵法을 가르쳐 주어 蚩尤를 제압하게 했던 천상의 선녀인 玄女에게서 그 비방을 받은 것이다. 蒼龍은 28宿 가운데 동방의 7수를 총칭하는 말로, '녹여서 창룡의 정기 이루었고'는 곤오산의 광물을 녹이는 과정에서 그 쇳물에 동방의 별들의 정기가 모였다는 것을 의미하는데, 그러한 쇳물로 빙설처럼 하얗게 빛나는 劍身을 만든 것이 바로 곤오도이다. 흰 꿩의 꼬리깃털과 가을의 강물빛처럼 깨끗하게 빛나는 곤오도는, 천 년 동안 땅에 묻혀서 龍泉劍과 太阿劍처럼 紫氣를 斗星과 牛星 사이에 내쏘다가 용천·태아검을 발굴하도록 지시한 張華같은 인물에 의해 출토되어 天子가 政敎를 행하는 太廳인 明堂에 모셔진다. 그러한 곤오도는 한 번 휘두르면 凶星인 彗星 欃槍을 하늘에서 떨어뜨리고, 한 번 더 휘두르면 침략의 상징 天狼星을 쓰러지게 하니, 蛟龍의 독니나 뿔도 두 마리의 교룡을 손쉽게 베어죽인 楚나라 劍士 佽飛의 劍과도 같은 곤오도 앞에서는 무용지물에 불과하여, 곤오도로 교룡을 刺殺하여 교룡의 어미인 鬼母가 황야에서 울부짖게끔 만든다. 곤오도는 이후 사용 기한이 다 되어, 용천과 태아처럼 강물에 뛰어들어 사라져버린다. 이는 殷나라 高宗의 재상이었던 傅說이 죽은 뒤에 箕尾星에 올라타게 된 고사와 다를 것이 없다.

---

374 『博物志』 卷2 「異産」: 『周書』에 말하기를: '서융에서 화완포를 헌상하였고, 곤오씨는 절옥도를 헌납하였다. 화완포란 더러워져 이를 불에 쬐면 깨끗해지는 옷감이며, 절옥도란 그것으로 옥을 베면 마치 밀납을 베듯 쉽게 자를 수 있는 칼이다. 그 화완포는 한나라 때까지도 계속 헌납하였다고 하나, 절옥도는 그 뒤 더 이상 듣지 못하였다.[『周書』曰: '西戎獻火浣布, 昆吾氏獻切玉刀' 火浣布汚則燒之則潔, 刀切玉如臘. 布, 漢世有獻者, 刀則未聞.]

〈古意星名體〉 속의 昆吾刀는 寅劍처럼 전형적인 神劍으로서의 실체가 존재하는 劍은 아니며, 장유가 단지 자신의 신검에 대한 心思를 문학적으로 형상화해서 이 보검에 의탁하였기에, 〈古意星名體〉는 앞서 설명한 인검에 관한 여러 작품들과 이러한 면에 있어서 다소 궤를 달리한다.

도검이 벽사의 기능을 하는 사연은 野談에서도 보인다. 그런데 이는 도검 자체가 원래 벽사적인 성격을 지닌 보검인 神劍이었기 때문에 벽사가 가능하다는 이야기가 아니라, 武人의 義勇으로 인해 그가 휘두른 도검이 神劍化하여 단숨에 귀신을 쳐 죽인 일화이기 때문에, 평범한 도검도 사용하는 사람에 따라서 때로는 신검도 될 수 있다는 면모를 우리에게 보여준다.

『天倪錄』 第54話의 〈關北倅劍擊臭眚〉은 냄새나는 괴물을 一刀兩斷으로 물리친 사또에 대한 이야기이다. 옛날 함경도 북쪽 변방의 한 고을에 냄새나는 괴물이 있었는데, 사또가 부임할 때마다 전부 10일 만에 전부 죽곤 하였다. 어떤 무인 하나가 이 고을에 부임하자, 관속들도 다 도망가 버려 홀로 동헌에서 장검 한 자루를 옆에 놓아두고 항아리의 술을 퍼마시며 악귀를 기다렸다. 10일째 되는 날 사또는 한층 술에 푹 취한 채로 앉아있었는데, 밤이 되어 안개같이 생긴 악귀가 동헌 대문 밖에 나타난 것을 보자마자, 돌격하여 검으로 단숨에 악귀를 베어버린다.

> 밤이 되자 무언가가 다가와 동헌의 대문 안으로 들어왔다. 안개 기운이 뭉쳐서 형체를 이루고 있었는데, 크기는 네댓 아름쯤 되고 길이는 몇 장쯤이었다. 그 몸체와 얼굴과 머리, 손발의 형체는 보이지 않았고 다만

> 위를 보니 양쪽에 두 개의 눈이 밝게 빛나고 있을 뿐이었다. 사또가 그것을 보고 떨쳐 일어나 뜰로 내려와서 크게 고함지르며 달려들어 힘껏 칼로 내리치자, 소리가 우레 치듯 울려 퍼졌다. 그러자 안개 기운이 즉시 흩어져 한 점도 남김없이 사라졌고, 그에 따라 기분 나쁜 냄새도 금방 사라졌다. 사또는 칼을 땅에 던지고 취하여 쓰러져서는 다시 일어나지 못했다. (…) 냄새나는 괴물로 인한 우환은 이로부터 다시는 없었다.[375]

이 이야기는 우리에게 두 가지 점을 시사하고 있다. 하나는 조선시대 사람들이 劍이 비록 神劍이 아닐지라도 사용하는 이의 義勇이 칼날에 담기면 그 검이 神劍化하여 귀신까지도 베어버리는 것이 가능하다는 관념을 지녔다는 점, 그리고 다른 하나는 武人도 단지 무예를 익힌 '인간'에 불과하다는 점이다. 위의 이야기에 나오는 무인은 귀신에게 죽을지도 모른다는 위험부담을 안은 상태에서 마을에 부임한다. 부하들이 다 도망가서 아무도 없는 동헌에서, 무인은 홀로 칼을 벗삼아 술을 퍼마시며 죽음에 대한 공포감을 억누르려고 애쓴다. 상대는 인간이나 짐승이 아닌 악귀, 즉 초자연적인 존재이다. 수많은 사또를 황천으로 보낸 악귀는 분명 무인 자신도 해칠 것이 분명하다. 무인은 술에 의지하며 동헌에서 버틴다. 하지만 그가 마시는 술은 현실을 회피하기 위한 수단이 아니라 현실의 위기를 견디는 데 일조하는 자극제가 된다. 곁에 칼을 항상 두고 악귀가 나타나기만 하면 베어버리겠다는 무인의 강한 義勇. 이것이 있었기 때문에 무인은 아무리 술에

375 『天倪錄』 第54話 〈關北倅劍擊臭眚〉: 至夜, 有一物來, 入於東軒大門之內, 霧氣凝聚而成形, 其大幾四五把, 其長殆數丈, 未見有軀體頭面手足之狀, 只見其上, 邊有兩眼, 炯炯甚明. 倅乃奮起下庭, 突前大吼, 以劍盡力擊之, 其聲轟如霆打, 霧氣卽時消散, 無一點餘氛, 臭亦隨而快收. 倅乃擲劍于地, 醉倒而不起. (…) 臭眚之患, 自是永絶焉. (정환국 역, 『天倪錄』, 성균관대학교, 2006. 번역 참조)

취했더라도 방심하지 않고 귀신의 습격에 대비할 수 있었던 것이다. 의용으로 정신을 무장한 무인은 귀신이 나타나자마자 바로 달려가서 단칼에 악귀를 퇴치한다. 평범한 刀身도 神劒化시켜서 그 검으로 귀신까지도 베어내는 의용의 강력함은, 바로 조선후기 선비들이 추구했던 진정한 神劒의 의미를 우리에게 되새기게 해준다. 조선의 벽사검인 神劒은 단지 寅劒과 같은 특정한 도검 기물인 보검으로서만 존재한 것이 아니라, 그 사용자의 정신에 의해 일반 도검에서 神劒으로 변화될 수도 있었던 것이다.

제Ⅳ장

結論

도검과 검술의 意象은 조선후기의 도검문학 속에서 다양하게 형상화되어 있다. 백병전용 무기 중에서 가장 기본이 되는 개인용 냉병기(Cold Steel)인 도검은 고래로부터 무력의 상징이었고, 이에 대한 문학적 형상화는 동서고금을 막론하고 자주 발견된다. 이 책에서는 17~18세기 동안 창작된 도검을 소재로 한 문학작품들을 문체를 막론하고 '刀劍文學'이라는 하나의 용어로 규정하여, 그 실체를 규명해보고자 하였다.

고상한 담론이 지니는 아정한 향취가 한문학의 주류를 이루던 이전 시기에 비해, 17~18세기 사이에는 도검에 대한 문학적 형상화가 한문학 작품 속에서 본격적으로 다채롭게 나타나게 된다. 17세기에 이러한 경향이 생겨나게 된 가장 근본적인 이유는, 병란의 참화가 사대부의 武에 대한 관심을 증가시키는 촉매제 역할을 했기 때문이다. 1592년부터 벌어진 壬辰倭亂과 1598년에야 끝난 丁酉再亂, 丁卯胡亂(1627)과 丙子胡亂(1636~1637)을 거치게 되면서 조선 사대부의 관념 속에는 '武'에 대한 인식이 자연스럽게 자리 잡았으며, 이 때문에 그들의 문학작품 속에서 전란 체험에 대한 반영 양상의 한 형태로 劍이라는 소재에 대한 언급이 자주 드러나게 된다. 사대부의 웅혼한 기상과 서슬퍼런 기개, 그리고 절절한 충렬이 바로 검을 통해 문학 속에 투영된 것이다. 18세기에 들어서자, 조선의 사회적 발전으로 인해 문화가 전반적으로 홍성하면서 '武'의 문화도 아울러 번성하게 되었다. 국가의 주도하에 『武藝新譜』와 『武藝圖譜通志』 등 여러 병장기와 劍의 사용법을 수록한 武書들이 편찬되었으며, 서울에 근거지를 둔 권문세가인 京華世族을 위시한 사대부들의 고급 취향인 書畵·古董 수집 경향이 대두되면서 그 일환으로 도검 수집 및 감식이 하나의 문화로 등장하게 된다. 이와 같이 당시대에 있어서 전반적인 추세였던 武風의 문화적 홍기에 발맞추어 당시대의 문학작품에서도 '武'를 상징하는 劍이라는 특징적인 기물이 사대부들에게 각광을 받게 된 것이다.

조선의 도검은 조선조 사대부의 관념 속에 깃들어있던 문무겸전의 정신을 상징하는 귀중한 한국의 문화유산이다. 사대부에게 있어서 도검은 護國劍, 神劍, 義劍, 修養劍, 雌雄劍 등의 성격을 아울러 포함하는 상징적인 器物로 인식되었으며, 이는 사대부가 남긴 한문학 작품 안에서 문학적으로 형상화되어 나타난다. 한문학 속에서 도검은 국방용 기물인 護國劍과 벽사의 기물인 神劍, 亂臣賊子를 斬하는 儀物인 義劍, 심성을 가다듬는 수신물인 修養劍, 부부애를 의미하는 信物인 雌雄劍 등의 意象으로 드러나면서 독특한 상징성을 지니게 된다.

이러한 상징성을 포함하는 17~18세기 도검문학 작품의 문체별 창작 양상은 漢詩와 銘, 野談과 傳, 그리고 賦와 策問이라는 형태로 나타나는데, 이 책에서는 이에 대해 개괄적으로 분류를 하고 그 문학적 형상화의 유형을 분석하였다. 사대부의 상무의식과 선비정신, 골동 취미와 벽사의식에서 비롯된 도검문학 작품들은, 앞서 말했듯이 호국검, 신검, 의검, 수양검의 양태를 지니는 경우가 가장 많았고, 불우함과 신의, 부부의 애정을 상징하는 작품들도 다수 발견된다.

종합의 의미에서 이 책의 내용에서 언급한 도검문학 자료와 그 작가들을 살펴보도록 하자. 제2장의 '도검문학의 성행배경과 창작양상' 중 1절 '도검의 사용과 유통'에서는 국내 도검제작 문화의 발달을 다루면서 원중거와 왜인의 조선도와 일본도에 대한 담론을 소개하였고,

도검 생산지의 대두와 전문 도검장의 출현을 논하면서 이옥의 〈신아전〉과 황윤석의 〈청도군산보검〉을 예로 들었다. 그리고 조선시대 도검제작법인 이규경의 〈주검변증설〉과 작자 미상의 〈조검식〉을 소개하여 조선 도검제작의 특징을 기술하였다. 국외 도검의 수입과 유통에 대해서는 일본도를 중심으로 소개하였는데, 『기문총화』에 실린 이명의 일본도에 관한 일화를 예시하였다.

2절 '도검의 애호와 소장'에서는 양난 이후의 상무정신과 도검에 관해 논하면서, 오달제와 정온, 김창흡의 시에 드러난 여진족과 청나라에 대한 적개심의 문학적 발로를 확인하였으며, 도검을 문무겸전의 표징으로 여기고 직접 도검제작에 관여하여 패용하기까지 한 이헌경의 〈이검설〉을 소개하였다. 사대부의 도검 애호와 수집 경향에 관해서는 이언진의 시와 중국의 서화고동관련서적인 『고반여사』의 고검에 관한 대목을 제시하였으며, 유중림의 『증보산림경제』에 나타난 도검관련 항목과 조희룡의 『호산외기』에 실린 김억 이야기, 박지원의 〈발승암기〉에 나오는 김홍연의 일화를 언급하였다. 또 이규경의 「동국보검변증설」에 기술된 조선 보검의 형상을 살펴보았다.

3절 '도검제재작품의 문체별 개관'에서는 漢詩와 銘, 野談과 傳, 賦와 策問에 담긴 도검제재작품을 개괄적으로 논하였다. '漢詩와 銘'에서는 도검시와 유협시, 변새시, 검무시에 대해 이야기하면서 이달과 차천로, 신흠, 장유, 이안눌, 정두경, 박세당의 작품에 나타난 도검문학적 경향에 대해서 아울러 설명하였다. 명에 있어서는 현존 유물에 나타난 검명을 제시하였고, 그 중에서 문학적 의상을 지닌 검명에 대해 살펴보았다. '野談과 傳'에서는 『어우야담』의 곽태허 일화와 『청구야담』의 〈투검이비장참승〉을 소개하면서 劍을 사용하는 惡僧에 대해 말하였고, 무장과 무인의 검과 관련하여 박엽·이여송·임경업·제말·이수기·이완의 일화를 다루었다. 그리고 암살자를 만난 조운규의 일화와 『청구야담』의 왜승 이야기인 〈맹감사동악문기사〉, 임매의 『잡기고담』 중 일본검술을 배운 종실에 관한 일화에 대해서도 기술하였다. 傳에 있어서는, 〈검객기문〉·〈검승전〉·〈오대검협전〉·〈이장군전〉·〈김응하전〉·〈백거추전〉·〈장생전〉·〈김광택전〉·〈김하서전〉 등의 작품에 대해 논하였다. 그리고 〈김검객〉과 〈서마기사사〉에 대해서도 추가로 설명하였다. '賦와 策問'에서는 정두경의 〈검부〉와 유득공의 〈검무부〉를 소개하였고, 〈검책문〉의 책문과 대책에 나타난 북벌의지를 집중적으로 살펴보았다.

제3장 '도검의 문학적 형상화'의 1절 '상무의식과 도검의 형상'에서는 '전쟁영웅의 호국검'을 다루면서 이순신, 최희량, 임경업, 남연년의 도검문학작품에 대해 논하였다. 이순신에 대해서는 그의 〈한산도야음〉과 검명을 소개하면서 최석항의 〈충무공검명발〉과 유신환의 〈이충무공쌍검명〉, 박종경의 〈원융검기〉, 〈한산도야음〉 차운시 중 이희룡과 유혁연, 임홍량의 시를 함께 설명하였다. 최희량에 대해서는 그의 시를 중심으로 논하였고, 임경업에 대해서는 성해응의 〈임장군검명〉과 임장군의 용천검·추련검 검명, 그리고 이용휴의 〈독임장군유사지감〉을 제시하였다. 남연년에 대해서는 『남충장공시고』에 속한 행장과 시에 관하여 기술하였다.

'유협시와 변새시의 도검'에서는 김만중의 〈관황창무〉, 이인기의 〈차입연대풍운〉, 김종남의 〈증월사부경주사〉와 성여학의 시를 통하여 유협시에 나타난 검의 의상에 대해 살펴보았으며, 김세렴의 〈수시화청구〉를 이야기하며 유협적 기풍이 가득한 변새시에 대해 논하였고, 유명립의 시와 유혁연의 신류에 대한 만사, 홍양호의 〈괘검〉과 〈임명대첩가〉 등의 변새시에 나타난 도검의상을 설명하였다.

'검무시의 시적 형상'에서는 심광세의 〈황창랑〉과 조문명의 〈낙산사이화정 월야관검무〉, 이천보의 〈야관검무〉, 이의현의 〈관검무유감차두보무검기행운〉에 나타난 검무시의 도검의상을 검토하였다.

'복수와 징벌의 상징'에서는 이덕재 일화와 조식의 보검 일화, 이우방의 복수 일화, 임자강의 의협 일화, 충무공 이순신의 일화와 함께 오시봉의 복수담과 〈은애전〉, 『삽교만록』의 〈검녀〉와 『잡기고담』의 〈여협〉의 내용도 총괄적으로 소개하였다.

2절 '고동 취미와 고검·일본도'에서는 '고검 취미와 그 형상'에 대해 논하면서 성해응의 검명 10편을 제시하였고, 김육의 〈보검지〉와 이만운의 〈가장소도기〉, 이인상의 〈야은검〉, 이옥의 〈조장군검〉, 신정의 〈고검인〉에 관해 설명하였다. '일본도의 완상 현상'에서는 서직수의 일본도 입수 일화와 이익의 〈일본도가〉·〈갱차일본도가〉, 조귀명의 〈남씨단검명〉과 〈남중하전〉, 이종휘의 〈몽검명병서〉, 이덕무와 남공철, 김려와 김정희의 일본도 시문에 대해 논하였다.

3절 '선비정신과 의검의 형상'에서는 '사대부의 의검'에 대해 소개하면서 장유의 〈삼인검부〉와 정두경의 〈삼인검가〉, 유몽인의 〈남록도중〉을 살펴보았다. '군자의 수양검과 검명'에서는 유한준의 〈삼인도명〉과 조귀명의 〈사인도부〉를 분석하면서 아울러 『한국문집총간』에 수록된 검명을 일람하였고, 검명의 전범이 되는 조식의 검명을 살펴보았다. '불우함과 신의의 상징'에서는 차천로와 채진형, 최성대의 시에 나타난 불우한 劒의 의상을 소개하였고, 여항시인인 홍세태와 이득원, 최승태, 석만재의 작품도 함께 살펴보았다. 신의의 상징인 검에 대해서는 조임도의 시와 박장원의 〈해검현묘론〉을 분석하였다. 그리고 부부간의 정을 상징하는 자웅검에 대해 소개하면서 박세당의 시를 제시하였다.

4절 '벽사의식과 신검의 실상' 중 '벽사검의 전형'에서는 신검의 의미를 규정하고 송문흠의 〈삼인칠성검〉과 조지겸의 〈감회〉, 신흠의 〈사인도가〉, 유언호의 〈삼인검찬〉을 분석하였으며, '여타 벽사검의 실체'에서는 임창택의 〈용호검명〉과 장유의 〈고의성명체〉, 『천예록』의 〈관북쉬검격취생〉에 대하여 소개하였다.

이상의 작품에서 우리는 도검문학의 실체와 조선도검의 의상을 확인할 수 있었다. 조선시대 한문학 속에서 여러 가지 의상으로 형상화된 도검의 문학적 상징성은 조선조 사대부들이 평소 도검에 대해서 생각했던 관념이었다. 이러한 관념은 사대부들이 인검, 칠성검이나 雲劒, 환도 등 실제 조선시대 도검에 대해 지녔던 정신적 인식 태도로도 유추 해석될 수 있다.

조선후기 도검의 문학적 실체를 연구하는 데 있어서 도검 유물에 대해 사대부들이 남긴 한문학 작품과 그들이 소장했던 현존유물이 동시에 존재한다는 점은 특기할 만한 사항이다. 조선조의 사대부들은 기본적으로 군자가 되기 위한 정신적 수양을 상징하는 수양검으로서 도검을 인식하였고, 이러한 도검은 사대부의 義를 구현하게 하는 의검과 요물을 쫓아내는 신검, 더 나아가서는 국가를 지키는 호국검으로 그 가치를 인정받았던 것이다. 이와 같은 도검을 소재로 한 작품의 문학적 성격에 대한 규명은 곧 선조들이 향유했던 조선 도검문화의 특징을 통찰하는 데 있어서 가장 근원적인 단초가 된다.

이 책에서는 도검문학에 대해 연구하면서 일부 도검유물에 대해서도 언급하기는 했으나, 박물관 소장품을 제외하고 국내에 현존하고 있는 조선의 도검유물의 실체에 대한 조사에는 그 한계가 있었기에 2019년 현 시점에서 입수할 수 있는 자료들을 바탕으로 하여 이 책을 완성하였다. 앞으로 조선 도검문학의 실체를 더욱 명확히 규찰하기 위해서는 도검 문헌에 대한 심층적인 자료조사는 물론이고, 현재까지 공개되지 않았던 개인 소장 도검유물에 대한 조사 및 분석도 병행되어야 한다. 그리고 도검이 그려진 조선시대의 회화에 관한 총체적인 연구도 함께 이루어질 때 조선조 도검문학이 지닌 진정한 실상을 좀 더 자세하게 파악할 수 있을 것이다.

이 책에서 처음으로 17~18세기의 도검문학에 대한 총체적인 분석을 시도하기는 했지만, 이는 조선시대 도검문학 연구의 시초가 될 뿐이다. 여기에서 다루지 못한 조선전기와 중기, 그리고 19세기와 애국계몽기의 도검문학 자료들은 앞으로의 연구과제로 남겨두고자 한다.

조선전기의 도검문학은 태조 이성계를 위시한 여러 무장들의 武勇을 담고 있다. 이러한 무용은 무력의 상징인 도검이라는 소재로 인해 문학 속에서 더욱 빛을 발휘하였으며, 이를 통해 이루어진 도검의 문학적 형상화는 도검문학의 실체를 형성하는 데 있어서 밑거름이 되었다. 조선중기의 도검문학은 임진왜란이라는 전대미문의 전란체험 속에서 그 형상이 더욱 구체화된다. 호국검의 의상이 강렬하게 표출된 도검문학작품들은 왜적의 침입에 맞서 목숨 걸고 항전했던 사대부들의 애국심과 적에 대한 분노를 도검이라는 기물에 담았으며, 이는 추후 17~18세기의 도검문학이 흥성하는 데 있어 중요한 요인이 되었다. 19세기의 도검문학은 외세의 위협에 대한 저항정신의 발로였으며, 20세기 초반까지 이어지는 애국계몽기의 도검문학은 특히 일본제

국주의의 침략에 대한 강한 적개심을 도검 의상으로 표현하였다.

이와 같은 조선시대의 도검문학에 대하여 학문적인 접근이 총체적으로 이루어질 때, 우리는 조선조 한문학 속에 나타난 조선도검의 문학적 형상화가 지닌 실체를 제대로 확인할 수 있다. 그리고 이를 통해 조선조 도검문학의 본질적인 위상을 정립할 수 있을 것으로 기대된다. 조선의 도검문학과 도검유물, 도검관련 회화에 대한 종합적인 검토가 학제간 연구에 의하여 수행될 때, 우리는 그동안 학계나 연구자들의 시선에서 빗겨 있었던 조선도검의 진면목을 확인할 수 있을 것이다.

세계 무기사에 있어 조선의 도검에 관한 자료는 소개된 바가 드물다. 동아시아 무기사에서 중국과 일본의 도검이 세계인의 주목을 받고 있는 것과 달리, 조선의 도검은 아무런 관심도 받지 못한 실정이다.[376] 그나마 다행스러운 것은, 2006년 마카오예술박물관에서 개최된 동아시아 5개국 도검전시회인 '鋼鐵文明'을 통해서 국내 5개 박물관에 소장 중이던 한국의 전통도검 32점이 국외에 처음으로 전시되었으며, 관련도록에도 도검사진과 도검설명이 자세히 기록되어 있다는 점이다.[377] 차후 조선의 도검을 해외에 소개하여 그 가치를 인정받기 위해서는 이와 같은 전시회가 자주 기획되어야 함은 물론이고, 여기에 출품되는 조선도검에 대한 문헌자료도 충분히 준비되어야 한다.

376 무기관련도록으로 유명한 영국의 DK(Dorling Kindersley) 출판사에서 출간된 『Swords — a visual history』(Chris McNab, DK, 2010)나 『Weapon』(Richard Holmes, DK, 2006)에는 중국과 일본의 수많은 도검들이 소개되어있으나, 안타깝게도 조선의 도검 사진은 단 한 자루도 소개되지 않았을 뿐더러 이에 대한 언급조차 없다. 전 세계의 도검을 일별해놓은 저작인 『Swords and Hilt Weapons』(Michael D.Coe, Weidenfeld & Nicolson, 1989)에서도 조선도검의 존재는 전혀 다루어지지 않았다.

377 본 연구자는 2006년 '강철문명' 전시회 당시 戰爭紀念館 學藝部에 소속되어 도검의 상태점검 및 유물설명, 해외운송 및 전시 작업에 직접 참여하였다.

조선의 도검문학은 바로 조선도검의 가치를 입증해주는 문헌자료의 寶庫이며, 이러한 점은 이 책을 통해서 증명되었다.

이제까지 국내에서는 조선도검관련 문헌자료에 대한 연구가 미진하였기 때문에, 조선 도검유물의 의미에 대한 고찰과 그 가치 평가가 수행되는 데 일정한 한계가 있었다. 이 책은 이러한 한계를 뛰어넘어 도검문학 연구의 새로운 발판을 마련하고자 하며, 나아가 조선의 도검문학 연구가 전방위에서 이루어지기를 기대하는 바이다.

參考文獻

1. 原典

姜再恒,『立齋遺稿』,『韓國文集叢刊』卷210.
姜瑋,『古歡堂收艸』,『韓國文集叢刊』卷318.
金榦,『厚齋集』,『韓國文集叢刊』卷156.
金鑢,『藫庭遺藁』,『韓國文集叢刊』卷289.
金萬重,『西浦集』,『韓國文集叢刊』卷148.
金宇顒,『東岡集』,『韓國文集叢刊』卷50.
金熤,『竹下集』,『韓國文集叢刊』卷240.
金麟厚,『河西集』,『韓國文集叢刊』卷33.
金正喜,『阮堂集』,『韓國文集叢刊』卷301.
金載瓚,『海石遺稿』,『韓國文集叢刊』卷259.
金宗瑞·鄭麟趾 外,『高麗史』, 亞細亞文化社.
金昌業,『老稼齋集』,『韓國文集叢刊』卷175.
金昌翕,『三淵集』,『韓國文集叢刊』卷165.
金平默,『重菴集』,『韓國文集叢刊』卷319.
南公轍,『金陵集』,『韓國文集叢刊』卷272.
南九萬,『藥泉集』,『韓國文集叢刊』卷132 · 132.
南延年,『南忠壯公詩稿』, 서울大學校 奎章閣.
閔維重,『文貞公遺稿』,『韓國文集叢刊』卷137.
朴珪壽,『瓛齋集』,『韓國文集叢刊』卷312.
朴世堂,『西溪集』,『韓國文集叢刊』卷134.
朴世采,『南溪集』,『韓國文集叢刊』卷140.

朴永元,『梧墅集』,『韓國文集叢刊』 卷302.
朴長遠,『久堂先生集』,『韓國文集叢刊』 卷121.
朴齊家,『貞蕤閣集』,『韓國文集叢刊』 卷261.
朴宗慶,『敦巖集』, 서울大學校 奎章閣.
成大中,『青城集』,『韓國文集叢刊』 卷248.
成海應,『硏經齋全集』,『韓國文集叢刊』 卷273.
宋文欽,『閒靜堂集』,『韓國文集叢刊』 卷225.
宋秉璿,『淵齋集』,『韓國文集叢刊』 卷329.
申光洙,『石北集』,『韓國文集叢刊』 卷231.
申晸,『汾厓遺稿』,『韓國文集叢刊』 卷129.
申欽,『象村稿』,『韓國文集叢刊』 卷71.
沈煥之 外,『梁大司馬實記』, 國立中央圖書館.
安錫儆,『雪橋集』,『韓國文集叢刊』 卷233.
魚有鳳,『杞園集』,『韓國文集叢刊』 卷183.
吳光運,『藥山漫稿』,『韓國文集叢刊』 卷210.
柳得恭,『泠齋集』,『韓國文集叢刊』 卷260.
兪莘煥,『鳳棲集』,『韓國文集叢刊』 卷312.
兪彦鎬,『燕石』,『韓國文集叢刊』 卷247.
柳重臨,『增補山林經濟』, 農村振興廳, 2004.
兪漢雋,『自著』,『韓國文集叢刊』 卷249.
尹鑴,『白湖全書』,『韓國文集叢刊』 卷123.
李圭景,『五洲衍文長箋散稿』, 東國文化社.
李肯翊,『燃藜室記述』, 景文社.
李德懋,『青莊館全書』,『韓國文集叢刊』 卷257.
李德懋 外,『武藝圖譜通志』, 弘文閣.
李舜臣,『李忠武公全書』,『韓國文集叢刊』 卷55.
李安訥,『東岳集』,『韓國文集叢刊』 卷78.
李令翊,『信齋集』,『韓國文集叢刊』 卷252.
李裕元,『嘉梧藁略』,『韓國文集叢刊』 卷315.

李宜顯,『陶谷集』,『韓國文集叢刊』 卷180.
李瀷,『星湖僿說』, 慶熙出版社.
李種徽,『修山集』,『韓國文集叢刊』 卷247.
李天輔,『晉菴集』,『韓國文集叢刊』 卷218.
李恒福,『白沙集』,『韓國文集叢刊』 卷62.
李獻慶,『艮翁集』,『韓國文集叢刊』 卷234.
林淳憲,『林忠愍公實記』, 京文社.
林昌澤,『崧岳集』,『韓國文集叢刊』 卷202.
任憲晦,『鼓山集』,『韓國文集叢刊』 卷314.
林希茂,『濫溪集』, 成均館大學校 尊經閣.
張維,『谿谷集』,『韓國文集叢刊』 卷92.
莊憲世子,『凌虛關漫稿』,『韓國文集叢刊』 卷251.
張華,『博物志』, 商務印書館.
全湜,『沙西集』,『韓國文集叢刊』 卷67.
田愚,『艮齋集』,『韓國文集叢刊』 卷333.
鄭斗卿,『東溟集』,『韓國文集叢刊』 卷100.
鄭鳳基,『守齋文集』, 成均館大學校 尊經閣.
丁若鏞,『與猶堂全書』,『韓國文集叢刊』 卷281.
鄭蘊,『桐溪集』,『韓國文集叢刊』 卷75.
鄭元容,『經山集』,『韓國文集叢刊』 卷300.
鄭載崙,『海叢』, 서울大學校 奎章閣.
趙龜命,『東谿集』,『韓國文集叢刊』 卷215.
趙斗淳,『心庵遺稿』,『韓國文集叢刊』 卷307.
趙冕鎬,『玉垂集』, 서울大學校 奎章閣.
趙文命,『鶴巖集』,『韓國文集叢刊』 卷192.
趙秉鉉,『成齋集』,『韓國文集叢刊』 卷301.
趙備,『桂窩集』,『韓國文集叢刊』 卷33.
曺植,『南冥集』,『韓國文集叢刊』 卷31.
趙曄,『吳越春秋』, 景仁文化社.

趙任道,『澗松先生文集』,『韓國文集叢刊』 卷89.
趙持謙,『迂齋集』,『韓國文集叢刊』 卷147.
趙泰億,『謙齋集』,『韓國文集叢刊』 卷189.
趙顯命,『歸鹿集』,『韓國文集叢刊』 卷212.
車天輅,『五山集』,『韓國文集叢刊』 卷61.
蔡濟恭,『樊巖集』,『韓國文集叢刊』 卷235.
崔錫恒,『損窩遺稿』,『韓國文集叢刊』 卷169.
許穆,『記言』,『韓國文集叢刊』 卷98.
洪敬謨,『冠巖遊史』, 서울大學校 奎章閣.
洪萬宗,『小華詩評』, 成均館大學校 尊經閣.
洪良浩,『耳溪集』,『韓國文集叢刊』 卷241.
洪良浩,『海東名將傳』, 成均館大學校 尊經閣.
洪錫謨,『陶厓集』, 韓國精神文化研究院 藏書閣.
洪宇遠,『南坡集』,『韓國文集叢刊』 卷106.
黃胤錫,『頤齋亂藁』, 韓國精神文化研究院.
『燕轅日錄』, 서울大學校 奎章閣.
『必東錄』, 서울大學校 奎章閣.
鄭求福 編,『海東樂府集成』, 麗江出版社, 1988.
『朝鮮王朝實錄』, 國史編纂委員會.
서울大學校 圖書館 編,『國朝人物考』, 서울大學校 出版部, 1992.
韓國精神文化研究室,『呈才舞圖笏記』, 韓國精神文化研究院, 1994.

葛洪,『抱朴子』 內篇, 北京燕山出版社, 1995.
高濂,『遵生八牋』, 巴蜀書社出版, 1992.
郭璞,『山海經』, 中華書局, 1985.
段成式,『酉陽雜俎』, 中華書局, 1985.
邁柱,『湖廣通志』, 商務印書館, 1983.
房玄齡 外,『晉書』, 中華書局, 1974.
班固,『前漢書』, 中華書局, 1998.

范曄,『後漢書』, 中華書局, 1965.
司馬光,『資治通鑑』, 中華書局, 1956.
司馬遷,『史記』, 中華書局, 1959.
謝旻 外,『江西通志』, 商務印書館, 1983.
薛居正,『舊五代史』, 商務印書館, 1983.
劉安,『淮南子』, 臺灣中華書局, 1971.
劉向,『戰國策』, 藝文印書館, 1974.
李吉甫,『元和郡縣志』, 商務印書館, 1983
張華,『博物志』, 商務印書館, 1996.
趙曄,『吳越春秋』, 景仁文化社, 2004.
陳淳,『北溪字義』, 北京圖書館出版社, 1997.
『古文眞寶』, 學民文化社.
『論語』, 學民文化社.
『孟子』, 學民文化社.
『書經』, 學民文化社.
『詩經』, 學民文化社.
『莊子』, 學民文化社.

2. 著書 및 譯書

姜明官,『朝鮮의 뒷골목 풍경』, 푸른역사, 2003.
姜玟求 譯,『松南雜識』5, 소명출판, 2008.
강병도 역,『海東名將傳』, 한국문화사, 1996.
姜鳳求 譯,『中國武俠史』, 동문선, 2000.
姜性文,『韓民族의 軍事的 傳統』, 봉명, 2000.
古典硏究室 譯,『北征日記』, 韓國精神文化硏究院, 1980.
權德周 譯,『考槃餘事』, 을유문화사, 1972.
金甲起·李鐘燦 編,『朝鮮後期 漢詩作家論』1·2, 이회출판사, 1998.

金東旭 譯, 『記聞叢話』 1·2·3·4·5, 아세아문화사, 1999.
______, 『東稗洛誦』, 아세아문화사, 1996.
______, 『鶴山閑言』, 보고사, 2007.
金東旭, 鄭明基 共譯, 『靑邱野談』上·下, 敎文社, 1996.
김동욱·최상은 공역, 『天倪錄』, 明文堂, 1995.
金明昊, 『瓛齋 朴珪壽 研究』, 창작과비평사, 2008.
金相日, 『東岳 李安訥 詩研究』, 보고사, 2000.
金鐘秀, 『西溪 朴世堂의 燕行錄 研究』, 혜안, 2010.
藤塚鄰, 『秋史 金正喜의 또다른 얼굴』, 아카데미하우스, 1993.
民族文學史研究所 漢文分課 譯, 『三溟詩話』, 소명출판, 2006.
____________________________, 『幷世才彦錄』, 창작과비평사, 1997.
박재금, 『和國志(와신상담의 마음으로 일본을 기록하다)』, 소명출판, 2006.
朴熙秉, 『韓國古典人物傳研究』, 한길사, 1992.
______, 『韓國漢文小說校合句解』, 소명출판사, 2005.
박희병·정길수 역, 『千年의 우리 小說』 4, 돌베개, 2010.
宋載卲, 「鶴峯 金誠一의 義理精神과 紀行詩에 나타난 劍의 이미지」
______, 『鶴峯의 學文과 救國生活』, 鶴峯金先生記念事業會, 1993.
申翼澈 外 譯, 『松泉筆譚』 1·2·3, 보고사, 2009.
______, 『於于野談』, 돌베개, 2006.
申章燮 譯, 『韓國 箕東樂府 註解』, 국학자료원, 1997.
申海鎭 譯註, 『城隱先生逸稿』, 역락출판사, 2009.
______, 『倡義錄』, 역락출판사, 2009.
辛鎬烈·金明昊 譯, 『燕巖集』 1, 民族文化推進會, 2005.
實是學舍 古典文學研究會 譯, 完譯『李鈺全集』, 휴머니스트, 2009.
______, 『趙熙龍全集』, 한길아트, 1999.
安大會, 『18世紀 韓國漢詩史 研究』, 소명출판, 2002.
______, 『古典散文散策』, 휴머니스트, 2008.
______, 『朝鮮을 사로잡은 꾼들』, 한겨레출판, 2010.
______, 『朝鮮의 프로페셔널』, 휴머니스트, 2007.

______, 『秋齋紀異』, 한겨레출판, 2010.
______, 『韓國 漢詩의 分析과 視角』, 延世大學校 出版部, 2000.
柳承宙, 『朝鮮時代鑛業史研究』, 高麗大學校 出版部, 1993.
柳和秀 外 譯註, 『溪西野談』, 國學資料院, 2003.
尹在敏, 『朝鮮後期 中人層 漢文學의 研究』, 高麗大學校 民族文化研究院, 1999.
李家源, 『李朝漢文小說選』, 민중서관, 1975.
李康沃, 『韓國野談研究』, 돌베개, 2006.
李敏弘, 『韓國 民族禮樂과 詩歌文學』, 成均館大學校 大東文化研究院, 2001.
李佑成·林熒澤 譯編, 『李朝漢文短篇集』上·中·下, 一潮閣, 1996.
이정선, 『朝鮮後期 朝鮮風 漢詩 研究』, 漢陽大學校 出版部, 2002.
이종찬 외, 『朝鮮時代漢詩作家論』, 이회출판사, 1996.
이형대 외 역, 『孤山遺稿』, 소명출판, 2004.
이형호 외 역, 『逸翁 崔希亮』, 문자향, 2008.
李熙穆, 『李建昌 文學研究』, 成均館大學校 大東文化研究院, 2005.
成武慶 譯註, 『教坊歌謠』, 보고사, 2002.
林基中, 『燕行錄 研究』, 일지사, 2006.
林東錫 譯註, 『博物志』, 고즈윈, 2004.
林濬哲, 『朝鮮中期 漢詩 意象 研究』, 일지사, 2010.
柴貴善·李月英 外 譯註, 『於于野談』, 韓國文化社, 1996.
전송열, 『옛사람들의 눈물－조선의 만시이야기』, 글항아리, 2009.
鄭 珉, 『18세기 조선 지식인의 발견』, 휴머니스트, 2007.
______, 『초월의 상상』, 휴머니스트, 2002.
정종대, 『한국 한시 속의 삶과 의식』, 새문사, 2005.
鄭煥局 譯, 『天倪錄』, 成均館大學校 出版部, 2006.
趙鍾業 譯, 『尤庵宋先生詩集』, 경인문화사, 2004.
陳在敎 編譯, 『알아주지 않는 삶』, 태학사, 2005.
______, 『耳溪 洪良浩 文學研究』, 成均館大學校 出版部, 1999.

최웅 역, 『靑邱野談』 I · II · III, 國學資料院, 1996.
하영휘 역 김채식 교열, 『槿墨』, 成均館大學校 博物館, 2009.

『겨레를 살린 두 자루 칼, 忠武公 長劍』, 忠武公 長劍 制作 7周甲 記念 特別展 圖錄, 顯忠祠管理所, 2014.
『우리나라의 傳統武器』圖錄, 戰爭紀念館, 2004.
『朝鮮時代의 刀劍』圖錄, 陸軍士官學校 陸軍博物館, 2004.
『朝鮮의 刀劍, 忠을 벼루다』 圖錄, 陸軍士官學校 陸軍博物館, 2013.
『칼, 實用과 象徵』圖錄, 高麗大學校 博物館·耕仁美術館, 2008.
『韓國 傳統武器 調査』(刀劍 · 火器類), 國立民俗博物館, 2003.
『2017 江華戰爭博物館 企劃展 '朝鮮의 刀劍'』圖錄, 江華戰爭博物館, 2017.

柴田光男, 『趣味の日本刀』, 雄山閣出版, 2005.
歷史群像編集部 編, 『圖解日本刀事典』, 學習硏究社, 2006.
『朝鮮美術大觀』, 朝鮮古書刊行會, 1910.

『鋼鐵文明－東亞古兵器大展(History of Steel in East Asia－A View on the Development of Weaponry)』 마카오 藝術博物館 刀劍展示會 圖錄, 마카오 藝術博物館, 2006.
皇甫江, 『中國刀劍』, 明天出版社, 2007.

3. 論文

姜蘭熙, 「崔承太의 漢詩 研究」, 成均館大學校 敎育大學院, 碩士學位論文, 1996.
강석중, 「雪蕉 崔承太의 詩世界」, 『韓國漢詩作家研究』 第11卷, 2007.
姜性文, 「朝鮮時代 刀劍의 軍事的 運用」, 『古文化』 第60卷, 韓國大學

博物館協會, 2002.

강순애, 「『朝鮮王朝實錄』을 통해 본 環刀의 意味와 機能」, 『學藝誌』 第11輯, 陸軍士官學校 陸軍博物館, 2004.

강신엽, 「朝鮮時代 雲劍, 別雲劍, 寶劍 硏究」, 『學藝誌』 第11輯, 陸軍士官學校 陸軍博物館, 2004.

______, 「朝鮮時代儀狀用刀劍硏究」, 『칼, 실용과 상징』 圖錄, 高麗大學校 博物館, 2008.

곽낙현, 「奮武功臣 吳命恒 倭劒 圖解 分析」, 『東洋古典硏究』 第53卷, 東洋古典學會, 2013.

곽성훈, 「倭亂期 以後 韓國 刀劍의 發達史 중 刀劍 形態의 變化에 관한 硏究」, 龍仁大學校 碩士學位論文, 2003.

具本衒, 「東岳 李安訥 漢詩 硏究」, 서울大學校 大學院, 博士學位論文, 2007.

______, 「李安訥 邊塞詩 硏究」, 『韓國漢詩硏究』 第12輯, 韓國漢詩學會, 2004.

權五雄, 「東溟詩의 意識과 風格」, 成均館大學校 大學院, 博士學位論文, 1998.

______, 「東溟詩의 意識과 風格」, 成均館大學校 大學院, 博士學位論文, 1998.

金建佑, 「著菴 兪漢雋의 文學論과 그 實踐 樣相」, 成均館大學校 大學院 碩士學位論文, 2000.

김권택 · 이종영, 「朝鮮時代 書畵에 描寫된 刀劍 考察」, 『韓國社會體育學會誌』 第33卷, 韓國社會體育學會, 2008.

金南基, 「『燕轅日錄』에 나타난 妓女의 生活과 哀歡」, 『敦岩語文學』 第20號, 敦岩語文學會, 2007.

金文京, 「17世紀 後半 韓日間의 武器 密輸 事件에 대해서」, 『古典과 解釋』 第8輯, 古典文學漢文學硏究學會, 2010.

김미경, 「七星劍 硏究」, 『學藝誌』 第11輯, 陸軍士官學校 陸軍博物館, 2004.

김성혜 · 김영섭, 「刀劍의 機能性 研究」, 『學藝誌』 第6輯, 陸軍士官學校 陸軍博物館, 1999.

김성혜 · 박선식, 「朝鮮時代 刀劍의 實測과 分析」, 『學藝誌』 第5輯, ,陸軍士官學校 陸軍博物館, 1997

김은정, 「鄭弘溟의 生涯와 詩文學 世界」, 『國文學研究』 第10號, 國文學會, 2003.

南恩暻, 「東溟 鄭斗卿 文學의 研究」, 梨花女子大學校 大學院, 博士學位論文, 1998.

______, 「鄭斗卿 俠客詩의 內容과 意味」, 『韓國漢文學研究』 第15號, 韓國漢文學會, 1992.

______, 「韓,中 古典文學 속의 女性 이미지 比較—『劍俠圖傳』의 女性俠客을 中心으로」, 『韓國古典女性文學研究』 第10號, 韓國古典女性文學會, 2005.

노한나, 「現行 密陽劍舞와 18世紀 劍舞의 關係性 研究」, 成均館大學校 大學院 碩士學位論文, 2006.

박경남, 「林慶業 英雄像의 實體와 그 意味」, 『古典文學研究』 第23輯, 韓國古典文學會, 2003.

朴永鐘, 「『聊齋志異』 중의 俠客 故事 研究」, 『中國語文論叢』 第28號, 中國語文研究會, 2005.

박재광, 「朝鮮時代 刀劍 研究의 現況과 課題」, 『學藝誌』 第11輯, 陸軍士官學校 陸軍博物館, 2004.

박종군, 「韓國刀劍에 關한 研究 : 粧刀를 中心으로」, 東國大學校 碩士學位論文, 1989.

朴浚鎬, 「惠寰 李用休의 詠史詩에 대하여」, 『東方漢文學』 第23輯, 東方漢文學會, 2002.

朴海男, 「象村 申欽 文學의 研究」, 成均館大學校 大學院, 博士學位論文, 2005.

朴熙秉, 「民間의 想像力과 道學者의 小說的 形象化 : 〈金河西傳〉의 境遇」, 『冠岳語文研究』 第20卷, 서울대학교, 1995.

______, 「朝鮮後期 民間의 游俠崇尙과 游俠傳의 成立」, 『韓國漢文學研究』, 韓國漢文學會, 1987.

______, 「朝鮮後期 傳의 小說的 性向研究」, 『大東文化研究叢書 XII』, 成均館大學校 出版部, 1993.

裵珠妍, 「東岳 李安訥 詩文學 研究」, 梨花女子大學校 大學院, 博士學位論文, 2005.

백지선, 「朝鮮時代 刀劍 粧飾具의 科學的 分析」, 『學藝誌』 第24輯, 陸軍士官學校 陸軍博物館, 2017.

______, 「朝鮮時代 刀劒 佩用 廣多繪의 製作技法 分析 및 復原」, 韓國傳統文化大學校 碩士學位論文, 2017.

宋道錫, 「象村 申欽의 詩世界」, 『東岳漢文學論集』 第8輯, 東岳漢文學會, 1996.

申翼澈, 「朝鮮後期 筆記·野談에 나타난 友道의 形象과 意味」, 『東方漢文學』 第69卷, 東方漢文學會, 2016.

______, 「正義를 表象하는 漢文學의 세 가지 樣式 - 劒銘, 諷刺寓言, 游俠敘事」, 全國古典文學者大會 '古典에서 正義를 묻다', 韓國古典文學會, 2018.

申鉉圭, 「任丙兩亂을 素材로 한 漢文敍事詩」, 中央大學校 大學院, 博士學位論文, 1997.

안순태, 「〈劒客薛生傳〉 研究 -〈劒客記聞〉과의 對比를 重心으로-」, 『國文學研究』 第29號, 국문학회, 2014.

안재한, 「朝鮮時代 繪畵에 나타난 刀劒의 모습」, 『學藝誌』 第11輯, 陸軍士官學校 陸軍博物館, 2004.

양승민, 「尹行恁의 『海東外史』 原本과 刪本」, '文獻과 解釋' 發表論文, 2014.

이경화, 「초상화에 담지 못한 사대부의 삶: 이명기와 김홍도의 〈徐直修肖像〉」, 『미술사논단』 34호, 한국미술연구소, 2012.

李明學, 「雪橋漫錄 研究」, 成均館大學校 大學院, 碩士學位論文, 1982.

______, 「漢文短篇에 나타난 女性形象-〈劒女〉,〈吉女〉를 중심으로」, 『韓

國漢文學研究』8號, 韓國漢文學會, 1985.
李碩宰, 「眶眥紋 研究」, 『學藝誌』第11輯, 陸軍士官學校 陸軍博物館, 2004.
_____, 「寅劍考」, 耕仁美術館, 2001
_____, 「寅劍과 純陽劍에 관한 연구」, '韓國의 刀劍 합동세미나' 자료집, 陸軍士官學校 陸軍博物館, 2002.
_____, 「李忠武公 長劍 分析―聖雄의 칼, 그 俗說과 實體」, 忠武公 長劍 制作 7周甲 記念 特別展 圖錄『겨레를 살린 두 자루 칼, 忠武公 長劍』, 顯忠祠管理所, 2014.
_____, 「朝鮮時代 刀劍·矛戟의 結合構造研究」, 『學藝誌』第12輯, 陸軍士官學校 陸軍博物館, 2005.
_____, 「朝鮮時代 刀劍의 類型分析」, 『學藝誌』第11輯, 陸軍士官學校 陸軍博物館, 2004.
_____, 「朝鮮의 環刀–先祖들의 科學的 아이디어 녹아든 朝鮮刀劍」, 『科學과 技術』第39卷, 韓國科學技術團體總聯合會, 2006.
_____,「形態와 用度로 본 李忠武公 長劍의 正體性 考察」, 高麗大學校 大學院, 碩士學位論文, 2015.
이승해, 「朝鮮時代 刀劍에 나타난 紋樣과 매듭장식에 관한 研究」, 『學藝誌』第11輯, 陸軍士官學校 陸軍博物館, 2004.
林濬哲, 「遊俠詩의 類型的 傳統과 17世紀 朝鮮詩壇의 遊俠詩」, 『漢文教育研究』第26卷, 韓國漢文教育學會, 2006.
_____, 「鄭斗卿 詩의 虛構的 意象과 遊俠的 想像力」, 『民族文化研究』第39號, 高麗大學校 民族文化研究所, 2003.
_____, 「朝鮮中期 漢詩에서의 典型 意象의 繼承과 美感의 擴充(Ⅰ)–邊塞風·遊俠風 意象을 중심으로」, 『韓國漢文學研究』第35輯, 韓國漢文學會, 2005.
_____, 「車天輅 詩의 意象 研究」, 『國語國文學』第124號, 國語國文學會, 1999.
장미진, 「韓國 刀劍物의 造形成 研究」, 誠信女子大學校 產業大學院 碩

士學位論文, 1983.
장진성, 「朝鮮後期 士人風俗畵와 餘暇文化」, 『美術史論壇』 第24號, 韓國美術硏究所, 2007.
장충덕, 「刀劒 關聯 語彙에 대하여」, 『開新語文硏究』 第38卷, 開新語文學會, 2013.
鄭然峰, 「張維 詩文學 硏究」, 高麗大學校 大學院, 博士學位論文, 1989.
정인혁, 「〈劒僧傳〉 敍述者의 正體性 硏究」, 『韓國古典硏究』 第16輯, 韓國古典硏究學會, 2007.
鄭夏英, 「〈劒僧傳〉의 人物型과 葛藤 樣相」, 『古典文學硏究』 第22號, 韓國古典文學會, 2002.
趙赫相, 「朝鮮朝 劒舞詩에 나타난 劒의 이미지」, 『學藝誌』 第11輯, 陸軍士官學校 陸軍博物館, 2004.
______, 「朝鮮朝 劒舞詩의 一硏究」, 成均館大學校 大學院, 碩士學位論文, 2004.
______, 「朝鮮朝 劒舞의 武術的 性格에 대한 考察」, 『韓國舞踊史學』 第10卷, 舞踊歷史記錄學會, 2009.
______, 「朝鮮朝 寅劒의 象徵性 硏究」, 『軍史』 第62號, 國防部 軍史編纂硏究所, 2007.
______, 「朝鮮時代 刀劒制作法, 造劒式」, 『文獻과 解釋』 第43號, 태학사, 2008.
______, 「朝鮮後期 士人의 日本刀 認識에 대한 考察」, 『漢文學報』 第20輯, 우리漢文學會, 2009.
______, 「忠武公 李舜臣의 劒에 대한 小考」, 『李舜臣硏究論叢』 第10號, 順天鄕大學校 李舜臣硏究所, 2009.
______, 「朝鮮後期 刀劒文學의 悲壯美에 대한 考察」, 『東方漢文學』 第49卷, 東方漢文學會, 2011.
______, 「朝鮮後期 士人의 刀劒愛好傾向에 대한 考察」, 『東方漢文學』 第52卷, 東方漢文學會, 2012.
______, 「〈閑山島夜吟〉 次韻詩의 刀劒意象에 관한 考察」, 『東方漢文學』

第55卷, 東方漢文學會, 2013.
______, 「朝鮮後期 古劍의 文學的 形象化에 대한 考察 - 硏經齋 劍銘을 중심으로」, 陸軍士官學校 陸軍博物館 刀劍展示會 特別展 圖錄 『朝鮮의 刀劍, 忠을 벼루다』, 陸軍士官學校 陸軍博物館 , 2013.
______, 「朝鮮後期의 刀劍贈與에 대한 考察」『韓國文化硏究』 第27卷, 梨花女子大學校 韓國文化硏究院, 2014.
______, 「壬辰倭亂 義兵將의 漢詩에 나타난 刀劍意象에 대한 考察」, 『東方漢文學』 第63卷, 東方漢文學會, 2015.
______, 「朝鮮朝 妓女劍舞의 文學的 形象化에 대한 考察 : 劍舞詩를 중심으로」, 東方漢文學會, 2015.
______, 「朝鮮時代 劍士의 文學的 形象化에 대한 考察」, 『韓國漢文學硏究』 第65卷, 韓國漢文學會, 2017.
______, 「朝鮮中期 刀劍의 文學的 形象化에 대한 一硏究」, 『東方漢文學』 第75卷, 2018.
趙惠蘭, 「朝鮮의 女俠, 劍女」, 『韓國古典女性文學硏究』 第12號, 韓國古典女性文學會, 2006.
崔成愛, 「18·19世紀 使行錄에 表現된 劍舞'俠'의 特徵 硏究」, 成均館大學校 大學院, 博士學位論文, 2010.
______, 「朝鮮後期 俠의 美意識 硏究 - 使行錄과 劍舞詩를 중심으로」, 『舞踊學會論文集』 第60號, 大韓舞踊學會, 2009.
許仁旭, 「'劍仙' 金光澤 硏究」, 『武藝硏究』 第2卷, 韓國武藝學會, 2008.
______, 「朝鮮後期의 雙劍」, 『體育史學會誌』 第8號, 韓國體育史學會, 2003.
『學藝誌』 第6輯, 陸軍博物館, 1999.
『學藝誌』 第11輯 '朝鮮의 刀劍 特輯'號, 陸軍博物館, 2004.
『學藝誌』 第12輯 '武具類制作法 特輯'號, 陸軍博物館, 2005.

索引

ㄹ

ㅁ

ㅂ

ㅊ

書籍

ㄱ

ㄴ

作品

人名

ㄱ

跋文

2018년에 출간 예정이었던 졸고의 교정이 계속 지연되어, 지금에서야 출간을 하게 되었다. 색인 작업이 완료된 이후에 찾은 자료들을 본고에 반영하지 못하여, 매우 아쉬움이 남는다. 내용의 부족함은 전적으로 본인의 책임이다.

개인적으로 출간을 준비하는 2년의 기간 동안 다소의 浮沈이 있었다. 2004년부터 15년간 운영해오던 격검연구회 회장직을 그만두게 되었고, 2013년부터 7년간 강의해왔던 홍익대학교 겸임교수직에서도 물러나게 되었다. 다만, 2019년부터 한국외국어대학교에서 외래교수로 근무하게 된 것이 그나마 불행 중 다행이라고 할 만하다. 그리고, 인간관계에 있어서 신뢰의 개념을 다시금 명확히 깨달아서 이제서야 흑백을 가릴 수 있게 된 것은 전적으로 나의 부덕의 소치이다.

내 부족함과 불민함에도 불구하고, 최근 문중의 세외제자로 받아들여주신 太公 수계자님께 진심으로 감사의 말씀을 올린다. 도검문학 연구로 인해, 근세의 급조 검술이 아닌 무반 가문의 정통 검술을 문중의 어르신께 직접 배울 수 있는 은혜를 받게 될 줄은 생각지도 못했었다. 평생 수련에 정진함과 동시에, 조선 전기와 중기·후기·말기를 아우르는 조선 도검문학 연구를 반드시 완성하는 것으로 이에 보답하고자 한다.

끝으로, 평양 조씨 승지공파의 武脈이 내 불초함과 불효로 인해 후사가 없어서 끊어지게 된 것은 참으로 가슴 아픈 일이다. 졸고를 아들 삼아서 후세에 남길 따름이다.

2020년 初冬에 義劍齋에서,

平壤 趙 赫 相.

趙赫相

경기고등학교 91회 졸업
성균관대학교 한문학과 학사, 석사, 박사과정 졸업
서울대학교 국어국문학과 박사 후 연구과정(Post Doc) 이수
대한민국 육군 학사장교 34기 (중위 예편)

현 한국외국어대학교 미네르바교양대학 외래교수
전 홍익대학교 교양교육원 겸임교수
성균관대학교, 안동대학교 강의
경인미술관 어검당 수석연구원
전 격검연구회 회장
네이버 웹툰사극 '칼부림' 자문위원

(chohyuks@naver.com)

朝鮮後期 刀劍文學 研究

2021년 4월 20일 초판 1쇄 발행

저 자 : 조혁상
발행인 : 김병환
발행처 : 학자원
주 소 : 서울 강동구 천호대로 1121
전 화 : 02) 6403-1000
팩 스 : 02) 6338-1001
E-mail : hakjaone@daum.net
등 록 : 2011년 3월 24일 제2011-14호

ISBN 979-11-6247-081-7 93810
값 28,000원